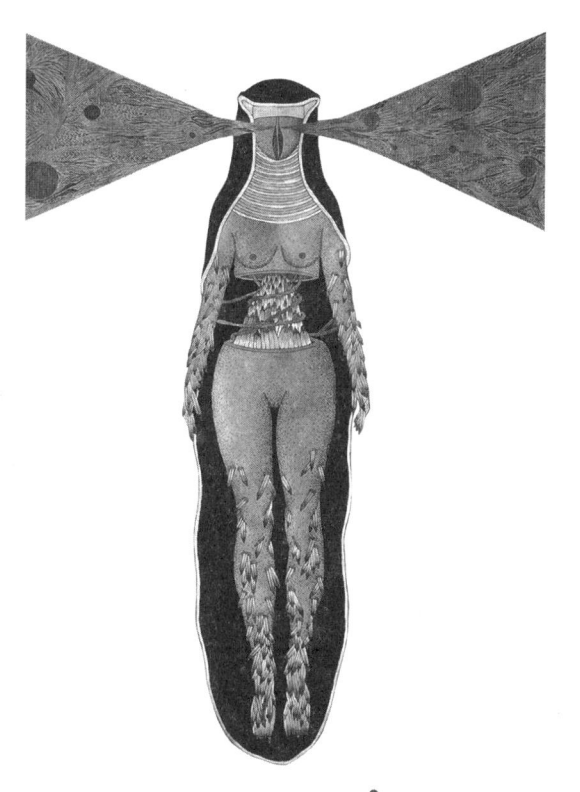

a profundidade dos sexos

POR UMA MÍSTICA DA CARNE

Copyright © Editions du Seuil, 2008
Copyright da edição brasileira © 2017 É Realizações
Título original: *La profondeur des sexes: pour une mystique de la chair*

Editor
Edson Manoel de Oliveira Filho

Produção editorial
É Realizações Editora

Preparação de texto
Frank de Oliveira

Revisão
Marta Almeida de Sá

Capa, projeto gráfico e diagramação
Nine Design Gráfico | Mauricio Nisi Gonçalves

Reservados todos os direitos desta obra. Proibida toda e qualquer reprodução desta edição por qualquer meio ou forma, seja ela eletrônica ou mecânica, fotocópia, gravação ou qualquer outro meio de reprodução, sem permissão expressa do editor.

DADOS INTERNACIONAIS DE CATALOGAÇÃO NA PUBLICAÇÃO (CIP)
(EDOC BRASIL, BELO HORIZONTE/MG)

H129p

Hadjadj, Fabrice, 1971-.
  A profundidade dos sexos: por uma mística da carne / Fabrice Hadjadj ; tradutor Pedro Sette-Câmara. – São Paulo (SP): É Realizações, 2017.
  264 p. : 16 x 23 cm

  Título original: La profondeur des sexes: pour une mystique de la chair.
  ISBN 978-85-8033-295-7

  1. Comportamento sexual. 2. Ética sexual. 3. Sexo – Discursos, ensaios, conferências. 4. Sexualidade. I. Sette-Câmara, Pedro. II. Título.

CDD-306.7

É Realizações Editora, Livraria e Distribuidora Ltda.
Rua França Pinto, 498 · São Paulo SP · 04016-002
Caixa Postal 45321 · 04010-970 · Telefax: (5511) 5572 5363
atendimento@erealizacoes.com.br · www.erealizacoes.com.br

Este livro foi impresso pela Gráfica Santa Marta em março de 2017.
Os tipos são da família Dante MT Std e Bodoni 72 Oldstyle.
O papel do miolo é o Lux Cream Bulk 70 g, e o da capa Nigbo Star C2S 250 g.

FABRICE HADJADJ

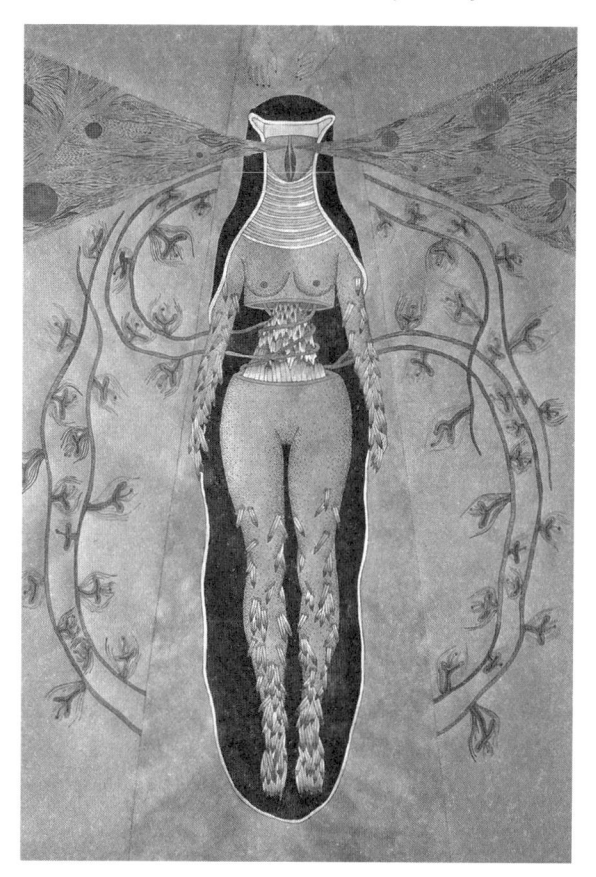

a profundidade dos sexos

POR UMA MÍSTICA DA CARNE

Tradução: Pedro Sette-Câmara

É Realizações
Editora

*À minha mãe,
à minha esposa,
a minhas filhas…*

Há três coisas que me ultrapassam,
e uma quarta que não compreendo:
o caminho da águia no céu,
o caminho da serpente na rocha,
o caminho da nave no mar,
o caminho do homem com a donzela.

Provérbios 30,18-19

SUMÁRIO

Introdução
    Porque aqui não se encontrará um instrumento de medida 13

CAPÍTULO PRIMEIRO
Com cinema entre... *ou: o sexo está em via de extinção* 21
    Rigorismo da esbórnia 21
    O biquíni da bomba 24
    Contado entre os desaparecidos... 27
    Tristezas do hedonismo 35
    Caminhando para uma nova gnose 39
    O casamento de Dédalo e de Pasífae 43
    Ars erotica e moral sexual 46

CAPÍTULO SEGUNDO
Puramente físico *ou: a carne tem muito espírito* 51
    Se o macaco descende do homem 51
    Contra a espiritualização dos instintos 53
    O apelo que há no sex appeal 56
    Macho e fêmea até o divino 60
    Em rito, e não em cio 65
    O desnudamento 69
    Humanidade dos pelos 72
    No fim do fim, eu toco 76
    O face a face do bicho de duas costas 81
    O rosto – epifania para uma decomposição 84
    As partes vergonhosas ou o além da vontade 88
    Pela ferida original 94

CAPÍTULO TERCEIRO
Defesa do adultério *ou:* o casamento é uma aventura....................99
- *O falanstério e o mirante* 99
- *O casamento, drama primordial*..............................103
- *As três formas do drama (a luminosa, a obscura, a crepuscular)*............106
- *Impureza do amor puro* 108
- *A busca de uma fidelidade: elogio da poligamia* 114
- *A busca de uma fidelidade: até que a morte...* 118
- *Um lar metafísico*..121
- *O sexo dos monges* 124
- *Pecados da carne e pecados do espírito* 129
- *Os anjos de Sodoma e Gomorra* 134
- *Descendência de Antígona e genealogia de Cristo* 136

CAPÍTULO QUARTO
O segredo de polichinelo *ou:* os pequenos podem ser grandes 143
- *Um segredo bem guardado* 143
- *As mulheres de profunda cintura* 147
- *O parto, êxtase objetivo* 151
- *Gugu dadá!*..155
- *O filho pródigo e o recobrimento do Templo* 159
- *Dar a noite* 163
- *Sobre algumas mães judias* 168
- *Uma canção de ninar de Teresinha*..........................170
- *Uma criança que não quero*....................................173

CAPÍTULO QUINTO
A cidade vista por seu fundamento *ou:* como o filho do país vira turista sexual 179
- *Do sexo ao solo: A Origem do Mundo e Um Enterro em Ornans* 179
- *O animal político é em primeiro lugar um animal conjugal* 184
- *Do casamento real ao divórcio revolucionário*...........188
- *Sobre o rei como pai nos seios de Marianne* 193

A era do turismo 197

Martírio de Pasolini 200

A recusa do nascimento (Hannah Arendt) 203

A recusa do nascimento (Günther Anders) 206

Contra Big Brother, ou: ter uma mulher como quem tem um refúgio 210

CAPÍTULO SEXTO
Sobre a glória dos corpos *ou: os caminhos do Senhor são misteriosos* 217

Mistério e publicidade 217

A fé na carne 220

Sobre a importância dos anjos na antropologia: a espécie humana 224

Da massa perditionis ao Corpo Místico 228

Israel carnal 232

Criação I e II: a imagem corporal da Trindade 237

Depois da Queda: presença sexual da cruz 244

A chaga aberta da ressurreição 249

O ato sexual completado 254

Quem será o esposo de minha mulher? 257

O útero da Virgem e a goela do Dragão 260

Introdução

Porque aqui não se encontrará um instrumento de medida

> *Enfim, se destróis, que seja com instrumentos nupciais.*
> René Char, *Rougeur des Matinaux.*

1. Sexo, o substantivo, está ligado à primeira questão metafísica, a do ser. Ao menos era isso que afirmava Jean-Pierre Brisset, comissário de vigilância administrativa na estação de Angers entre 1880 e 1904. Esse inspetor de época usava sobrecasaca ajustada, calça com presilhas, barrete achatado com divisas e solicitava seu bilhete com aquela delicada polidez que hoje não mais existe. Podia-se julgá-lo digno de confiança.

À noite, num apartamento funcional que a passagem dos trens de mercadorias sacudia, criando uma atmosfera apocalíptica, ele redigia livros sacros: *La Grande Nouvelle* [*A Grande Novidade*], *Tous les Mystères Expliqués* [*Todos os Mistérios Explicados*], *Les Prophéties Accomplies* [*As Profecias Cumpridas*]. Jules Romains sagrou-o "Príncipe dos Pensadores", muito à frente de Bergson e de Boutroux. André Breton reconhecia nele o pensador do surrealismo. Jacques Lacan adotou-o como um mestre inconfessável. Na *Ciência de Deus*, fundada exclusivamente em trocadilhos, ele escreve com audácia: *"Sais que ce?"*, isto é: *"Ceci, sais-tu quoi c'est?"* torna-se:

"Sexe. – Sais que c'est? Sexe est, ce excès", é o sexo. – Vê-se que o sexo foi o primeiro excesso".[1]

2. O método é criticável. Parece funcionar apenas na teologia: *"Israélite"* dá *"Il sera élite"*; *"sacrifice"* dá a entender *"ça crie: Fils!"*; *"incarnation"* supõe por homofonia *"Un car Nations"*, o que significa que o Deus-Um se fez judeu para reunir todas as nações, sabendo que a nação, em princípio, faz *"n'a Sion"*[2], e assim se distingue de Israel. Sem dúvida, nesses joguinhos de linguagem, há a mesma mágica enfastiante de tirar um coelho da cartola. Hugo define o trocadilho como "o cocô da mente que voa". É uma promessa de leveza que logo vira um peso. Contudo, é também pesquisa da inteligência na matéria sonora das palavras. É por isso que os autores bíblicos recorrem a eles com frequência (nossas traduções impedem que sejam vertidos): com eles, mostram que o Verbo não despreza a carne da língua. Seu procedimento vai assim ao encontro daquilo que será minha tese principal: a matéria do homem é cheia de espírito; e seu sexo, longe de ser um resquício bestial, é uma espécie de relicário exorbitante.

Portanto levo a sério a interrogação de Brisset: *"Sais que ce?"*. Desde sempre acreditamos saber o que é esse sexo, aliás não sem razão, pois ele pertence ao nosso corpo. E, mesmo assim, mais que nossas roupas, inúmeros discursos o recobrem. O indecente o dissimula ainda melhor que o pudico: onde este permanece em sua reserva,

---

[1] Citado por André Breton, *Anthologie de l'Humour Noir*, Jean-Jacques Pauvert, 1964. Para uma biografia do singular inspetor: Marc Décimo, *Jean-Pierre Brisset, Prince des Penseurs*, 1986. [O trecho em francês depende de jogos sonoros que não podem ser perfeitamente reproduzidos, porque se baseiam na homofonia perfeita entre a palavra *sexe*, "sexo", e "Sais que ce", "sabe [o] quê". Assim, teríamos: "Sabe o quê?, isto é: Isto aqui, você sabe o que é? torna-se: *Sexo. – Sabe o quê? Sexo é, excesso, é o sexo. – Vê-se que o sexo foi o primeiro excesso*". (N. T.)]

[2] "Israelita" dá "ele será elite"; "sacrifício" dá a entender "isso grita: Filho!"; "encarnação" supõe por homofonia "Um porque Nações"; (...) a nação, em princípio, "não tem Sião". (N. T.)

aquele tagarela indefinidamente suas mesmas piadas gastas, por uma espécie de afinidade vergonhosa, como se sempre dominasse bem a coisa, como se a tivesse na palma da mão. Mas é nesse momento que ela mais lhe escapa.

3. Falar de profundidade, assim de chofre, faz pensar em produtos de limpeza. Você fica sabendo que tal detergente "limpa as superfícies em profundidade". O que faz sonhar. A faxineira não acredita que seu piso seja um abismo desses. O técnico de superfície sente-se como um explorador num batiscafo. O termo é também muito publicitário. Escolhi-o de propósito: *A Profundidade dos Sexos*, achei que isso ia vender bem. Porém os leitores mais refinados, aqueles que não se deixam impressionar, logo percebem o truque. Eles sabem, com Nietzsche, que "profundo" é uma dessas "palavras de pompa" de que o romantismo abusou. Talvez tenham até lido Alexander Pope, grande amigo de Swift, seu *Peri Bathous, ou o Antissublime, Isto É, a Arte de Rastejar em Poesia*. Segundo ele, o profundo substitui com vantagem o elevado. Não é preciso fazer mais esforços. Basta se deixar levar por seu peso.

De minha parte, se escolhi esse vocábulo não é para evitar a altura, mas antes de tudo esse comprimento e essa largura por que tantos adolescentes são tão obcecados. Um estudo estatístico sobre o comprimento dos sexos certamente me teria valido um sucesso considerável. A profundeza, objetarão, também remete a uma medida métrica: até onde é profundo esse sexo? É preciso deter-se na cavidade vaginal? Deve-se considerá-lo até o útero, como muitos se esquecem de fazer? É necessário ir até o peito ou mesmo até a psique? Mas, então, onde encontrar o instrumento flexível o bastante para esses meandros? Ainda mais porque é possível que o sexo da virgem seja mais profundo que todos os outros. Baudelaire é quem garante:

Dize, Ágata, tua alma às vezes não se evola,
Fugindo ao negro oceano da inunda cidade,

Em busca de outro oceano que jamais se estiola,
Profundo, claro, azul, tal como a virgindade?[3]

4. Meditar sobre a profundidade dos sexos é também poupar-se da tarefa ingrata de ter de explicitar sua diferença (e sua eventual confusão). O que caracteriza o temperamento da mulher em contraste com o do homem? Ela é de Vênus e ele de Marte? É verdade que ela é menos capaz de ler mapas rodoviários? Ele deseja mais o ato físico e brutal, quando ela procura antes de tudo a ternura que protege? Diante dessas questões, admito de bom grado minha preguiça. É que minha esposa lê os mapas rodoviários muito melhor que eu. E sou do signo de Virgem. Nesse registro psicologizante, só há uma coisa que considero garantida: os homens abotoam as roupas pela direita enquanto as mulheres as abotoam pela esquerda. A menos que seja o contrário.

Será, portanto, menos a diferença dos sexos que me interessará e mais sua ordenação recíproca. O homem se torna mais viril quanto mais se volta para a mulher. A mulher, tão mais feminina quanto mais se volta para o homem. Quanto a saber as modalidades físicas dessa mutualidade, qual é mais auditivo, qual é mais visual, qual mais cheio de intuição, quem veste as calças, isso eu deixo aos especialistas. Minha perspectiva – a profundidade dos sexos – tem esse defeito notório: ela torna difícil uma altura que transcenda sua diferença a ponto de verdadeiramente defini-la. Se eu conseguisse delimitar o outro sexo, ele permaneceria profundo para mim? Falarei portanto como homem voltado para a mulher. Quanto a si própria, a leitora feminina deverá operar uma inversão. O outro sexo não se mede. Somos nós que nos medimos por ele.

5. Ao fazer isso, inscrevo-me numa tradição ininterrupta e diversa que vai de Homero a Guillevic e dos peles-vermelhas ao Marquês

---

[3] Charles Baudelaire. Trad. Ivan Junqueira. "Moesta et errabunda". In: *As Flores do Mal*, LXII.

de Sade. Homero efetivamente canta "as mulheres de profunda cintura"⁴. Guillevic declara no clarão de um dístico:

Teu corpo de mulher
Mergulha mais fundo que os poços.⁵

Num poema mitológico, os índios paiutes afirmam que outrora o orifício feminino era cheio de dentes: "Era muito duro ser homem, olhar sua mulher acocorar-se para o jantar, e ouvir os ossos do coelhinho se quebrando [...]. E se sua mulher dizia: 'Estou com vontade de te morder', você não levava isso na brincadeira. Você ia a toda velocidade combater Numuzoho, o canibal".⁶ Era menor o risco de que Numuzoho, o canibal, nos engolisse inteiros. Isso dá uma ideia de quanto a mulher era profunda originalmente.

Quanto a Sade, ele oferece este apotegma mais geral no *"Vigésimo Terceiro Dia de Sodoma"*: "Ah! Que enigma é o homem! – diz o duque. – Sim, meu amigo – diz Curval. E eis o que já fez um homem muito inteligente dizer que mais valia fodê-lo que compreendê-lo".⁷ Essas palavras devem ser comparadas à doutrina de São Tomás de Aquino segundo a qual, para aquele que é maior que nós, mais vale amar que conhecer. O que conhecemos nós reduzimos à medida da nossa mente: se isso o ultrapassa, a coisa conhecida aí fica diminuída. O amor, porém, partindo do conhecimento de uma parte aparente, dirige-se à coisa inteira, até aquilo que ela tem de obscuro.

O que é profundo, portanto, é menos conhecido que amado. Claro, não se trata de "foder", para retomar o termo do Marquês. Isso

---

⁴ Homero. *Odisseia*, Canto III, v. 154.

⁵ Guillevic. *Du Domaine*. Gallimard, 1977, p. 91. (Coleção Poésie) [No original: *Ton corps de femme / Plonge plus que les puits*. (N. T.)]

⁶ Florence Delay e Jacques Roubaud, *Partition Rouge. Poèmes et Chants des Indiens d'Amérique du Nord*. Seuil, 1988, p. 102.(Coleção Points)

⁷ D. A. F. de Sade, *Osons le Dire, Pensées Choisies par J.-J. Pauvert*. Les Belles Lettres, 1992, p. 55-56.

não iria muito longe. O enigma é demasiado incomensurável. Veremos, no entanto, que o ato carnal, se assumido em sua plenitude – por exemplo, até a maioridade das crianças, ou mesmo até a viuvez –, nos coloca melhor que um livro de ciências em contato com o mistério.

6. Convém justamente precisar aquilo que se deve entender aqui por "mística". O leitor que tentar o Tantra correrá o risco de se decepcionar. Não lhe proponho nenhuma receita para fazer com que a serpente Kundalini suba por sua espinha, nem para produzir orgasmos tão intensos quanto um empalamento. Se ele fizer muita questão, recomendo, em vez de esta obra, que se dirija ao catálogo da Manufacture de Saint-Étienne, às páginas de "Caça e pesca", a fim de obter todos os artigos úteis para esse efeito.

Porém, o amante da oração também não deve ter ilusões. A palavra "mística" aqui não deve ser lida em seu sentido nobre e autêntico. Não evocarei as vias purgativa, iluminativa e unitiva dessa grande vida espiritual que é o ápice da experiência humana e continua a ser a graça de contemplativos suficientemente desprendidos das preocupações do mundo, disponíveis à ação da Eternidade. Aquilo de que falarei nem por isso é menos misterioso. Afinal, encontrar Deus indo ao mosteiro é algo bastante evidente. Porém, encontrar Deus indo a Micheline, essa mesma que acaba de estragar seu guisado de vitela, eis o que permanece bastante inexplicável.

7. Farei esforço, também, para mais descrever que prescrever. "Mística da carne" igualmente pretende distinguir-se de "moral sexual". Não que eu tenha a temeridade de escapar à moral, nem que eu esteja cheio de mim, achando que tudo aquilo que foi escrito até agora é insuficiente. Pelo contrário. A meus olhos, todos os princípios estão amplamente dados pelo catecismo da Igreja Católica. Quem sou eu para acrescentar-lhe algo? Porém, confesso que muitos, e eu mesmo, entre outros, temos dificuldade para segui-los. É desse fracasso que quero dar conta em certa medida,

a fim de ver de que maneira ele ainda está de acordo com os mais altos desses princípios. A Epístola de São Tiago diz a esse respeito: *"O julgamento será sem misericórdia para quem não pratica misericórdia. A misericórdia, porém, desdenha o julgamento"* (Tiago 2,13). Essa mística da carne será, portanto, apesar de tudo, uma moral, mas uma moral desdenhosa e, dizendo logo, dramática.

Nietzsche escreveu em *Além do Bem e do Mal* (§ 238): "A forma e o grau da sexualidade de um homem impregnam-no até os pontos mais altos do espírito". A isso Gustave Thibon acrescentava: "A forma e o grau da espiritualidade de um homem impregnam-no até as profundidades do sexo".[8] Minha proposta vai se situar entre essas duas frases. Os sexos aparecerão mais espirituais que muitas lenga-lengas que os discutem. A regra graduada se mostrará particularmente impotente.

Os instrumentos de medida devem dar lugar aos instrumentos nupciais.

---

[8] Citado por P. Philippe de la Trinité, O.C.D., "Amour Mystique, Chasteté Parfaite", em *Mystique et Continence*. Études Carmélitaines, 1952, p. 18.

CAPÍTULO PRIMEIRO

Com cinema entre...
ou: *o sexo está em via de extinção*

> *Então ele profetizava:*
> *— O futuro, estou vendo como é que ele vai ser... Isso aí vai ser que nem uma suruba que nunca vai acabar... E com cinema entre uma e outra... Basta ver como que já está sendo...*
> Louis-Ferdinand Céline, *Viagem ao Fim da Noite*[1]

Rigorismo da esbórnia

Se "a verdadeira moral zomba da moral"[2], é preciso julgar que o imoralismo só pode levá-la a sério demais. Eu mesmo tentei outrora ser imoralista como o diabo. Taxava as máximas judaico-cristãs de repressivas e retrógradas. Ora, um dia, acusando uma vez mais algum "pequeno-burguês" de "moralista", o dito pequeno-burguês me fez baixar a crista com uma tirada sublime, mas daquele jeito ingênuo da hora do recreio: "Quem diz é que é!". Que fazia eu, de fato, além de querer me mostrar o mais moral de todos? Ao qualificar meu interlocutor de "reacionário", não estava eu mesmo reagindo? Talvez até eu impusesse a mim mesmo a moral mais dura.

O anarquista consequente começa por ultrapassar os limites e termina colocando bombas. Isso porque ele é partidário de uma moral que ignora a si mesma. A seus olhos, ela é só libertação: como opor-se a ela sem parecer-lhe cego ou mal-intencionado? Revoltar-se contra ela lhe parece monstruoso. Fosse nosso anarquista pai, tendo

---

[1] Trad. Rosa Freire d'Aguiar. São Paulo, Companhia das Letras (coleção Companhia de Bolso), 2009.

[2] Blaise Pascal. *Pensées* § 467, M. Le Guern. Gallimard, 1977. (Coleção Folio)

a tábula rasa como tábua da lei, seria mais opressor que os outros. O adolescente quereria romper as cadeiras de ferro, erguer um tampo pesado demais. Porém, o que fazer com esses elos de bengalinhas doces, debaixo desse pano fininho, dentro dessa prisão sem muros que se confunde com o ar que ele respira? O santarrão oficial, ao menos, dispõe claramente seus arames farpados. Sempre podemos denunciar sua estreiteza, sonhar arrebentá-los, gabar-nos de nossos arranhões. Acontece-lhe, até, de aliviar os arreios: o moralismo sempre teve seus hipócritas. O imoralismo tem seus Torquemadas. É esse caráter absoluto que o aureola com essa atração. Gostamos, nele, do fato de comparar-se ao comando implacável: esse reflexo da soberania divina que manda embora as normas turvas, as regras superficiais e as convenções mesquinhas...

No entanto, não desespero de um dia ser imoralista. De zombar de uma vez por todas da moral. Sobretudo de certa moral sexual. Porém, é nesse ponto, mais que em qualquer outro, que é preciso desconfiar de falsificações. Muitas vezes, fazem passar por revolução aquilo que não é mais que retrocesso a um moralismo empoeirado, excelente para o Museu do Homem. Antigamente, o jovem herdeiro de boa família que não ia à esbórnia era severamente repreendido: um ímpio, era isso que ele era, e também um patife que só pensava em si mesmo e que não se preocupava com a abundância das colheitas. Se pertencia à casta mais elevada, mostrava-se ignóbil se não cometesse incesto: seu dever de Ptolomeu era tomar a irmã por esposa – sem isso, como manter pura a raça real? Aliás, os antigos organizavam casas onde os jovens eram obrigados a trocar de parceiros sem parar: "Se essa moça se deitar sempre com o mesmo rapaz, sentimos que vamos perder a unidade de nossa existência".[3] Um apego exclusivo demais inicia uma má educação péssima: desse jeito, como garantir a coesão social? Inútil dizer que eram convenientes os enlaces entre

---

[3] Elwin Verrier, *Maisons de Jeunes Chez les Muria*, citado por Michel Maffesoli, *Histoire des Mœurs*. Gallimard, 1991, t. II, p. 924. (Coleção Bibl. de la Pléiade)

machos. Era a marca de um amor superior, dissociado das servidões fisiológicas da gestação. Se o filho não gostasse dos barbudos do ginásio, o pai e a mãe ficavam muito preocupados: o que seria dele? Ia virar um bicho? Como confiar nele, se não conseguia dominar o pendor para as fêmeas? Não era por falta de ter-lhe ensinado, por meio de quatro versos antigos, a generosa aristocracia do "sexo oral":

Certos homens do mundo
Que se preocupam com o bem-estar do outro
E criaram uma relação de confiança
Prestam esse serviço a seu próximo.[4]

Pior ainda se ele – o que seria o cúmulo – não emprestasse a esposa ao monge que viajava! Ele faltava às regras mais elementares da hospitalidade: não lembra ele que, segundo a *Linga Pura–āna*, "um viajante é sempre imagem de Shiva, e tudo lhe pertence?". Que, ao menos, se sua jovem cônjuge está grávida, ele não deixa de mostrar-lhe o mais religioso respeito: "Na Ilha Formosa, a religião não permite às mulheres de menos de trinta e cinco anos ter filhos: antes dessa idade, a sacerdotisa lhes esmaga o ventre, e as faz abortar".[5]

Esse era o moralismo de então. Ele poderia voltar, disfarçado de emancipação, reacionário na libertinagem, mas sem o frescor de antigamente. Entendi isso folheando obras de etnologia e de história (como muitos judeus, comecei meus estudos conhecendo melhor os costumes dos nhambiquaras do que os da sinagoga). Esse olhar retrospectivo me colocou em guarda contra as ilusões da liberação futura. Ele também me recordou, por outro lado, aquilo que a rotina de dezoito séculos de cristianismo tinha enfim recoberto.

Imagine algum adolescente revoltado, tomado por um espírito radical de dissidência: os dois moralismos não chegariam a seduzi-lo.

---

[4] *Kâmasûtra*. Trad. W. Doniger e S. Kakar. Seuil, 2007, p. 201.
[5] Montesquieu, *De L'Esprit des Lois*, liv. XXIII, cap. XVI.

Ele resistiria às sereias do puritanismo. Repeliria o rigorismo da esbórnia. Acharia insuportáveis tanto a luxúria consensual quanto a conjugalidade tranquila. Quem sabe se ele não iria parar no escândalo da Revelação? Ele bem poderia começar a crer que a mais sublime aventura está no casamento, e que a virgindade pode corresponder à mais livre das sexualidades.

O biquíni da bomba

Afirmei que um moralismo empoeirado poderia voltar e, graças a nossa memória esquecida, apresentar-se como novo e libertador. Preciso me corrigir. Não reencontraremos as bacanais de nossos avós. Não voltaremos àqueles encontros comoventes, radiosos e sanguinários à saída de um sacrifício oferecido a Príapo. Agora estamos cansados demais. A flecha do tempo cai e não consegue voltar ao arco. A história fulgura com acontecimentos irreversíveis. Prova disso é o biquíni. Poucas coisas foram tão capazes de provocar a angústia da irreversibilidade do tempo.

Existe um antes e um depois do biquíni. O termo "monoquíni" nos induz a uma etimologia falsa e tende a esconder nossa perturbação diante dessa desconstrução da roupa de banho: pensamos na mistura do prefixo latino "bi-" com um sufixo exótico que remete a peças de pano. Porém, no dia de seu lançamento, em 5 de julho de 1946, na piscina Deligny, ninguém poderia cometer esse erro. As pessoas se apressavam em admirar Micheline Bernardini, vestida ou despida – não saberíamos dizer – com o "menor maiô do mundo". Mais que um experimento de roupas, foi uma experiência. Louis Réard, seu inventor, era engenheiro de formação. Em mecânica automobilística. Se considerarmos as relações que o carro e a mulher têm em certos imaginários viris, podemos dizer que esse desvio apenas o predestinava perfeitamente a assumir a fábrica de malhas de seu pai e colocar o maiô de banho em sintonia com a época. Jacques Heim, nos anos 1930, tinha chamado de "átomo" o primeiro duas-peças. Réard adivinhou que havíamos entrado irremediavelmente na era atômica. Ele outorgou àqueles pequenos triângulos atados por fios o nome do atol das Ilhas Marshall, até então desconhecido, e que naquela semana aparecia em todas as manchetes: Bikini, onde os americanos acabavam de realizar seus primeiros testes nucleares desde o fim da Segunda Guerra Mundial.

Nagasaki não tinha permitido levar a ciência tão longe. Os novos testes demonstravam o efeito letal da poeira radioativa em pessoas muito afastadas da explosão. O operador de rádio Kuboyama ali encontrou a morte. Louis Réard podia encontrar ali o sucesso. Sem dúvida, era a oportunidade comercial que lhe sugeria fazer coincidir os testes com seu experimento ele mesmo nuclear. Porém, assim, ele se fez oráculo. Ratificou o elo novo que corria na atmosfera: a partir de então, como sabemos, a poeira radioativa podia chegar até nossas praias; a humanidade inteira podia cozinhar sob aquele novo sol – que estava dentro. O biquíni, a partir daquele momento, era a "carta roubada". Sua evidência o dissimulava. Ele só desnudava o corpo para esconder o cogumelo. O nome da roupa minúscula se inscreveu no esforço geral de minimização do desastre.[6] Os americanos chamavam suas bombas de "Little Boy" ["Garotinho"] ou de "Grandpa" ["Vovozinho"], como se fosse possível dar-lhes um bom tapinha nas costas depois de um churrasco. Réard inaugurou uma familiaridade inversa: não era mais a bomba que levava o nome de um bom sujeito, era a boa mulher, a banhista, que se tornava "bomba sexual".

Nos anos 1960, enquanto Ursula Andress surgia da espuma com seu biquíni marfim munida de um punhal (*007 contra o Satânico Dr. No*), o novo uso de um verbo antigo consagrava essa nova maneira de conceber o gozo: *s'éclater* ["explodir-se"] (por volta de 1968, diz *Le Robert*). Toda uma estética contemporânea girava em torno desse verbo reflexivo sem reflexão, da farra entre amigos até o atentado suicida, passando pelo *dripping* e pelo *zapping*. Entre os vocábulos que

---

[6] Günther Anders, *La Menace Nucléaire. Considérations Radicales sur l'Âge Atomique*. Le Serpent à Plumes, 2006, p. 189 ss.

faziam eles mesmos explodir a língua, havia aquele *big bang* do microcosmo, aquela redundância do "estouro": o *gang bang*. Tratava-se de uma atividade modelo. Lisa Sparxxx, de Kentucky, era a detentora do recorde oficial, com 919 parceiros em um dia. Em março de 2006, uma francesa, com o pseudônimo de Hasdrubald, teria salvo a honra nacional: haveria chegado a 1221. Quem não enxerga um fenômeno a ser inserido no programa dos cursos profissionalizantes? Aqui, o importante é a quantidade dos negócios. As *mille e tre* de Don Giovanni ainda estavam relacionadas à fabricação artesanal: Joãozinho apreciava os rostos, detinha-se na pele, tinha paciência até para despertar velhas frígidas, tudo para o "prazer de alongar sua lista". Agora, era o taylorismo, a linha de montagem, o sistema operacional, o operário especializado ferido em trabalho. O classificado X juntava-se a X, a escola. Era preciso produzir em série, buscar fluxos ágeis, ativar a maior rotação de estoques. Sob as luzes do mostrador. O *gang bang* correspondia à norma. Era a figura honesta de uma consumação que ficava atordoada diante da iminência do horror.

Assim, o biquíni pertence à ordem de um divertimento multiplicado. Na época de Pascal, o divertimento já era enorme, e apenas a angústia da própria morte individual era motivo de fuga cega. Hoje, com a bomba e com outros mimos do progresso, temos ainda a morte de toda a espécie humana: o divertimento só pode mesmo ser frenético. Não falo do medo de um inverno nuclear. Falo da redução técnica do mundo. Tudo nele é transformável, tudo é consumível, tudo já está atomizado. O Ródano não é mais um mistério ondulante: ele serve para resfriar a central.[7] A natureza não tem mais nada a nos dizer: ela não passa de um fundo a ser explorado.

Nesse sentido, a devastação já aconteceu. O homem coroa-se *Homo creator*, sem dúvida (não foi ele que inventou o biquíni Vichy para Brigitte Bardot? Não foi ele que criou ele próprio *E Deus Criou a Mulher?*), mas, como não existe mais transcendência acima de sua

---

[7] A central nuclear de Cruas-Meysse. (N. T.)

cabeça, e como tudo está entregue à sua experimentação, ele se torna *Homo materia*. Sua carne não é mais um canto, mas uma matéria-prima. A alcova torna-se um anexo do laboratório, sua válvula de escape e seu destino: mal os corpos se roçam e logo surge entre eles a última inovação em látex de acordo com as normas NFS 90-032, o novo antizigótico das indústrias Sanofi-Aventis ou o *starter* inibidor da PDE5 de terceira geração. O homem e a mulher não precisam mais se recolher, mas explodir. E o maiô de banho é a malha do abismo. O biquíni é muito conveniente para o afogamento. Seus quatro pequenos triângulos são o sinal dele. Trata-se de uma estrela de Davi explodida.

Contado entre os desaparecidos...

A explosão do sexo equivale a seu desaparecimento. Você julga ter certeza do lugar dele embaixo deste livro. Na verdade, ele é inencontrável. Uns reclamam de uma hipersexualização da sociedade: o sexo estaria por toda parte, agressivo, aliciador. Eu bem gostaria que fosse assim, confesso. Mas não o encontro em lugar nenhum. E eis o mais impressionante: o que fez o sexo desaparecer foi a "sexualidade".

A sexualidade remonta ao século XIX. O dicionário é prova: antes, a palavra não existia.[8] Foi por contaminação dessa "sexualidade", noção vaguíssima, que o sexo, agora identificado com ela, tornou-se ele mesmo indefinido. Outrora, sabia-se mais ou menos com o que ele tinha a ver. Falava-se dele de maneira simples, nos salões mais decentes. Mostrar seu sexo era neles a menor das delicadezas: era mostrar-se como homem ou como mulher. Naquela época, de fato, havia dois sexos. Havia o sentido do plural associado a essa palavra. Se às vezes era mencionado *o* sexo, não era em voz baixa, entre adultos que consentem, mas nas morais dos contos para crianças comportadas. No final de *Barba Azul*, Charles Perrault escreve a respeito da curiosidade: "Trata-se, sem ofensa ao sexo, de um prazer muito pequeno".

---

[8] Pode-se consultar a esse respeito a interessante obra de Arnold I. Davidson, *L'Émergence de la Sexualite*. Trad. P.-E. Dauzat. Albin Michel, 2005. (Coleção Idées)

O sexo sem outras especificações, nessa época, corresponde às mulheres. O absoluto gramatical confunde-se com o relativo feminino. A madre abadessa é o sexo, assim como as mulheres da vida. Porém, os senhores também o possuíam. Não se esqueça a plena extensão do termo. Os sexos, dispostos pela natureza para uma junção fecunda, eram relativos um ao outro. Eram classificados entre os nomes de relação, como "pai" ou "pequeno". Assim como não há pai sem filho, nem pequeno sem um maior, não havia sexo sem o outro sexo, nem senhor sem senhora, nem moça sem moço. Desfazer sua ordenação mútua era destruí-los inteiramente, como testemunha Vigny numa estrofe-catástrofe:

Logo, retirando-se para um reino de horror,
O homem terá Sodoma e a mulher terá Gomorra,
E, lançando-se de longe um olhar irritado,
Os dois sexos morrerão cada qual de seu lado.[9]

E hoje em dia? Os pulmões ainda servem para respirar. Ninguém contesta a função digestiva do estômago. Mas e o sexo? Burro é aquele que responder que seu fim é a procriação. E que suas outras destinações não vêm na frente. Pode-se dizer que ele se reporta à relação homem-mulher? Pode-se até crer que ele diz respeito principalmente à carne? Deve-se concluir então que ele só está lá para nos encher de perguntas? Tudo isso faz parte da hipótese. O sexo é contado, claro, como um órgão, como uma arma, como uma cruz. Mas ele é sobretudo contado entre os desaparecidos...

Em sua fecundidade. – "Annick G. foi para mim aquela com quem, pela primeira vez, o ato sexual foi completo."[10] Todo mundo entende

---

[9] Alfred de Vigny, "La Colère de Samson". In: *Œuvres Complètes*, Gallimard, 1950, t. I, p. 197. (Coleção Bibl. de la Pléiade)

[10] Jacques Henric, *Politique*, Seuil, 2007, p. 36. (Coleção Fiction & Cie)

o que isso quer dizer. Ora, isso é que estranho, porque, quando pensamos um pouco a respeito, nada é menos evidente. Pedi explicações a Jacques Henric para tirar a questão a limpo: – O senhor teve um filho? – Se fosse preciso ter um filho todas as vezes – respondeu-me ele –, o ato sexual raramente seria completo. – É exatamente isso que temo – reconheci com tristeza. Por fim, agradeci a ele por ter usado essa expressão que nos pegou na armadilha, ele tanto quanto eu, pois, para esse discípulo de Georges Bataille, como eu sabia, não era a completude que amplificava o ato, mas sua abertura.

Antes de tudo, o que é um ato sexual incompleto? A crer na frase anterior, trata-se de uma prática solitária, ainda que essa solidão seja povoada de imagens. Porém, mesmo que fosse diante de um Renoir ou de um Courbet, seria algo deficiente. A completude, para o homem, encontra-se no abraço carnal com a mulher. No entanto, a crer no bom senso, isso não basta nem um pouco: o sexual define o conjunto das características que diferenciam o macho e a fêmea, que lhes permitem unir-se para procriar (digo "procriar", notem bem, e não se reproduzir, pois a reprodução propriamente dita diz respeito antes à fotocopiadora e às bactérias cissíparas). O ato sexual tem por finalidade engendrar outro, diferente do primeiro, semelhante ao primeiro. É por isso que a natureza nos proveu dos órgãos em questão: sem essa finalidade, para que esse fardo entre as pernas e no peito? Poderíamos perfeitamente gozar com a orelha,[11] como todo mundo. O ato sexual completo é, portanto, o ato sexual fecundo. Aquele que supõe uma sogra que aspira a netos.

É só dizer isso que já arrumo sarna para me coçar. Por que deixar uma posteridade neste vale de lágrimas? A pressão demográfica não é justamente o grande perigo que ameaça as gerações futuras? Enfim, essa fecundidade genital, não a compartilhamos com os outros

---

[11] Em francês, costuma-se dizer que as mulheres têm orgasmos pelos ouvidos, isto é, que sentem prazer naquilo que ouvem. O dito por sinal é atribuído a Marguerite Duras. (N. T.)

animais? Como a realização humana de um ato como esse estaria mais próxima do anjo do que do bicho? Ora, os anjos não engendram. Todo mundo sabe. Eles se iluminam mutuamente. A procriação não é, portanto, necessária para a perfeição humana do coito. Ela é um luxo, um fardo ou um acidente. O botão se desenvolve em flor, mas, como o fruto a faz degenerar sem se importar, a flor, se fosse livre, poderia levantar-se contra o fruto. Isso significa que ele deve fechar-se ou tornar-se artificial? A flor humana é singular. O que conta principalmente na sexualidade é a relação física do homem e da mulher, com os órgãos da procriação, mas sem procriar. O ato sexual é total apesar dessa subtração. Ele permanece íntegro nesse desvio. As regras não dão a régua. A semente não está lá para ser semeada. A viviparidade cabe igualmente bem às provetas.

Em sua sexuação. – Até aqui o sexo corresponde ainda à relação do masculino com o feminino, do pastor com a pastora, da princesa com o príncipe encantado. Sem dúvida, os vaqueiros de Virgílio amavam-se entre si: Córidon canta sua dolorosa paixão por Aléxis. Porém, para eles, não se trata de "homossexualidade". Nem mesmo de casamento. A homossexualidade, naquela época em que as palavras faziam sentido, teria sido um círculo quadrado. A pederastia gabava-se de fugir ao sexo e à união conjugal. Ela se apresentava como uma relação livre, libertada das correntes de Afrodite e do parentesco. O Protógenes de Plutarco declara que o amor por rapazes visa à emulação e à "excelência moral", não à "simples união física, como aquela que se tem pelas mulheres".[12]

A noção recente de sexualidade vem mudar esse dado que, sendo discutível, não deixava de repousar sobre uma concepção clara. Pode-se assim falar de homossexualidade sem temer um erro lógico. Nem mesmo um erro de linguagem. Nesse neologismo, de fato,

---

[12] Plutarque, *Dialogue sur l'Amour*. Trad. S. Gotteland e E. Oudot. GF-Flammarion, 2005, p. 93.

sem que ninguém se preocupe com essa união contra a natureza, um sufixo latino é acoplado a um prefixo grego. Se um ouvido ingênuo concedesse a essa consideração a pureza latina, "homossexualidade" significaria literalmente "sexualidade do homem", em geral. Esse é o sentido inconsciente do termo que surge em 1891. A heterossexualidade, pode-se deduzir sem problemas, só aparece nos dicionários três anos depois. Trata-se de uma excrescência da anterior, para não dizer uma perversão.

Com a chegada da psicologia, a sexualidade não se encontra mais em primeiro lugar nos sexos, mas no cérebro, ou no inconsciente, no livre-arbítrio, na língua, ou nas convenções sociais. Ninguém consegue mais se entender direito. A questão invade o terreno. Uma nova correção moral vem de todo modo purgar os antigos contos de seu odioso "sexismo", para que a princesa tenha às vezes uma espada e o príncipe encantado limpe a casa dos Sete Anões. Que ele possa sonhar também com a Preta de Neve, caso não prefira o Belo Adormecido. As ligas da virtude ficarão satisfeitas. Porque não existem realmente sexos, mas *gêneros*, como na gramática, e os gêneros são construções da linguagem ou das instituições, e, portanto, antes de nossa era de liberdade, de normas opressoras e desigualitárias.

Claro que tudo disso não pode mais caber numa roupa de baixo. Porém, isso pode ser encontrado numa caixa de brinquedos. O Terror é exercido pela divisão arbitrária das bonecas e das panelinhas para as meninas, e das pistolas e dos carrinhos para os meninos. A panelinha de brinquedo molda o feminino, a pistola que estoura formata o viril. Uma sã educação deveria inverter os presentes metade das vezes: vestir o menino de rosa, a menina de azul, e, se devem brincar de papai e mamãe, que troquem com frequência de papel, porque são papéis, e não realidades. Ou melhor, que se divirtam sendo casais provisórios, igualitários perante a procriação, dando uma volta em torno do útero artificial (a loja da Disney deveria ter um, de plástico metalizado, transparente, dando para ver o feto). O ideal sem dúvida seria permitir que escolhessem o sexo antes de nascer. Ou então fabricar crianças neutras. Quanto mais informes, mais livres serão. Para espezinhar-se uns aos outros. O apagamento da diferença sexual, de fato, permite ao homem e à mulher entrar numa rivalidade mimética. Eles trocam a desigualdade aparente pela concorrência generalizada.

Em sua carne. – Nesse ponto de nossa reflexão, estamos falando ainda de um ato carnal. Ainda são corpos que se emaranham, umidades que se trocam, perfumes que sobem de nossos vasos de terra. Mas há também as repugnâncias súbitas: um odor que causa repulsa, aquela mecânica que falha, os panos que precisam ser lavados, a pílula dura de engolir... A carne pesa. O fantasma é leve. Mais higiênico, também, e certamente mais durável. Quem não sabe que "o desejo floresce e a posse murcha"?

O fantasma permite manter o desejo intato. Ele só consome no imaginário, evitando o risco de uma realidade decepcionante ou de uma responsabilidade que o obrigue. Para manter a carne a distância, sempre tivemos certo sentimentalismo e uma certa pornografia. Um e outra têm a ver com o ideal. A coisa mesma, com suas surpresas felizes e infelizes, é substituída por sua representação inodora, programável, funcional, seja na embriaguez romântica, seja no gozo brutal, na paixão evanescente ou na potência hidráulica. Claro que esse sentimentalismo e essa pornografia se apresentam como adversários: ela o censura por suas pretensões angelicais, ele a condena por sua decadência bestial. Porém, *voyeur* e romântico estão de acordo quanto a livrar-se da carne com sua presença incontrolável. Tanto para um quanto para o outro, o que importa é o cinema.

Aliás, ninguém ignora que, por cima do músculo, a carne não passa de uma camada quádrupla reticular, granulosa, basal, dobrada, atravessada por uma rede de receptores nervosos. Estímulos que são nossas sensações. Programas que são nossos encantamentos. Para um prazer maior, o mais eficaz seria ligar fios direto aos neurônios: "A razão disso é simples: um monitor possui o poder hipnótico de induzir estados de consciência modificados. A comunicação por meio de um PC dá acesso a mais circuitos cerebrais que o contato físico. Simplesmente porque o cérebro e o computador funcionam da mesma maneira. [...] O cibersexo corresponde à exploração de poderosos instrumentos de tratamento da mente e da comunicação para efetuar a tarefa mais importante desse estado da evolução humana".[13]

Nesse estado, a carne se torna obsoleta. Ela nos limita a esse saco de pele, e somente a ele. A informática, por outro lado, nos provê, graças a um enxerto virtual, de tantos membros quanto os hecatônquiros e de tantos orifícios quanto um queijo suíço. Quantas perspectivas inéditas! Na cidade futura, são construídas "máquinas neurológicas inteiramente novas, que ativam diferentes zonas cerebrais para criar 'sinfonias eróticas', nas quais se misturam os aspectos mais diversos da vida humana, e que são animadas por famosos 'DJs' que inventam como que partituras de sensações e de prazeres...".[14] Acabaram-se os tempos das seduções lentas e das juras eternas antes de possuir a beldade que será abandonada pela manhã. Tudo é obtido com um clique e da maneira mais adequada. Ninguém jamais é lesado. Ela pode até ser casada com outro no momento – com sua Laura pixelizada, o ciber-Petrarca pode guardar dela o melhor, cantando-a num *Cancioneiro* verdadeiramente novo:

> Que importa que sejas honesta
> Quando estás inteira na net!
> Ó, tu que tens banda tão larga,
> Eu te abrirei em muitas abas.

Em seu drama. – Esse sexo sem procriação, sem sexuação, sem encarnação, esse sexo sem sexo deve mesmo assim ser vivido como uma grande dor. A tragédia de Romeu e Julieta pode ocorrer com

---

[13] Timothy Leary, *Technique du Chaos*, L'Esprit Frappeur, 1998, p. 76, 90.
[14] Marcela Iacub e Patrice Maniglier, *Antimanuel d'Éducation Sexuelle*, Montréal, Bréal, 2005, p. 310.

a rainha má e seu espelho mágico, e continua sendo uma tragédia. Para aquele que se acostuma a sentir prazer diante de uma imagem retocada, o contato real com uma jovem amorosa é uma violência insuportável. Ela não sabe que uma imagem é intercambiável, e não faz exigências? Como ela tem a audácia de importunar seu corpo e de provocar nele essa natureza que ele não controla? Só existe uma alternativa: ou ele a repele, por ser grosseira demais, ou ele a toma como se fosse uma presa. Elias Canetti mostra como a fobia do contato se inverte, transformando-se em êxtase da matilha.[15] Não há outra saída para quem só se relaciona com fantasmas. Ele se vinga dessa afeição indecente, tão impudica por vir sem controle remoto, com essa boca babada sem porta USB, com esses dedos selvagens que *mouse* nenhum consegue disciplinar. Vai ser um dramalhão!

É por isso que ele deve ser evitado a qualquer custo. O sexo não é antes de tudo prazer? Não é sobretudo saúde? A OMS afirma num documento que estabelece como que a coroação dos direitos humanos: "A saúde sexual fundamenta-se na expressão livre e responsável das capacidades sexuais que reforçam o bem-estar harmonioso pessoal e social. [...] Ela não reside unicamente na ausência de disfunção, de doença ou de enfermidade. Para atingir e manter seus objetivos, é preciso que os direitos sexuais de todos os indivíduos sejam reconhecidos e preservados".[16] Cada púbere deve ter acesso ao coito, assim como ao alimento e à aspirina. A receita do médico deve prescrever um homem rústico para toda Lady Chatterley. O homem rústico é, aliás, um assistente social, e suas "injeções subcutâneas" são reembolsadas pelo seguro-saúde. Os Países Baixos são pioneiros em reconhecer isso. A partir de doze anos a criança tem direito de ter relações sexuais com um "terceiro que consente". Se os pais se opuserem, devem provar diante do Conselho de Proteção de Menores que estão

---

[15] Elias Canetti, *Masse et Puissance*, Gallimard, 1986. (Coleção Tel)
[16] Citado por Alain Giami, "Santé Sexuelle: la Médicalisation de la Sexualité et du Bien-Être", *Comprendre*, n. 6, PUF, 2005, p. 110-11.

agindo verdadeiramente no interesse de sua prole...[17]. Assim, todos os neerlandeses obtêm o "bem-estar harmonioso pessoal e social", apesar dos processos que dividem suas famílias.

A ideia de que sexo é algo grave tem a ver com alguma superstição judaico-cristã. Georges Bataille enxerga no erotismo uma ferida por meio da qual os seres comunicam-se de maneira violenta; Étiemble censura-o por seu "cristianismo invertido", com seu fascínio pelo par *"eros-tânatos"*. O verdadeiro erotismo é gentil, aéreo, inocente.[18] Sade ainda parece católico demais. Precisamos ser menos dramáticos. Pensemos na tepidez da primavera, quando o ar se torna o veículo dos polens e dos perfumes da seiva em atividade: "Todo o maravilhoso despertar de abril e de maio é o *imenso sexo espalhado*, propondo em voz baixa a volúpia".[19] Não temamos mais ser ingênuos como as flores: tiremos as calças debaixo do sol. Sejamos simples como as pombas: acasalemo-nos sem temor. A pureza futura consiste em fundir-nos nessa "suruba que nunca vai se acabar... E com cinema entre".

O corpo cavernoso não saiu da Caverna. Ele é menos do que a sombra de uma sombra. Não estamos discutindo nada além do sexo dos anjos – sem carne nem gravidez, sem história nem intimidade, para além do feminino e do masculino, longe do casamento e da circuncisão (um espírito puro não tem prepúcio). Porém, os anjos ainda possuem consistência demais. No mais, não acreditamos neles. Comparemos antes nosso sexo ao famoso punhal de Lichtenberg, "sem lâmina, ao qual falta o cabo" – um punhal que não corta nada...

Tristezas do hedonismo

Por que reclamar dessa escamoteação? Nossos sexos, pouco nos interessa o que sejam, desde que nos sejam servidos quentes, que

---

[17] M. Iacub e P. Maniglier, *Antimanuel d'Éducation Sexuelle*, op. cit., p. 300-01.

[18] René Étiemble, *L'Érotisme et l'Amour*, Arléa, 1987, p. 37-38.

[19] Victor Hugo, *L'Homme qui Rit*, GF-Flammarion, 1994, vol. 2, p. 60.

aproveitemos nossa estada terrestre e nos inebriemos ao máximo com as volúpias escolhidas. Sou a favor do hedonismo! Em vez de me filiar ao partido dos reclamões, entro contente na confraria da alegria. Por que adiar a vida, recalcá-la num além vaporoso? Abraço a concretude de nosso barro sensível, aqui, agora. Aliás, tenho sorte: sou contemporâneo de Mestre Onfray (*"On fraye"*, como esse nome prediz um gozo *poissonneux*!)[20] Basta seguir esse sábio veranil da France-Culture para entender a questão. É verdade que ele não tem um jeito muito alegre e que se veste todo de preto, como se usasse uma batina laica. E depois ele se diz ao mesmo tempo nietzschiano e hedonista de esquerda, o que parece duplamente contraditório. Porém, sem dúvida, esse é o sinal de uma visão tão elevada que os extremos que parecem contrários na planície tocam-se quando percebidos dessa montanha.

Meu entusiasmo, no entanto, foi logo levado a uma medida razoável. Mestre O. diz, para começar, que é preciso distinguir prazer e prazer. As noites de inebriação excessiva levam às manhãs de ressaca. A sublime passante da noite metamorfoseia-se na aurora, uma vez que o passante está satisfeito, numa fera constrangedora. A sensibilidade satura. O desejo transforma-se em repulsa. Os romanos, para os quais a mesa do banquete não ficava longe do vomitório, sabiam disso. Desconfiemos, portanto, do prazer imediato, que conduz a um desprazer maior. "O hedonismo supõe um cálculo permanente a fim de visualizar, numa situação determinada, os prazeres a gozar, mas também os desprazeres possíveis."[21] Eu achava que enfim ia só aproveitar, e agora preciso virar contador, fazendo cálculos, cheio de minúcias.

---

[20] Estamos diante de um trocadilho intraduzível. "Onfray", sobrenome de Michel Onfray, é homófono de "on fraye". O verbo "frayer" tem vários sentidos: abrir (como em abrir caminhos), franquear e, no caso de peixes (*poissons*), "desovar". O adjetivo *poissoneux*, que literalmente poderia ser traduzido como "peixoso", "de peixe", significa também "abundante". Deixo ao leitor a tarefa de ligar todos os sentidos possíveis dessas palavras. (N. T.)

[21] Michel Onfray, *La Puissance d'Exister*, Grasset, 2006, p. 113.

Mestre O. adivinha minha reticência. Ele pretende facilitar as coisas para uma educação precoce da balança de prazeres e incômodos. Chama isso de "adestramento neuronal". Ainda que tenha a ver com animais, essa locução torna-se o novo nome da ética, de uma ética verdadeiramente humana, porque "a ética é questão do corpo e não da alma".[22] Droga! O corpo eu enxergo, mas os neurônios? Aquilo de que gosto na palavra corpo, percebo de repente, é sua unidade vibrante, sua presença indecomponível, enfim – ousemos dizer –, a alma que transpira por todo o seu ser. É esse o prestígio da palavra, assim como da palavra "carne": ela recobre muito espírito. Porém, a partir do momento em que dividimos o corpo em mecanismos e subordinamos tudo ao cérebro, ele perde toda a sua aura. E me pergunto se agora o cérebro não faz o papel daquela alma altaneira que outrora o dominava e o mortificava em sua pasta sensível. O materialismo, resvalando nesse cerebralismo, não parece mais que um espiritualismo envergonhado. A biologia matemática aqui equivale ao mundo inteligível.

Aquilo que leio mais adiante confirma minha irritada impressão: "O outro não é um rosto – com o perdão dos leitores de Lévinas –, mas um conjunto de sinais nervosos ativos num aparelho neuronal".[23] Mestre O. não seria, portanto, nada além de um epifenômeno produzido por seu cérebro e percebido pelo meu! Eu que gostaria de tomá-lo nos braços, eu que gostaria de chamá-lo de meu mestre e de lhe dizer: "eu te amo". Mas não, é preciso abandonar essa algaravia aproximativa. Basta de "eu te amo". Agora é mais racional dizer: "O neocórtex que fabrica meu eu está excitado justo na zona de Broca pelos estímulos nervosos causados por esse agregado antropoide de átomos que por comodidade chamamos de 'você, Michel...'".

Felizmente, Mestre O. propõe em outra parte um "erotismo solar". Penso comigo que seu cérebro vai recompor-se, reencontrar seus outros órgãos, talvez algo de seu esplendor. O programa é atraente:

---

[22] Ibidem, p. 103.
[23] Ibidem, p. 105.

chega da aliança monogâmica e de suas obrigações tão drásticas! Tudo a partir de agora repousa no contrato com prazo: se estamos de acordo, um grupo inteiro, para aproveitarmos uns aos outros, nada mais a discutir; e se, desde o início de uma relação, estipulamos que ela só vai durar três semanas, eis a liberdade. Infelizmente, o homem nem sempre sabe muito bem aquilo que quer. Ele faz um contrato de três semanas e subitamente muda de ideia, gostaria que fosse para a vida inteira, ou só por alguns minutos. Bem no meio de uma suruba, ele se dá conta de que estaria melhor lendo Hegel, ou que seria bom, por exemplo, deixar entrar ali seu cãozinho que está choramingando na varanda. Como fazer para não ferir ninguém e para que o prazer perdure? Mestre O. apresenta uma condição seletiva: "Essa configuração ética e estética ideal supõe contratantes sob medida. A saber: lúcidos quanto ao que desejam, nem cambiantes nem instáveis, sem hesitar, sem ser oprimidos por contradições, tendo resolvido seus problemas e sem arrastar a tiracolo, por causa de sua incoerência, sua inconsequência e sua irracionalidade".[24] Por conseguinte, antes de ter direito à orgia, é preciso ser santo.

Se a domesticação neuronal parasse aí... Porém, sou informado de que para ser hedonista é preciso passar pela "erradicação daquilo que em nós resta do mamífero".[25] A questão é "impor o querer humano", domar "o velho corpo absolutamente submisso aos ditames da natureza",[26] não por meio do cilício e da disciplina (seria pavoroso nos assemelharmos aos ascetas de antigamente), mas por meio da técnica e de seus maravilhosos artefatos, e sobretudo graças à "transgênese", isto é, às manipulações genéticas. Eis que de repente estamos em pleno dualismo. Excluímos a alma dos antigos, mas para colocar em seu lugar essa vontade tecnocrática que deve pressionar o corpo, o "velho corpo" odiado a ponto de se esperar sua mutação.

---

[24] Ibidem, p. 138.
[25] Ibidem, p. 108.
[26] Ibidem, p. 183 ss.

Ao pregar sua "metafísica da esterilidade", meu pobre mestre, que acredita não ser mais que um labirinto de sinapses, confessa de passagem seu desespero: "Será assim tão extraordinária, alegre, feliz, lúdica, desejável, fácil a vida, para que a demos de presente aos pequeninos?".[27] Caro Mestre O., que aconteceu para o senhor querer negar a existência? Estávamos unidos numa festa de prazer, e agora o senhor afirma que a vida não é essencialmente alegre, que nascer é só uma maldição? Como distinguir o senhor dos antigos maniqueus?

Era o caso de esperar por essa. Aquele que corre atrás dos prazeres só pode ter perdido a alegria de ser. Multiplicando suas conquistas, ele manifesta sua impotência para deleitar-se com uma única mulher. Reduzindo tudo a afagos físicos, é obrigado a esmagar o corpo que não consegue acompanhar. O hedonismo é um despotismo. Lacan nos tinha avisado: "O superego é o imperativo do gozo – goze!".[28] Um Kapo ferocíssimo não daria outra ordem àquele que deseja violar profundamente. O hedonista sofre, portanto, de uma hipertrofia do superego. Sua vontade de bem-estar, secundada pela técnica, concebe os limites da carne como um enterro. Trata-se de um gnóstico que não se reconhece mais. Em seu erotismo solar, o sol não ilumina nada e não faz eclodir vida nenhuma. É um sol frio, que mantém a semente de seus raios. Um buraco negro, por assim dizer.

Caminhando para uma nova gnose

O gnosticismo reúne em nebulosa correntes tão diversas quanto as de Mani, de Marcião e de Carpócrates. Seu nome mesmo é mentiroso, pois seu conhecimento (*gnosis*) não é o verdadeiro. Essa plasticidade do termo é sem dúvida uma fraqueza que leva a prováveis confusões. É também uma força, que permite expansões novas. Podemos, por intermédio dele, desmascarar as ressurgências da antiga doutrina debaixo de andrajos elegantes. Afinal, os gnósticos

---

[27] Ibidem, p. 134.a
[28] Jacques Lacan, *Encore*, Seuil, 1975, p. 11. (Coleção Points)

de antigamente, ainda que se enfrentassem sob máscaras diversas, baseavam-se todos no mesmo princípio: o mundo material é obra de um demiurgo mau.

Por ódio do verdadeiro deus, esse demiurgo prendeu a centelha de nossos espíritos na lama sepulcral do corpo. É preciso, portanto, entregar este último à mais vil esbórnia ou à mais rude mortificação. Devassidão e castração procedem da mesma fonte: a carne não poderia ser o templo do espírito, mas uma massa indiferente ou malsã. A geração era o mais mortal dos pecados, de um egoísmo sádico, pior que um assassinato, pois um assassinato pelo menos corta as amarras que nos prendem à lama. Se, apesar das precauções, a semente vagava até a concepção (os sermões recomendavam canais impróprios a esse infortúnio), a odienta matriz era purgada e era preparado um patê com o aborto, temperado, em espírito de penitência. Os fiéis o dividiam numa santa ceia. Era um ofício de misericórdia: o diabo tinha sido impedido de encerrar uma alma no doloroso bife.

À primeira vista, o hedonista de hoje não tem nada a ver com o gnóstico de outrora. Ele ri de sua mitologia. Fica indignado com rituais sanguinários. Recusa o pleroma, o paraíso das almas, separado da matéria. Mesmo assim, responde à mesma estrutura de pensamento. Apesar de suas declarações estrondosas, o corpo só pode ser acolhido por ele como é, pois ele não é a fonte inesgotável da alegria: para alguns gozos, quantos fracassos! E não falo só do patológico, mas dos limites impostos por sua constituição normal – essa superfície restrita, suas anquiloses repentinas, essa cara insubstituível, verdade, mas insubstituível, exatamente!, enfim, esse sexo cujo defeito de fabricação salta aos olhos e que não pode ser devolvido ao vendedor: quando cogitamos que certas centopeias têm dois, que a ostra é hermafrodita, que o menor *poodle* dispõe de um osso peniano, que a giesta é polinizada graças à colheita dos zangões, e as flores do baobá graças à sede dos morcegos! Ah!, diante de desigualdades como essas, como não pensar que a natureza é fascista? Como ela poderia não ser o maior inimigo quando, por causa do prazer sentido por uma mulher, seus automatismos estúpidos nos dão o fardo de uma criança?

Para ser verdadeiramente materialista, seria preciso acreditar num Criador benevolente: os limites da carne apareceriam como guias, as desigualdades seriam a ocasião de uma troca, os males assumiriam o sentido de uma provação. Sem a fé nessa Providência obscura, a espécie humana não é mais que um instantâneo de contornos fluidos, dominado por uma evolução aleatória, temporariamente incólume na dura luta pela vida. Por que se aferrar, então, a esse corpo do acaso? Ele não passa de uma gambiarra de uma adaptação ainda muito imperfeita. Uma pele fortuita, um hábito de circunstância. Sempre podemos abandoná-lo. Podemos até antecipar a próxima mutação, segundo nosso bel-prazer: fabricar uma espécie mais eficiente, mais deleitosa, um super-homem, mas, ora, isto é um peixe dentro da água... Não acreditamos de jeito nenhum num demiurgo mau, mas, como também não acreditamos mais num Deus bom, a consequência é a mesma: a carne, em sua eclosão mortal, não poderia ser boa. E se não acreditamos num pleroma supraceleste, não acreditamos mais que esta terra seja uma dádiva dos céus: somente os paraísos artificiais podem desdobrar o espaço de nossa libertação.

Esse dualismo gnóstico transparecia em nossa concepção antagonista da natureza e da liberdade. A natureza é concebida como determinismo biológico: a liberdade, como saída de toda determinação. Esta se apresenta então como adversária daquela: uma força de antinatureza, uma faculdade de se refabricar a si mesmo. Esse poder indefinido não pode satisfazer-se com a finitude de uma pele. Ele quer arrebentar as costuras. Vai lacerar seu estofo. A técnica lhe provê os meios para isso. Orlan, a artista carniceira de si mesma, é a Eva futura. Os determinismos naturais devem dar lugar às maquinações de nossa vontade.

Porém, o que é nossa vontade, essa débil potência? Um dia ela quer aquilo que não quer mais no dia seguinte. Ela decide uma coisa e se detém no caminho para obtê-la. Quando não confia mais nas indicações da natureza, hesita entre mil caminhos. O tatuado lamenta seu dragão no torso (hoje preferiria um cacto) e acaba por preferir a ele uma grande cicatriz. A beldade afina o nariz porque é moda, e logo a moda passa, e ela se pergunta se não teria feito melhor conservando aquela bossa, herança do pai e brasão dos Bourbon.[29] A transexualidade, por que não? Se tivéssemos nascido com a faculdade de passar de um sexo a outro e depois de voltar ao primeiro – do contrário, é preciso temer a interrupção irrevogável de nosso desejo. Um mundo submisso a nossas veleidades certamente não seria mais livre ou menos perigoso que aquele formado pela natureza.

Assim, por trás do projeto de nos redimir pela técnica, esconde-se outro sonho, que é seu mecanismo e que nos oculta seu pesadelo. Trata-se daquilo que Heidegger chamou de "vontade de vontade".[30] Não procuramos mais fazer a vontade de um deus, mas procuramos crer que nossa vontade é divina, melhor que este mundo, centelha do além escondida sob suas cinzas. Ela se torna a medida de nossa existência. É a instância da verdade. Uma gravidez imprevista, por exemplo, não pode ser maior que minha vontade, não poderia ser um acontecimento que a eleva. Ora, não apenas eu me sinto eu mesmo maior que a vontade da minha mãe – e até maior que o produto de seu desejo – como também, por pouco que eu seja honesto, preciso reconhecer quanto minha própria vontade é instável, e que meu "eu quero", em sua fixidez inquebrável, em sua força sem arrependimento, não passa de uma ficção da gramática. Pouco importa. Eu quero querer. Prostro-me diante desse ídolo de minha vontade, que em meu sonho é soberana. Ela é a boa divindade que vela pela obra criada por Acaso, o anjo mau.

Todos os elementos de uma gnose estão reunidos. A nova religião pode recrutar seus discípulos. O titã Prometeu não é uma figura

---

[29] Em francês, a expressão "nariz adunco" é *"nez bourbonien"*, porque muitos membros da dinastia de Bourbon o apresentavam. (N. T.)

[30] Martin Heidegger, "Dépassement de la Métaphysique". In: *Essais et Conférences*, trad. L. Préau. Gallimard, p. 103. (Coleção Tel)

tão boa dela quanto o engenheiro Dédalo. O roubo do fogo é fundamental, claro, podemos usá-lo para esquentar a marmita. O labirinto, porém, é uma invenção prodigiosa: estamos numa masmorra e, como avançamos sempre, desde que não reconheçamos o caminho e que a cada virada acreditemos que vamos escapar, podemos acreditar que estamos dando um agradável passeio. É isso o que nos sucede neste momento mesmo.

O Casamento de Dédalo e de Pasífae

A mãe de Ariadne e de Fedra é filha do Sol. Sua vida sentimental antecipa nossa época radiosa. Minos, seu marido, engana-a com inúmeras mulheres, mas ela não é mulher de resignar-se. Lança um feitiço para que ele sinta o gosto do adultério: no lugar do sêmen, no instante supremo, jorram insetos com garras, vermes com mandíbulas, escorpiõezinhos que devoram por dentro suas amantes. A maior vingança dele, porém, virá de algo que se abaterá sobre ela e que ela nunca teria premeditado. Uma paixão irresistível por um touro branco como a neve, presente de Poseidon, toma conta da rainha. Sorte duas vezes funesta: o amor não é recíproco. O touro adora cair de boca na grama em sua mão, mas, para montar, a sublime cretense não atiça o estetismo bovino. Ele prefere uma vaca velha – ou a última bezerra do prado. Infames barreiras que separam as espécies! Os recursos do desejo associados a uma tolerância inteiramente darwinista deixam no entanto a esperança de derrubá-las.

Para enganar o animal e fazer a oferenda de seu próprio lombo, Pasífae apela a seu engenheiro. O cavalo de Ulisses faria os aqueus entrar em Troia: a vaca de Dédalo fará a besta entrar em Pasífae. Nessa obra-prima de tecnologia, versão venérea do bezerro de ouro, ela se deitará como sobre a camada de todos os excessos. Montherlant põe em sua boca estas palavras incandescentes: "Sou filha do Sol, e vou me restringir a amar apenas homens? Onde é que está escrito isso? Não, não, não aceito limites! Como meu pai, vou beijar, penetrar tudo o que existe! Essa noite, na máquina de Dédalo, como se eu estivesse deitada no fundo de uma torrente furiosa, sentirei passar por mim toda a criação, num rio de força e de sangue".[31]

Admiro essa Pasífae que pega o touro pelo chifre. Acredito que ela seja mais respeitável que a mulher que já conta com todo o conforto moderno em seu casamento. A bem da verdade, ela está muito próxima da mística cristã, e bastaria quase trocar "máquina de Dédalo" por "graça de Deus" para conferir a sua fala uma ardente ortodoxia. Aliás, somos Pasífae. Assim como o Sol, a luz de nossa inteligência ilumina todas as coisas. Os outros animais, operados por seus instintos, só procuram prazeres limitados, sempre os mesmos: a pulga se une ao pulgo, a sapa ao sapo, incuravelmente o jumento prefere a palha ao ouro e o porco compraz-se mais na lama que na fonte. Mas e nós? Nós somos jumentos que também devoram livros, porcos que gostam de tomar um banho. Podemos acolher, penetrar, cantar "tudo o que existe" até o inefável. Se nos fosse proposto receber em nós "toda a criação como um rio", não aceitaríamos?

Teresinha de Lisieux relatava sem corar seus "desejos de *ser tudo*" e de "abraçar *todas* as vocações".[32] Porém, ela reconhecia a impossibilidade de ser ao mesmo tempo padre e mulher, mãe de família e enclausurada, virgem e prostituta arrependida, mártir por decapitação e mártir mergulhada no óleo fervente. É preciso escolher. E escolher um é renunciar a outro. A menos que acima de tudo se escolha o coração, a origem dos seres, aquilo que em sua unicidade os contém mesmo assim a todos. A pequena Teresa abre-se mais que a grande Pasífae. Ela não queria unir-se a um touro só, mas ao Criador de todos os touros juntos, e até das pedras, das flores, das rãs e dos anjos.

Pasífae contenta-se com uma pequena realização. Em que o membro taurino é a criação inteira por ela mais do que ela que se reduz a nada? O êxtase inferior e o êxtase superior parecem-se por

---

[31] Henri de Montherlant, *"Pasiphaé"*. In: *Théâtre*. Gallimard, 1972, p. 85. (Coleção Bibl. de la Pléiade)

[32] Thérèse de Lisieux, *Œuvres Complètes*, Cerf-DDB, 2004, p. 227.

colocar-nos fora de nós mesmos. Porém, o superior eleva quando o inferior derruba. Se um e outro abrem uma dimensão vertical, o colapso permanece essencialmente distinto da ascensão. Pasífae toma o arrombamento bovino por uma dilatação divina. A confusão é comum.

Sem dúvida, o particular pode conter em si o universal. O poeta nos ensina que na queda de uma folha morta há a imagem do destino, e um símbolo da fertilidade na robustez de um touro. Porém, sob esse aspecto, Minos é mais rico que o animal chifrudo. E a menor prostituta, mesmo anã, reúne em si as constelações. Fausto exclama ao ver Margarida: "Devo, nesse corpo exposto à minha visão, encontrar o resumo das maravilhas de todos os deuses?".[33] A amada não é uma deusa – isso seria cair em ruinosa idolatria –, mas forma um cosmo que podemos ter nos braços. Nela reúnem-se os reinos mineral, vegetal, animal e até angélico. A história da humanidade inteira se precipita em sua história. Seu corpo transborda metáforas, e essas metáforas são mais verdadeiras e mais científicas que qualquer tratado de anatomia.

Para vislumbrar essa profundidade, seria necessário ter a paciência da contemplação: não a temos mais que a impaciência da técnica. Seria preciso a humildade da oração: não a temos mais que a vaidade da presa. Se ainda há a nossos olhos um casamento indissolúvel, é o de Dédalo e de Pasífae. A máquina sem demora vem socorrer o desejo, e o satisfaz tão rápido que o priva do tempo de exaltar-se. O prazer se aperfeiçoa, a ereção se eletriza, tudo deve funcionar tão bem no casal motor que não pode mais haver nenhuma comunhão. A alegria de uma comunhão verdadeira exige o sacrifício. Ela empenha o ser até onde faz mal. As angústias se juntam, e não só as satisfações. As fraquezas se acusam, e não só as performances. Porém, hoje tudo precisa funcionar ao primeiro sinal e imediatamente...

---

[33] J. W. von Goethe, *"Faust"* I, trad. G. de Nerval. In: *Théâtre Complet*. Gallimard, 1951, p. 1013. (Coleção Bibl. de la Pléiade)

Os esposos não têm nem mais o direito de brigar. E ai daquele que persista no mau funcionamento. Cometeu o pecado sem perdão.

Ars erotica *e moral sexual*

O que a Igreja poderia fazer nessa história? Essa Imaculada que é sua Mãe parece mais incompetente que qualquer uma. Maria é virgem, Jesus celibatário, a Trindade não forma um casal como os deuses dos pagãos. Ísis e Osíris, Tamuz e Ishtar, Júpiter e Juno, para nem contar as concubinas, isso era um modelo, isso sim, para balés grandiosos! Mas o Deus não se oferece mais em ritos orgiásticos, nem em faustosas hierogamias. Moisés começa logo traçando a linha divisória: *"Não haverá prostituta sagrada entre as israelistas, nem prostituto sagrado entre os israelitas"* (Deuteronômio 23,18). Em Canaã, o rei todos os anos tinha de deitar-se com uma sacerdotisa escolhida: a liturgia culminava no espasmo. No lugar disso, o que é que se propõe? Os salmos, a caridade fraterna, a velha senhora que mastiga o Cristo com sua dentadura... O corpo aqui toma parte, sem dúvida, mas não com suas partes genitais. Judaísmo e cristianismo conspiram para dessacralizar o sexo. Contra ele, parecem repressivos e castradores. Como pedir a eles que o salvem?

Reconheceríamos de bom grado os tesouros da fé católica desde que nela não houvesse sua moral sexual. Esse rato morto basta para envenenar o poço. Repelidos aqui por esse flagelo, tomados aqui pelos sentimentos, saltamos no pescoço de qualquer espiritualidade improvisada, menos escrupulosa com o sexo: um budismo à moda ocidental, que não nos fala da castidade; um tantrismo para o uso do consumo, que só fala de coitos com chacras abertos; um islã fundamentalista e licencioso, que promete a recompensa de uma multidão de copiosas beldades a quem suporte, neste baixo mundo, o fardo da poligamia. As demais tradições, nem que seja para apimentar o casamento, possuem ao menos sua *ars erotica*. Existe o *Kamasutra*, o *Ktab das Leis Secretas do Amor*, a *Arte de Amar* de Ovídio ou de mestre Dongxuan, obras proibidas que ontem encontrávamos na casa do tio

Félix e que hoje encontramos no supermercado (os supermercados – todo mundo sabe – só vendem segredos). Somos ensinados a atingir o sétimo céu com o dedo indicador. Somos ensinados a espantar o tédio variando as posturas (tio Félix sabe fazer muito bem "o relaxamento do tigre", e a viúva do coronel Maillart, "a divisão do bambu"). Fornecem-nos temperos adequados para tornar a salada afrodisíaca: chifre de rinoceronte em pó, extrato de mandrágora, purê de testículos de bode... Não há nada disso na Igreja, mas um mutismo ouvido como de reprovação.

Michel Foucault fez muito para criticar essa visão das coisas. Segundo ele, o regime que em nossas terras cristãs preside a sexualidade não é o da repressão, mas o da confissão. A vontade de saber teria primazia sobre o saber-fazer. Em vez de uma iniciação erótica piedosamente transmitida no segredo dos *boudoirs*, proporíamos uma *scientia sexualis*, a qual enunciaria o "verdadeiro sexo": "Ora, desde a penitência cristã até os nossos dias, o sexo tem sido matéria privilegiada da confissão. É o que é escondido, dizem. E se fosse, ao contrário, o que se confessa de forma muito particular? E se a obrigação de escondê-lo fosse apenas outro aspecto do dever de confessá-lo [...]?".[34] Seria o caso de Alfonso de Liguori e Sade no mesmo saco. Um com seu confessional, o outro com seus rolos pretos de tinta, ordenando que falemos, que digamos aquilo que fizemos "nas minúcias e nos mais extensos detalhes". Claro, o primeiro ordena dar o perdão de Deus, o segundo incita a nutrir os prazeres do vício, mas num e noutro caso o sexo é retirado da esfera privada para tornar-se público: um objeto de saber e, portanto, segundo Foucault, de poder, seja o da Igreja, seja o dos libertinos, o dos bons costumes ou o da provocação, da túnica de lã ou do canal Playboy. Sem trégua, passamos da confissão envergonhada à divulgação picante, e essa dialética do escondido para revelar

---

[34] Michel Foucault, *História da Sexualidade, I. A Vontade de Saber.* Trad. Maria Thereza da Costa Albuquerque e J. A. Guilhon Albuquerque. Rio de Janeiro, Graal, 1988, p. 60-61.

melhor explica a aberração comum: sempre qualificamos como tabu aquilo sobre o que tagarelamos sem parar, atribuímos ao inconsciente aquilo que é exibido nos quiosques.

Se a medicina e a psicologia modernas deslocam o que está em jogo, o procedimento fundamentalmente não muda. Trata-se ainda de produzir um discurso verdadeiro sobre o sexo, de distinguir o normal do patológico, pois este último serve para garantir o poder da instituição médica e o contrapoder da exibição vulgar, quando não da reivindicação vitimária. Chegamos ao ponto em que não esbarramos mais, como na Idade Média, em homens – nossos próximos – vulneráveis como nós a todos os pecados, mas em homossexuais, heterossexuais, fetichistas, pedófilos, zoófilos, cada qual catalogado conforme sua perversão.

O discurso de Foucault é de grande pertinência. Pergunto-me, contudo, se ele não cai – ao menos em parte – no escopo de sua própria crítica. Nela, o sexo nunca é um dado, mas sempre construído. É uma fabricação arbitrária do grupo ou uma invenção libertária do indivíduo. Sem dúvida, a sexuação física existe para ele, e o edifício supõe fundações naturais: essa fundação no entanto só está lá como fundo, não como profundidade – de material, não de forma. Ora, se tudo depende de uma construção, a relação suprema com o mundo não é mais contemplativa: ela pertence à técnica. A questão não é mais acolher. É "fazer" amor. Ao afirmar que não existe uma verdade do sexo, mas um dispositivo que o pretexta para exercer sua dominação, Foucault impõe essa verdade, a do "fazer", da técnica, da produção. Seu próprio saber homologa a passagem de uma sabedoria do ser a uma ciência do ter. Ainda que em diversos lugares a denuncie, ele não sai dessa vontade de vontade, constitutiva da gnose que trouxemos à tona há pouco. Assim, ele assimila procedimentos quando seria conveniente distinguir as essências. A palavra do penitente, que fala dos pecados, não dos detalhes práticos, distingue-se essencialmente da ostentação espetacular. Sua finalidade, aliás, não se encontra na sóbria confissão, mas, com as lágrimas que Santo Agostinho declara mais alegres que qualquer orgasmo, no elevado silêncio da comunhão restabelecida. A oposição real não é, portanto, entre *ars erotica* e *scientia sexualis*, mas entre uma assunção do sexo como palavra e uma produção do gozo como técnica.

A *ars erotica* pode ser classificada na parte nobre desta última categoria, mas encontra, acima de si, a *scientia sexualis* contemporânea, a psicologia do sucesso e a farmacopeia da pílula e do Viagra. Não estou fazendo aqui julgamento de valor. Estou tentando formar uma concepção justa das coisas. A visão técnica dos sexos os reduz a acessórios do prazer. A visão contemplativa os assume até mesmo em seu drama religioso. A mecânica sensual concebe o ato sexual como uma máquina da qual obter lucros. O verbo sensível o recebe como um mistério onde perder-se. De um lado, uma técnica dos corpos; de outro, uma mística da carne.

No momento, tenho medo de minha conclusão. Ei-la, eufemizada pela interrogativa: e se nossa recusa da moral sexual não passasse de medo dos sexos? E se nossas artes de gozar não passassem de uma fuga diante da alegria que fere, a do outro sexo, da fidelidade aventureira, da dolorosa colocação no mundo, do drama dessa família em que o amor mesmo faz com que, por força do amor, "o irmão entregará o irmão à morte e o pai entregará o filho. Os filhos se levantarão contra os pais e os farão morrer" (Mateus 10,21)? Será possível que tenhamos nos enganado quanto às intenções da Igreja?

Seria surpreendente, mas, afinal, plausível. Há muito tempo se apregoa o falatório segundo o qual o pecado original coincidiria com a união sexual de Adão e Eva, ao passo que a Igreja sempre ensinou que ele estava relacionado ao puro orgulho: não teria acontecido aquela falta, diz Tomás de Aquino, pois o ato carnal teria sido uma prece insondável, e o esperma adâmico, tão puro quanto a água do batismo... Do que é que temos medo para deformarmos tão obstinadamente o catecismo (estou falando também dos "bons católicos")? Nisso se encontra talvez aquela verdadeira moral que zomba da moral e que consiste antes de tudo não em regras de ferro, mas em "concupiscência e graça".[35] Nisso, nessa mística da carne, que só denuncia o pecado para melhor elevá-lo em glória. Que a Igreja põe limites a "fazer" amor, ninguém é cego o suficiente para não perceber. Mas não será porque ela acredita, ao contrário, que é o Amor que nos faz – e nos desfaz? Esses limites, então, demarcariam o caminho? Seus interditos só barrariam becos sem saída? Sua Cruz seria o leito em que os sexos são vivenciados em profundidade? Nem ouso pensar nisso...

---

[35] Blaise Pascal, *Pensées*, § 211.

CAPÍTULO SEGUNDO

Puramente físico
ou: a carne tem muito espírito

Que te parece, diga, Príapo, seu grande e velho devasso? Muitas vezes achei seu conselho e opinião equânimes e pertinentes: et habet tua mentula mentem.
François Rabelais, *Le Quart Livre*

Se o macaco descende do homem

O homem das cavernas só aparece no século XIX. Antes, pensávamos ter sido antecedidos na Terra pelos deuses. O grego evoca uma raça de ouro para a qual "tudo era belo"[1]. O índio guarani canta os pais nascidos de Ñamandu, com "divinas plantas dos pés".[2] Os primeiros homens veneravam ancestrais sublimes: não imaginavam que pudessem descender de um macaco. Para começar a crer nisso, era preciso ser um burguês inglês. Em plena ascensão do capitalismo. Nos anos em que eram criados o gerador elétrico e a sociedade anônima.

Naquela época, as fábricas devoravam proletários, e os pobres eram obrigados a labutar, a mendicância era proibida. Karl podia escrever ao mesmo tempo que Charles. Os dois autores pensavam juntos na Inglaterra produtivista. A *Crítica da Economia Política* foi publicada no mesmo ano em que *A Origem das Espécies*. O pensamento da Revolução e o da Evolução andavam de mãos dadas. Acreditava-se no progresso do homem por seus próprios recursos. Via-se na técnica um meio de salvação. Em 1862, Clémence Royer escrevia em seu prefácio à primeira tradução de *A Origem*: "A doutrina do Sr. Darwin é *a*

---

[1] Hesíodo, *Os Trabalhos e os Dias*, v. 106-20.
[2] Pierre Clastres, *Le Grand Parler*, Seuil, 1974, p. 18.

revelação racional do progresso, colocando-se em seu antagonismo lógico com a revelação irracional da queda". A época fabrica para si uma mitologia sob medida. Ela substitui a Queda Fatal pela Descendência ao Acaso; a Eleição Sobrenatural pela Seleção Natural. O *Homo sapiens*, nascido de incontáveis lances de dados num sistema de apostas, teria sobrevivido por ser o mais adaptado. Ele começa a levantar-se para ver melhor os predadores que o espreitam; herda um par de mãos como um primeiro canivete suíço; constrói cabanas, lasca pedras, domina o fogo. A nova revelação é proclamada: o homem deve tudo à sua indústria. A indústria pode, portanto, reclamar o que lhe é devido. É dela que procede a "hominização". É graças a ela que o homem das cavernas, ainda um macaco peludo, pouco a pouco torna-se um *gentleman* fazendeiro ou membro de partido. Como ele não se daria de corpo e alma a essa boa mãe?

Chesterton, também inglês, achava essa visão impertinente. Ele propunha outra, elegante: "O autor do romance de amor realista que escreve 'O sangue pulsava nas têmporas do barão, que sentia os instintos do homem das cavernas despertarem nele' enganaria seu leitor caso o sr. barão se contentasse em seguida em ir ao salão para desenhar vacas nas cortinas. O psicanalista que explica a seu cliente: 'O recalque dos seus instintos de homem das cavernas leva você, sem nenhuma dúvida, a satisfazer um desejo violento' não está falando do desejo de pintar uma aquarela ou de multiplicar os croquis em tamanho natural de um boi ruminante. Ora, o fato é que os homens das cavernas se entregavam a esses passatempos pacíficos e inocentes".[3] Sem dúvida, ele se parecia muito com os suíços de hoje. Contemplava os lagos. Falava com sotaque arrastado. Construía, como em Lausanne, uma Fundação para a Arte Bruta. "Assim que tentamos observar o homem como zoólogos", precisa Chesterton, "vemos que ele não pertence ao domínio da zoologia. Assim que tentamos fazer dele um quadrúpede erguido sobre as

---

[3] G. K. Chesterton, *L'Homme Éternel*, Plon, 1927, p. 22.

patas de trás, percebemos que seria um quadrúpede tão miraculoso quanto um centauro galopando entre os campos do céu."[4]

No que diz respeito à sexualidade, alguns se beneficiam de ele não poder dar queixa por afirmarem que arrastava a mulher pelos cabelos ou que possuía a primeira que bebia no regato. Isso é difamação. A bestialidade entre nós é tardia: ela pertence àquelas civilizações refinadas que acreditam que tudo lhes é permitido e que, assim, entram em sua fase decadente. O homem primitivo servia-se da mulher segundo o mais minucioso ritual. Imagine seu estupor: ele vertia nela um líquido cor de opala e, nove meses depois, ela o devolvia na forma de um homem, o futuro xamã da tribo! Como não tremer diante desse alambique de prodígios? Como não se ajoelhar diante desse caldeirão dos espíritos? Ele só podia tratar a mulher com uma deferência sufocante, vestindo-a com símbolos, esculpindo-a na pedra, venerando-a com nádegas cuja enormidade ressaltava o caráter soberano ("O homem não tem cauda, mas tem nádegas, o que nenhum quadrúpede possui").[5] Nunca ele teria inventado a classe dos primatas para abusar dela. Teria temido a vingança dos deuses. Se é preciso censurá-lo por alguma coisa, talvez seja por essa superstição.

Contra a espiritualização dos instintos

O evolucionismo ordinário finge ignorar em nós essa primazia do maravilhamento. Para ele, tudo não passa de luta pela vida e artifício para defender-se. Ele parece marcar a continuidade mais pura da fera ao homem, mas leva diretamente à sua violenta divisão: estando o humano no mesmo terreno que o animal, eles se enfrentam, concorrem entre si, combatem pela dominação tanto nesse quanto em outros planos. Como os antigos gnosticismos, o evolucionismo acaba apresentando uma visão dualista do homem. A razão disso é de aquisição recente, uma fase improvisada que se superpõe às antecedentes,

---

[4] Ibidem, p. 12.
[5] Aristote, *Les Parties des Animaux*, IV, 689b, Les Belles Lettres, 2002, p. 143.

um excesso enxertado nas partes simiesca, equina e reptiliana do cérebro. É uma diretora de zoológico que precisa toda manhã domar seus espécimes. No fundo de nós subsistem restos de instintos bestiais a ser espiritualizados. Pulsões brutais agitam nossas zonas inferiores. Precisamos subjugá-las pela sublimação.

Quem sabe, no entanto, se não foi um recalque que inventou essa sublimação de circo? Temos todos os motivos para crer que a "pulsão" é um fenômeno moderno, que nasce com a turbina a vapor e se aperfeiçoa com a campainha de alarme. Na Antiguidade, a loucura que tomava conta dos homens era atribuída a maus espíritos. Ninguém pensava ter de adestrar uma fauna interior. Essa moral dualista que ordena que sejam espiritualizados em nós os instintos animalescos não poderia resistir à menor reflexão.

Um instinto animal produz uma vida ordenadíssima, não uma louca depravação: a colmeia obedece a uma organização digna de Taylor; o acasalamento dos escorpiões, pinça com pinça, corresponde a uma ida ao cartório; e, mesmo que a fêmea do louva-a-deus decapite religiosamente seu macho, é para aumentar a potência reprodutora, como quem fosse ao andrologista. O instinto responde à natureza. Ele nunca tem nada de violento. O porco come como um porco e assim mostra-se bem-criado. A pega palra como uma pega e assim nunca sai da medida de seu canto. Se tivéssemos em nós instintos animalescos, eles nos incitariam a modos mais estritos do que os da Inglaterra vitoriana. Observe o passo senatorial do pombo. Não temos nada desse decoro inalterável. O jardineiro de Beaumarchais explica à Condessa que o censura por sua embriaguez: "Beber sem sede e fazer amor a qualquer momento, senhora, é isso que nos distingue dos outros bichos".[6]

Isso nos distingue a tal ponto que os bichos podem ser para nós símbolos de virtude. Basílio de Cesareia enxerga no voo das gruas um modelo de ordem, no acasalamento da vespa um exemplo de amor

---

[6] Beaumarchais, *Le Mariage de Figaro*, ato II, cena 21.

conjugal, e no cão que segue seu dono o modelo clássico da fidelidade: "Será culpado de ingratidão o homem a quem esse pensamento não inspire o sentimento de vergonha?".[7] Jean Carpathios pedia que os monges se inspirassem nos menores insetos: "Considere a aranha: ela não pede nada, não briga por nada, não acumula nada. Sua vida se passa na satisfação e na castidade totais, no silêncio extremo". Ele estimava até que o incréu, para não desesperar de Deus, devia antes de tudo contemplar as lagartas: ele percebia que aquilo que rasteja pode um dia começar a voar.[8]

Essas constatações deixam entender que a desordem moral não vem, em nós, de um corpo bestial que um espírito soberano não consegue mais dominar, mas antes de um espírito perverso que se aproveita de um corpo desarmado.

Não acuse o corpo, como uma mulher que acusa a serva!
Acuse o espírito imundo![9]

O orgulho é sempre pai ou avô do vício. Sob seu domínio, o espírito desarrazoa e toma a carne como se fosse uma massinha a ser moldada segundo suas vontades. Ele se torna como Balaão com sua jumenta, convencido de que ela não tem nada a dizer-lhe, aquela maldita pangaré, que só ele é que enxerga as coisas: por que ela freia com as quatro patas? Por que não segue o caminho decidido? Por que se deita de repente debaixo de seu tirano, como morta? Ele a vergasta com toda a força, e, se tivesse nas mãos uma espada, chegaria a matá-la. Porém, de repente o animal lhe fala como Cristo a Saul: "Que te fiz eu, para me teres espancado já por três vezes?" (Números 22,28).

---

[7] Basile de Césarée, *Homélies sur l'Hexameron*, IX, 4, trad. S. Giet, Cerf, 1968, p. 533. (Coleção Sources Chrétiennes)

[8] Jean Carpathios, *Chapitres d'Exhortation*, 46-47, em *Philocalie des Pères Neptiques*, Abbaye de Bellefontaine, 1981, fasc. 3, p. 108-09.

[9] Paul Claudel, *L'Échange*, ato II, em *Théâtre*, Gallimard, 1956, t. I, p. 695. (Coleção Bibl. de la Pléiade)

E Javé revela ao profeta: *A jumenta me viu*, ao passo que você, Balaão, foi desviado por seu orgulho.

Parecem-se como ele esses que pretendem espiritualizar eventuais instintos. Eles evitam o aviltamento de prestar atenção nessa "grande razão" oculta no corpo.[10] Não têm a ousadia de assumi-lo com espírito. Compreendo sua reticência. Como admitir que órgãos tão caprichosos, quase os mesmos do bonobo, estejam repletos de sabedoria latente? O animal dotado de palavra nem por isso é uma fera a quem a palavra seria acrescentada como uma brilhante cereja sobre um bolo obeso. Ele é inteiramente sensível e inteiramente falante. Sua carne é eloquente. Sua palavra é carnal. Assim, devo admitir ao padre de Meudon: *Mentula tua habet mentem*. O que traduzo com decência: a consciência sem corpulência não passa da ruína da alma. No homem, uma relação puramente física é também uma relação verdadeiramente espiritual. E, quanto menos espiritual ela é, menos é física. Talvez, porém, seja isso o que preferimos. Para onde fugiríamos longe de Sua Face, se a descida abaixo da cintura supusesse mais uma elevação aos mistérios?

O apelo que há no sex appeal

No sétimo livro de suas *Confissões*, Rousseau narra sua aventura com Zulietta, cortesã veneziana.[11] A jovem é tão esplendorosa que "as jovens virgens dos claustros têm menos frescor": "Porém, no momento em que eu estava prestes a deslumbrar-me com uma garganta que parecia pela primeira vez sofrer a boca e a mão de um homem, percebi que ela tinha um seio sem mamilo". O caminhante solitário poderia ir adiante para seus inúmeros outros adornos, mas "é idiota a ponto de falar-lhe a respeito": "Ela começou levando na brincadeira, e, em seu humor de galhofa, disse e fez coisas que me fizeram morrer

---

[10] Friedrich Nietzsche, *Ainsi Parlait Zarathoustra*, I, "Des Contempteurs du Corps".

[11] Jean-Jacques Rousseau, *Les Confessions*, II, Gallimard, 1973, p. 61. (Coleção Folio)

de amor. Porém, guardando um fundo de inquietude que não consegui esconder dela, enfim a vi corar, se acalmar, se endireitar. [...] E, andando pelo quarto e se abanando, ela me disse com tom frio e desdenhoso: *"Zanetto, lascia le donne, e studia la matematica"*.[12]

Rousseau, nos seios de sua cortesã, procura também o número dois. No que é menos platônico há platonismo. O sensual em nós ainda é geômetra. Isso porque no homem não existe sensação pura. O que nossa inteligência percebe é ainda iluminado, e o visível e o audível não são apenas cores e sons, mas também e em primeiro lugar seres, palavras, harmonias. A inteligência os penetra, junto com a memória e com a imaginação. Todo um romance pode reunir-se em torno do gosto da madeleine. Ou até do biscoito, como na primeira versão. E se a escolha de Proust no fim das contas se dirige para "o bolinho em forma de concha", é justamente para radicalizar o sentido oculto no fundo da sensação: esse arrepender-se significa *o* arrependimento, pois o nome do bolinho recorda, junto com seu sabor, a pecadora que se tornou a primeira testemunha da Ressurreição.[13]

Sons diversos saem desses volumes pitorescos que se equilibram, porém o que percebo de imediato é minha esposa me perguntando se o vestido azul fica melhor que o rosa. É preciso o esforço reflexivo do pintor para voltar à flor da retina e só considerar aqui cores e figuras. Porém, também nisso, o pintor visualiza relações de proporção, uma música dos valores, uma consonância das formas, o que continua a ser privilégio do espírito. Nesse domínio, aqueles que procuraram as sensações mais puras foram também os mais místicos. Cézanne, que queria uma "pintura com colhões", acreditava que "ver como aquele que acaba de nascer" equivalia a "ver a obra de Deus".[14]

---

[12] "Joãozinho, esqueça as mulheres, e vá estudar matemática." (N. T.)

[13] Patrick Laudet, "Diététique et Mystique de *la Recherche*: Tremper la Madeleine et Faire Couler le Rocher", *em* K. Becker e O. Leplatre (Orgs.), *Écritures du Repas (Fragment d'un Discours Gastronomique)*. Frankfurt, Peter Lang, 2007.

[14] "Cézanne à Aix, Propos Recueillis par Jules Borély", *L'Art Vivant*, n. 37, 1 jul. 1926, p. 493.

Assim, nossos prazeres sensíveis sempre contêm uma alegria espiritual, e é essa alegria oculta que lhes confere sua atratividade humana. Como deslindar na felicidade de uma refeição aquilo que tem a ver com a comida, com a conversa, com a convivialidade? Se nos oferecessem um banquete para comermos sozinhos e sem pensar em nada, essa abundância de víveres seria tão insuportável quanto o suplício de Tântalo. Dessa regra o desejo sexual não diverge em nada. Ele mesmo aspira àquilo que, sem sair do sensível, transcende a sensação. Se nos fosse oferecido num prato o coito como definido por Marco Aurélio, isto é, "uma fricção do intestino e uma emissão de muco acompanhada de uma convulsão",[15] ficaríamos bastante refratários. Em que uma beldade seria necessária para isso? Sua beleza, assim como sua feminilidade, não são necessárias para um prazer estritamente sensível. Uma boa tripa de boi seria suficiente. A menina que agrada ao jovem dos subúrbios, aquele mesmo que grita por anarquia, na verdade mexe com ele por causa das forças da ordem de seu corpo. É isso que sempre o faz salivar: as forças da ordem, o poder da harmonia... E se ele se rebaixa girando o pescoço em vez de elevar-se para uma conversão, é porque o professor de biologia inculcou-lhe que esse desejo era apenas uma necessidade animalesca.

Platão descreve essa experiência intimamente quando se interroga sobre o temor do belo. Mais que opor o físico e o moral, ele tenta compreender como o mais moral se manifesta no mais físico: a beleza terrena é ao mesmo tempo "imagem das coisas do céu", ela aumenta "a haste das penas das asas", e eis que estou tomado por "uma estranha mistura de dor e de alegria", exaltado, perplexo em razão dessa tensão incompreensível que quer que suas nádegas me atinjam no fundo da alma, ao mesmo tempo que suscitam uma comichão pubiana. Como esse conjunto de músculos e de ossos, de mucosas e de veias, de cílios e de epiderme, é capaz, por causa de suas curvas, de

---

[15] Marc-Aurèle, *Pensées pour Moi-Même*, IV, 13.

me prender pelo pescoço e de fazer erguer-se em mim o sofrimento conjunto da carne e do canto?

Aqui, o contorno de uma curva, e é a arca da aliança. Aqui, a convexidade de um peito, e é o vale de Josafá. Essas aproximações parecem blasfemas. Porém, se evito aproximar-me dessa blasfêmia, caio no sacrilégio: reduzo aquilo que vivencio a uma questão de bunda, a um estímulo de feromônios, a um instinto de reprodução. Começo a ter medo do *sex appeal*, isto é, desse apelo que me coloca fora de mim e que se planta entre meus rins como uma punhalada traiçoeira, porque vem de cima e me prende por baixo. Tapo as orelhas por causa dessa *gauloiserie*. Afinal, o que é a *gauloiserie*, se não uma timidez que se esforça para reduzir o relâmpago à escala do lampião? Como tudo o que é gaulês, ela tem medo de que o céu lhe caia sobre a cabeça.[16]

Esse prurido do ser inteiro que a visão da beldade me causa é uma provação que vem me sondar. A tentação primária está num falso dilema: ou "como um quadrúpede, procuro fazer jorrar [minha] semente, lançando-a nela [...] sem temer nem ter vergonha por levar adiante uma volúpia contrária à natureza";[17] ou, como um anjo mau, desprezo-a e acredito que tudo não passa de um fenômeno baixo, que diz respeito à hidráulica pélvica, e certamente não a minha alma. Dos dois lados, dissocio o espiritual e o carnal aqui indissoluvelmente casados. A menina mesma me leva a isso. Ela tem dificuldade em admitir que seu corpo possa ser mais espiritual que seus raciocínios. Examina-o todos os dias no espelho, com seus botões a apagar, sua linha a vigiar, suas flatulências fétidas... Como ela poderia ser o ostensório do invisível? Ela também tem medo disso,

---

[16] *Gauloiserie*: libertinagem, mas também "coisa de gaulês", isto é, de francês. A referência ao céu caindo sobre a cabeça é Abracurcix, chefe da tribo de Asterix, que dá nome à história em quadrinhos. Apesar de ter medo de que o céu lhe caísse sobre a cabeça, Abracurcix liderava a tribo de "irredutíveis gauleses" que resistiram à dominação romana.

[17] Platão, *Fedro*, 250e-251a.

como de uma despossessão. Mais que esse anjo no corpo, ela prefere ter o diabo. Ela diz a si própria que essa confissão de sabe-se lá que religioso comovido é só um truque de sedutor. E o sedutor também acha isso, em sua hipocrisia. Os dois têm indícios para achar isso. Eles conhecem o refrão de Pândaro:

> Suspira o namorado: oh, dor horrível!
> Mas a ferida que era tão mortal
> transforma oh oh! em ah! – Oh oh! em ah!
> Assim, matando, cura o ingente mal.
> Antes, oh oh! Agora, apenas ah!
> Não gemidos: suspiros, só, de ah ah![18]

Porém, que sucumbamos assim, transformando "oh!" em "ah!", demonstra que o Altíssimo nunca esteve lá? O espírito é solidário, e a carne é fraca. Cristo recorda isso a seus discípulos, para que não caiam em tentação. Ora, aqui a tentação é não reconhecer nossa fraqueza. Porque lançamos um rio na privada, afirmamos que o rio não passava de uma miragem no nosso deserto. Mas não será porque diante da torrente só apresentamos um canudinho de evacuação? Acabemos então com essa hipocrisia. Se diante da beldade sentimos subir a seiva desejosa, não apenas brademos por ela como Tartufo: "Ah! Por ser devoto, não deixo de ser homem!", mas suspiremos, também: "Ah! Por ser homem, não deixo de ser devoto!".

Macho e fêmea até o divino

O sinal desse transbordamento dos sexos para outra coisa pode ser ouvido na língua mais vulgar. Nela, o corpo do homem e o da mulher reúnem todos os corpos profissionais. É verdade que existe a obra da carne, claro, mas também é possível *moldar, cavilhar, ajustar,*

---

[18] William Shakespeare, *Troilo e Cressida*, III, 1. Trad. Carlos Alberto Nunes. *Tragédias*. Rio de Janeiro, Agir, 2008, p. 255.

calibrar, manufaturar, cavar, arar, dar feno à mula, bater o ferro enquanto está quente. Outros, como farmacêuticos, *seringam*. Os que *arpejam* fazem-se baleeiros, e os que *cravam pregos*, coveiros. Mas são os menos religiosos que *entram na portinhola*. É possível nada saber do gregoriano, de fato, e ainda "cantar o introito".[19]

Esse calão no mais das vezes faz rir. Sinal de que deve ser levado a sério. Não estou falando daquela seriedade dos empregados de Flaubert depois de terem sido iniciados na história céltica: "[...] e para Bouvard e Pécuchet tudo vira falo. Eles recolheram os balancins de carro, pernas de poltrona, ferrolhos de cave, pilões de farmacêutico. Ao receber uma visita, perguntavam-lhe: 'O senhor acha que isso se parece com o quê?', e, em seguida, confiavam o mistério – e, caso a visita se espantasse, eles, por pena, levantavam os ombros".[20] Desse ponto de vista, muitos amantes da psicanálise julgam-se discípulos de Freud e de Lacan, e são descendentes de Bouvard e Pécuchet. A seriedade de que estou falando é outra. Como que o avesso da anterior. Uma espécie de suspeita da suspeita. Ela consistiria não em expor um aspersório para ver nele um falo sublime, mas em recolher os sexos para neles descobrir um sacramento suspenso.

---

[19] Ver Jean-Claude Carrière, *Les Mots et la Chose*, Plon, 2002. [Nesse parágrafo, optamos por fazer uma tradução estritamente literal das expressões francesas, porque a referência da nota é uma peça de teatro cujo título poderia ser traduzido como "As Palavras e a Coisa". Na peça, uma dubladora de filmes pornográficos reclama da pobreza vocabular desses filmes com um linguista, que lhe fornece pencas de sinônimos. Além disso, há trocadilhos no original de Fabrice Hadjadj que não permitem tradução direta. Por exemplo, *"trappe"* significa tanto trapa, dos monges trapistas, como a pequena portinhola no corpo de uma porta que permite a entrada de animais. A própria frase *"ce sont les moins religieux qui entrent à la trappe"* também poderia ser traduzida como "são os monges religiosos que entram pela portinhola", "são os monges religiosos que entram para a trapa", ou "são os menos religiosos que entram na trapa".

[20] Gustave Flaubert, *Bouvard et Pécuchet*. Gallimard, 1979, p. 180. (Coleção Folio)

O que possibilita essa exuberância de metáforas? Por que a união entre o homem e a mulher recupera a menor cavilha que se une a um encaixe e por sua vez se oferece como imagem aos estados mais espirituais? Afinal, no que diz respeito a essa união, o calão atrevido é simétrico à linguagem mística. Aquele ralaciona todas as coisas, mesmo sagradas, ao ato carnal; esta relaciona o ato carnal à comunhão com Deus. De um lado, "faz-se entrar a procissão na igreja"; de outro, a alma se une a seu Esposo. Os dois vocabulários são crus, sem dúvida. O primeiro supõe a crueza, e o segundo, a crença. Porém, quando penso nisso sem me prevenir, livre dos incômodos da vergonha e também das asas do gozo, a divisão não é mais tão fácil. Existe uma crueza por trás dessa crença, e uma crença por trás dessa crueza. A linguagem mística é até a mais crua das duas. Ouça a oração da Sra. Guyon: "Toma-me no mais íntimo de meu âmago, para que minhas faculdades e meus sentidos afluam diretamente para ti. Toma-me, digo, ó, meu divino Amante!". Quanto ao calão atrevido, ele contém, apesar de si próprio, certa fé: ora se degrada em escárnio, ora se eleva à poesia popular, mas sempre, por multiplicar as figuras, admite que os sexos conjuntos são mais que uma máquina, que a significação dos corpos é mais vasta do que supõe a biologia. As carnes possuem certa espessura cósmica, certamente, para prestar-se a tantos paralelos cômicos.

Aristóteles define a ancoragem: "Por macho entendemos o ser que engendra em outro, e por fêmea o ser que engendra em si".[21] O homem penetra e a mulher é penetrada; o homem engendra em seu exterior, a mulher concebe em seu seio. Isso não significa que um é ativo e que o outro é passivo, mas que a ação masculina é transitiva (ela tem seu termo fora do agente) e a ação feminina é imanente (ela tem seu termo dentro de si). Isso confere ao homem e à mulher uma imagem de seu corpo radicalmente distinta. No amor, ela vivencia a si

---

[21] Aristote, *De la Génération des Animaux*, I, 716ª. Trad. P. Louis, Les Belles Lettres, 2002, p. 3-4.

mesma como acolhedora, e ele se percebe como conquistador. Como sua relação com o mundo poderia ser a mesma? O menino brinca de guerra. A menina sonha com a pedra no dedo. Aristófanes edifica uma moral a partir dessa base quando, em *Assembleia de Mulheres* e em *Lisístrata*, atribui ao sexo feminino o poder de fazer a paz: "Como são mulheres", diz Praxágora, "elas vão querer absolutamente poupar a vida dos soldados".²² Agora, basta que elas se desnaturem como amazonas, e eis que ficam impiedosas como guerreiros sem descanso: "Se Marte, nauseado, não interromper a carnificina, elas morrerão ali sem recuar uma polegada, cada qual com os dentes cravados na garganta da outra".²³

O útero e a terra habitável são assim relações de similitude real. Logo após ter definido a diferença dos sexos, Aristóteles pode passar à explicação das metáforas: "Eis porque, quando se fala do universo, atribui-se à terra uma natureza feminina e o nome de mãe, e ao céu, ao sol e a outros corpos do mesmo gênero, o nome de geradores e de pais". A imanência do feminino e a transitividade do masculino transportam-se por toda a natureza, desde o elementar ("A matéria deseja a forma assim como a fêmea deseja o macho") até o divino ("O Céu sagrado sente o desejo de penetrar a Terra, um desejo de fruir do hímen toma a terra").²⁴ A divindade, quando se insiste em sua transcendência, chama-se "Pai" e, quando se insiste em sua imanência, "Mãe". O ato divino da criação, se não cai no panteísmo, apresenta-se sob uma figura paterna; o ato divino de misericórdia, para não alterar-se em dureza justiceira, apresenta-se como figura materna: "Como a uma pessoa que a sua mãe consola, assim eu vos consolarei" (Isaías 66,13).

Como compreender que essa polaridade masculino-feminino atravesse tudo aquilo que existe, da argila a Deus? Devo acreditar

---

²² Aristophane, *L'Assemblée des Femmes*, v. 610.
²³ H. von Kleist, *Penthésilée*, cena I. Trad. J. Gracq, José Corti, 1954, p. 21.
²⁴ Aristote, *Physique*, I, 8, 192a; Eschyle, fragmento de *Danaïdes*, em *Tragédies*. Trad. P. Mazon. Gallimard, 1982, p. 51-52. (Coleção Folio)

numa sublimação? Mas então esse ato carnal não seria ele mesmo a sublimação da cavilha no encaixe, e nós o realizaríamos frustrados por não sermos um móvel? Que os sexos possam simbolizar o divino é algo que implica que o divino seja uma invenção de um fornicador enganado? Bastaria que os homens ficassem satisfeitos como ostras hermafroditas para enfim libertar-se do obscurantismo? E se, ao contrário, entrar na capela ou penetrar no claustro fossem os atos de amor primeiros, dos quais deriva o ato sexual? E se a esposa descendesse da freira? E se não fosse o divino que fosse uma sublimação dos sexos, mas os sexos uma criação do divino?

Essa perspectiva parece mais coerente. O que funda a metáfora é uma verdadeira comunicação das coisas no ser. Matéria e forma, terra e céu, cabra e bode, do protozoário à imperatriz Zita, do cascalho ao arcanjo Gabriel, tudo é desejo e tendência ao amplexo. A pedra deseja unir-se ao sol, a flor deixa entrar em si o zangão, o grilo canta, Maurice coloca sua roupa nova, Yehudi toca a Chacona, irmã Saint-Léon recita seu terço, o Altíssimo beija sua Criação. "As coisas superiores estão nas inferiores por participação", diz São Tomás, "e as inferiores estão nas superiores por excelência."[25] O real é uma ascensão por degraus até uma união cada vez mais perfeita, e a comunhão dos sexos seria sua coroação corporal. O que se passa aqui é uma imagem inferior daquilo que fulgura em Deus (dois que formam um, um que forma três – a unidade trina), e uma realização superior daquilo que emerge no alho-poró. Mas eu poderia ter escolhido outro legume, ou até um elemento das tabelas de Mendeleiev. As locuções maliciosas todas encontram aqui seu fundamento: posso *juntar meus hidrogênios e seu oxigênio para que não sejamos mais que uma só molécula de água.*

No entanto, nossa época contenta-se com uma visão mecanicista da natureza. A essa hierarquia de formas na semelhança ela prefere sua configuração na uniformidade. Tudo que não é equação,

---

[25] Tomás de Aquino, *Comentários de Nomes Divinos*, III.

forças anônimas, pulsões mecânicas... A pedra não deseja mais o solo. O que fazer com $v = 1/2\ gt^2$? Que imagens tirar de XY e XX? Normal que o calão desapareça. Não se canta mais o introito. Esquece-se de *"colocar os animais na arca"*. Somente alguns judeus ainda têm piedade o bastante para cantar em linguagem supremamente licenciosa: *"Tens o talhe da palmeira, e teus seios são os cachos. Pensei: 'Subirei à palmeira para colher dos seus frutos!'"* (Cântico dos Cânticos 7,8-9).

Em rito, e não em cio

A primavera, dizem, é a estação dos amores. As árvores liberam seu pólen. Os testículos do chapim saem de sua hibernação. A lagosta vai para as margens e ergue a cauda. Isso vale para a maioria das plantas, dos animais, e também para o poeta. Afinal, para muitos outros homens, são as alergias que começam. Mesmo que as boas famílias tenham o costume de se casar quando o tempo fica mais brando – talvez com o objetivo de imitar as cigarras e de evitar parecer-se com o polvo, que se acasala no inverno –, conheço pessoas respeitabilíssimas que, em fins de dezembro, trocaram o consentimento. "O homem se acasala em todas as estações", escreve Aristóteles, "assim como muitos animais que vivem em sua companhia, por causa do calor e da boa alimentação, sobretudo aqueles cuja gestação não é tão demorada, como o porco e o cachorro, e, entre os pássaros, aqueles que têm parturições frequentes."[26] Nosso conforto passa para o porco e lhe outorga algo de nossa liberdade.

Xenofonte vê nisso um sinal para nós da Providência dos deuses: "Para os outros animais, eles limitaram os prazeres do amor a uma estação do ano, ao passo que nos concederam gozá-los sem interrupção até a velhice".[27] Plutarco, pelo contrário, denuncia uma decadência: "Em vós, a natureza, ainda que tenha a ajuda da lei, não

---

[26] Aristote, *Histoire des Animaux*, V, 8, 542a. Gallimard, 1994, p. 264. (Coleção Folio Essais)

[27] Xénophon, *Les Mémorables*, I, IV, 12. Trad. P. Chambry. GF-Flammarion, 1967, p. 306.

consegue conter sua intemperança nos limites da razão. Como uma torrente que leva tudo à força, ela causa muitas vezes, e em diversos lugares, quando se trata da volúpia do amor, afrontas, desordens e escândalos contra a natureza muito grandes: há homens que amaram cabras e porcas...".[28] Grandeza ou vileza, Providência ou fraqueza, essa indeterminação é sempre uma prova. A relação humana dos sexos só se afasta do instinto para inscrever-se num drama. Nele, cada um vai revelar aquilo que é.

A idade púbere e depois sobretudo a idade núbil nos impelem a uma cena entre farsa e tragédia. No mês dos amores, a morsa só precisa farejar sua fêmea com toda a segurança que lhe confere seu meio metro de osso peniano. O homem, por sua vez, precisa seduzir uma sogra, suportar longuíssimos almoços de família, gastar tesouros de paciência de diplomacia. Ele deseja Frénégonde, mas precisa primeiro sorrir para seu incômodo primo Bertrand. Ele queria tomá-la nos braços, mas seu pai exige que primeiro ele tenha uma boa situação. Nossa indeterminação quanto ao tempo do acasalamento não nos torna exatamente mais livres que a morsa. Ela desde sempre é tomada por uma determinação histórica, tanto pessoal quanto social. A ausência de uma estação decisiva deixa aberto o lugar para regulações políticas e religiosas. Desde a origem, o rito é nosso cio.

O troglodita de Lascaux contempla, ao clarão das tochas, o homem-pássaro inclinado sobre o bisão moribundo. Antes de ir para a cama, é preciso ir ao altar. Seu sexo à rédea solta procura o sentido que possa confortá-lo. E esse sentido não poderia estar numa reprodução mortal. A propagação da espécie nunca motivou ninguém. Os outros animais não decidem perpetuar sua raça: o gatilho do solstício os magnetiza, o prazer da união os toma, as coisas se encadeiam sem que eles tenham previsto a conta poupança e o seguro-saúde. A nós, abandonados pelas estações, o prazer poderia bastar, mas

---

[28] Plutarque, "Que les Bêtes Brutes Usent de Raison". Trad. Amyot. In: *Trois Traités pour les Animaux*. POL, 1992, p. 137-38.

procuramos a beatitude; a geração poderia não apresentar um problema, mas sabemos que vamos morrer. Temos colhões, sem dúvida, mas somos antes de tudo uns cretinos. Assim, o homem se interroga: esse prazer me levará à felicidade se é só para o corpo? Essa gestação tem sentido se é só para o túmulo? Ele não está rigorosamente nem aí para a perpetuação da espécie: o que o inquieta, o que o fustiga é em primeiro lugar a salvação do indivíduo. Um quarto de criança prova isso, ornado com tantos fetiches supersticiosos (*superstitio* significa "sobrevivência" e designa originalmente práticas destinadas a obter dos deuses o favor de que os pequenos não morram antes daqueles que os engendraram, mas que todos se reencontrem mais tarde no país dos ancestrais). A cadeirinha de brincar está lá para um despertar feliz, o urso de pelúcia observa sorridente e feliz, a boneca Barbie experimenta um vestido de festa em sua radiante casinha. São os amuletos dos tempos modernos. Bem se sabe que o despertar será para tomar consciência da morte que as ursas podem *"sair do bosque e despedaçar quarenta e duas [crianças]"* (2Reis 2,24), que Barbie é uma pequeno-burguesa que virou prostituta de luxo, a menos que estejamos falando de um torturador nazista. Porém, os brinquedos sonham com um futuro em que *"a vaca e o urso pastarão juntos, juntas se deitarão as suas crias. (...) a criança pequena porá a mão na cova da víbora"* (Isaías 11,7-8).

Assim, o homem pede uma garantia mística para o ato sexual. Ele está em rito. Caso não vislumbre resposta para sua inquietude, a atraente moça pode perfeitamente estar na sua cara e ele vai ordenar, como Hamlet: "Entra para um convento. Por que hás de gerar pecadores? [...] Para que rastejarem entre o céu e a terra tipos como eu?".[29]

Tenho certeza de que havia freiras entre os Cro-Magnon. Acho até que o padre e a profetisa são de certo modo anteriores ao esposo e à esposa. Como estaríamos aqui se não fosse assim? Eles são necessários

---

[29] Shakespeare, *Hamlet*, ato III, cena 1. Trad. Carlos Alberto Nunes. *Tragédias*. Rio de Janeiro, Agir, 2008, p. 573.

para pregar que o orgasmo não é só para a carne, que o nascimento não é só para os vermes. Para anunciar uma salvação. Sem essa esperança, pode-se perfeitamente dar uma bimbada – mas tanto faz isso ou dar um tiro na cabeça. Até o sátiro precisa dela para gozar de suas presas: de outro modo, o que ele poderia deflorar? De onde tiraria a energia para tentar? Sua perversão mesma perderia o incentivo.

Elas teriam sido as virgens das cavernas? Não eram as prostitutas sagradas? Ao menos um xamã estava lá, à parte, um poste indicador, afirmando com sua existência que havia uma Providência e que podíamos ir adiante, com força total, acelerando até perigosamente! As crianças entrariam no reino dos ancestrais, a volúpia de uma hora se desenvolveria em alegria eterna.

A oração em nós nasce da carne mesma. Mais fundamental que o gozo, ela o antecede para garantir sua plenitude. É esse o sentido da circuncisão: materializar essa oração na pele. Por que essa marca da santidade na parte baixa e não escaras em nossas bochechas, mais nobres? Por que a ablação desse prepúcio que, segundo Buffon, é de uma substância semelhante à da pálpebra. Ela liberta como que um terceiro olho. Ela quer deixar ver o além. Desejo de felicidade e consciência da morte deixam o indivíduo perplexo: para que servem os espermatozoides? Por que esse órgão e não outro, mais agradável? Os sexos parecem um estorvo. Então, zás! Entramos na faca, mas justamente em nome da leveza, para impedir a mutilação. A circuncisão é feita para não cortar o impulso amoroso: "Todo pensamento relacionado ao sexo", escreve Rozanov, "despertava no semita o pensamento de Deus, perdendo imediatamente essa sensualidade cruel que conhecemos tão bem e que, sem se negar, fundava-se na sensação do divino."[30] O órgão não precisa mais temer o prazer nem a vida. Ele traz consigo o sinal da promessa. Para substituir as estações, ele precisava da eternidade.

---

[30] Citado por Olivier Clément em seu prefácio a Jean Bastaire, *Éros Sauvé*. DDB, 1990, p. 11.

O desnudamento

Aquilo que, à primeira vista, distingue o homem dos outros animais é a pele de animal. Desde que sai da caverna, vemos que ele o recebe, como uma grande senhora friorenta, vestido de raposa ou de visom. Se tem penas, podemos estar certos de que é um chefe. Nada sinaliza melhor sua humanidade. O verdadeiro naturismo, para o primitivo, é ter hábitos. Somente um moderno atolado em seus artifícios cogita renovar sua adesão ao campo de nudismo. Porém, as ocasiões solenes lhe recordam sua verdadeira natureza. Ele põe um fraque e parece um pinguim, usa na cabeça um chapéu de cordeiro, coloca um bustiê que lhe deixa comprido como uma vespa. Às vezes, até coloca uma cueca canguru ao pular da cama. E ainda é isso que o diferencia do canguru. Sua bolsa não é uma secreção de sua substância. Ele a fabrica. Ele a compra. Ele hesita com a cueca estampada de flores. A adolescente queixa-se em versos pungentes, nos quais é enunciado o dilema corneliano do sábado à noite:

> Os bichos nunca estão nus e vivem pelados,
> Todos têm seu traje e nunca estão trajados,
> Eu, superior, querendo partir pra balada,
> Olho meu *closet* cheio e não encontro nada...

Ela se sente ainda mais desprovida porque a roupa que está desesperada para colocar é, em seu coquetismo, justamente aquela que deve provocar a vontade de que a retirem dela. A menos que ela tenha a audácia de um pudor profundo. Afinal, o verdadeiro pudor, levado até o fim, só modifica seu traje para um desnudamento mais completo. Hegel explica isso à sua maneira: "O homem precisa procurar esconder, como se fosse algo que não responde de modo algum à nobreza da alma, partes do corpo como o baixo-ventre, o peito, as costas, as pernas, que servem simplesmente às funções animais e que não têm nenhuma destinação ou expressão imediatamente espirituais".³¹ A alma se manifesta por meio do rosto e das mãos, que falam tanto quanto a língua. Ao ocultar o resto do corpo, a roupa permite o uso dessa palavra que pode desnudar até o coração.

O mais excelso *strip-tease* consiste, portanto, em recolocar as roupas para entrar no segredo. As vestes relegam às sombras a massa inexpressiva. As mãos e o rosto podem oferecer-se à luz. Esse sobrenaturismo é reivindicado com ardor pelo hábito das carmelitas. O véu é a minissaia de sua alma; o hábito de panos grossos, o decote de sua penitência. O véu as desvela até as sétimas moradas do castelo interior. Ele mantém a distância para permitir o acontecimento de um verdadeiro encontro. Os amantes seriam muito mais íntimos caso se inspirassem nesse modelo, e, além da cama, tivessem um parlatório, ou melhor: um oratório, onde seus suspiros mesclados subiriam mais alto do que conseguiriam alçar-se pelos ares. O que é que nos expõe mais, se não a confissão de nossa miséria e o pedido de uma graça? Que lugar de nudez é mais forte que o confessionário? É muitas vezes para poupar-se do desnudamento extremo dessa palavra que recorremos ao hábito mais artificioso: a gola baixa leva ao mergulho do olhar, a roupa colada leva os ouvidos a se fechar, o corpo se exibe libidinosamente para melhor cobrar o santo dos santos que não poderia ser visto, quero dizer, a alma. A senhorita tem vergonha demais do interior, então ela própria se esforça para murá-lo atrás da armadura de seus encantos, e eu, como o meu interior não é tão puro, fico excitado demais para trocar com ele qualquer palavra que não seja só um gatilho. Seu sexo mesmo vira um tapa-sexo. Ele me impede de ver a mulher, para só almejar à armadura.

A nudez corporal, para não sufocar a chama do espírito, parece precisar ser sustentada por uma arte superior à das vestes. Ela é de certo modo mais difícil de colocar do que um vestido noturno. Ela exige mais elegância que a moda. Henri Michaux constata isso a

---

³¹ G. W. F. Hegel, *Esthétique*. PUF, 1953, p. 52.

respeito das balinesas, cujo peito descoberto é adornado pela graça de toda uma tradição: "O nu é *muito difícil de vestir*, é uma técnica da alma. Não basta tirar as roupas. É preciso tirar de si a indecência... e seu incômodo. (Já vi nudistas nos arredores de Viena. Eles achavam que eram 'pessoas nuas'. Mas não vi nada além de carnes pesadas.)".[32] O incômodo e a indecência nos caem tão mal que uma roupa de esqui nos deixaria mais leves.

Essa nudez difícil de vestir situa-se entre duas outras, muito mais fáceis – uma em que o *savoir-faire* é inútil, a outra em que ele *invade tudo*. No primeiro caso, trata-se da nudez da criança pequena: ainda não há nenhuma indecência, nenhum incômodo. O anjinho encontra nela sua imagem. Adão e Eva deixaram nela um resto de sua pureza primitiva. No segundo caso, temos as artes plásticas. A nudez corporal pode florescer nela em seu esplendor. Afinal, não é preciso confundir a nudez real e sua representação. Seu distanciamento permite que a inteligência transborde sobre a carne pintada, como uma lembrança do Éden ou uma antecipação do Céu. Esse nu é o da superfície coberta, mas é também um corpo que jorra da alma do artista, de modo que "toda a sua superfície [...] se transforma em olho, assento da alma, aparência visível do espírito".[33] De repente, as costas têm tanto significado quanto um olho. A profundidade de um olhar se abre no sangramento de um cotovelo, na gordura de uma coxa, na dobra de uma virilha. No quadro de Fouquet, Agnès Sorel desamarra o corpete, e é a Santa Virgem que mostra o seio. Na tela de Rubens, uma nádega se oferece num movimento de ascensão, e temos *O Triunfo da Verdade*.

Porém, por enquanto, a verdade ainda não triunfou. Como, com base no que foi dito, entender meu desejo de ver nua aquela que amo? Deveríamos deitar-nos envoltos dos pés à cabeça, deixando só um buraco, para uma passagem breve, que permita o encaixe dos utensílios

---

[32] Henri Michaux, *Un Barbare en Asie*. Gallimard, 1986, p. 213. (Coleção L'Imaginaire)
[33] G. W. F. Hegel, *Esthétique*, op. cit., p. 215.

da geração? Essa pudicícia teria o efeito de tornar o acasalamento tão brusco quanto um estupro: uma sacudida, e logo estaríamos de volta às conversas elevadas, literatura, metafísica, política internacional... O tratado Ketubbot do Talmud da Babilônia diz explicitamente pela boca do rabino Huna: "Aquele que diz: só a desejo se ela estiver com suas roupas e eu com as minhas, deve divorciar-se de sua esposa e pagar-lhe uma reparação pelo casamento".[34]

A nudez do confessional deve vir em socorro da nudez da alcova. Preciso confessar que falei irrefletidamente. Eu jamais teria me casado com minha esposa se meu desejo de vê-la nua não fosse mais cheio de metafísica do que todas as enciclopédias de Hegel. Seu rosto era puro acima de seu pulôver, suas mãos falavam com sua boca, tínhamos conversas ternas sobre o futuro da França e sobre Teresa de Ávila, mas isso não bastou. Seus próprios olhos, no que tinham de mais claro, inocularam em mim o desejo do que ela tinha de obscuro.

Humanidade dos pelos

Georges Bataille insiste nesse paradoxo e faz dele um paradigma da transgressão: "A imagem da mulher desejável seria insípida – ela não provocaria o desejo – se não anunciasse, ou se não revelasse, ao mesmo tempo, um aspecto animal secreto, mais fortemente sugestivo. A beleza da mulher desejável anuncia suas partes vergonhosas, justamente suas partes peludas, suas partes animais. [...] A beleza negadora da animalidade, que desperta o desejo, termina na exasperação do desejo, na exaltação das partes animais!".[35] Nunca será louvar Bataille demais por arrancar-nos da mentira romântica. O *eros* não passa de uma efusão sentimental, mas que coloca radicalmente "fora de si", dilacerando os limites estreitos de nossa personalidade

---

[34] *Kettubot*, 48a, citado por Daniel Boyarin, *Carnal Israel*. Berkeley, University of California Press, 1993, p. 48.

[35] Georges Bataille, *L'Érotisme*, cap. IX. Éd. de Minuit, 1957, p. 159.

mundana. Porém, por que pensá-lo em termos de transgressão mais que de realização? E por que falar dessas partes escondidas como partes animais, seguindo Hegel? Será sua animalidade que as torna vergonhosas? Ou sua violenta humanidade?

Teria sido necessário, para começar, parar de caluniar o pelo. Nossas partes pilosas interessam ao Eterno: *"os cabelos [...] estão todos contados"* (Lucas 12,7), e isso inclui, com generosidade, os pelos de todas as proveniências. Parmênides sustenta nesse sentido que a admiração em relação aos pelos é a condição da filosofia: "Sobre as coisas que podem parecer grotescas: o pelo, a lama, a sujeira, ou qualquer outra coisa depreciada e vil, você já se perguntou se seria preciso afirmar que existe para cada uma delas uma ideia à parte? – Isso seria muito extravagante", responde-lhe um Sócrates ainda imberbe. "Assim que me detenho nessa posição, logo me desvio dela, por medo de lançar-me em algum abismo de tolice e de me perder nele... – É que você ainda é jovem, Sócrates, e a filosofia ainda não o prendeu com aquela mão firme com que, tenho certeza, o prenderá no dia em que você não tiver mais desprezo por essas coisas."[36] Os verdadeiros filósofos não desprezam nem o pelo nem a lama. Nesta época higiênica e glabra, eles só podem existir em pequenas quantidades. Temos medo demais de cairmos "num abismo de tolices".

A grandeza de Aristóteles pode ser medida por ele ter se colocado como especialista em pelos, meditando tão bem sobre as axilas quanto sobre a calvície. Ele não se cansa de exaltar a pilosidade humana, distinguindo-a da pelagem dos animais. Afinal, contrariando um preconceito corrente, não é verdade que eles têm mais pelos que nós. Nenhum deles possui esse incrível acúmulo sobre o crânio: "O homem, no que diz respeito à cabeça, é o mais felpudo dos animais".[37] Se associarmos a ausência de pelos à humanidade, teremos

---

[36] Platão, *Parmênides*, 130c-e. Acho deplorável que o recente *Dictionnaire du Corps*, organizado por Michela Marzano (PUF, 2006), não contenha nenhuma entrada dedicada ao pelo ou à pilosidade.

[37] Aristote, *Histoire des Animaux*, II, 498b, op. cit., p. 109.

de dizer que o varrão, que na cabeça só tem pelinhos finos, é mais humano que o homem, e sobretudo mais que a mulher. Maria Madalena estaria entre os seres mais bestiais, limpando com sua cabeleira os dedões do pé do Mestre. E nada digo da jovem Santa Inês, que esconde sua nudez debaixo de um imenso e repentino tosão. Confessemos: uma pilosidade extrema pode ser miraculosa e ter mais a ver com a virgem do que com o bicho.

Há aliás no homem uma dupla pilosidade. Uma, primária, que diz respeito "à cabeça, às pálpebras e às sobrancelhas", e outra, secundária, que nasce com a puberdade, que diz respeito especialmente "ao púbis, às axilas, e ao queixo".[38] Ora, após ter observado que o dorso dos quadrúpedes é mais felpudo que o ventre, ao passo que, no homem, ocorre o contrário, o filósofo acrescenta esta outra singularidade: "O homem possui cílios nas duas pálpebras e pelos nas axilas, assim como no púbis. Nenhum outro animal possui qualquer um desses pelos, nem cílios na pálpebra inferior".[39] Se os pelos pubianos são animais, são portanto próprios do animal que somos. Eles declaram nossa humanidade e, com ela, nossa maturação sexual. No momento em que chega a puberdade, eles assinalam, escondê-lo, aquele lugar que, nos bichos, permanece bastante careca. Essa especificidade é desconcertante. Aristóteles não tira disso nenhuma conclusão específica, assim como não tira nada desta afirmação excessiva: "As partes inferiores do baixo-ventre são *como o rosto* por seu caráter mirrado ou anafado".[40]

O erotismo, por conseguinte, não conseguiria explicitar-se por meio de uma dialética do humano e do bestial. As partes vergonhosas são tão humanas quanto o resto do corpo. O que nos impele a ocultá-las não é seu caráter animal, mas sua intimação veemente. Elas são íntimas, e por isso intimam. A partir do momento em que se descobrem, elas me intimam a entrar em sua intimidade, e portanto a expor

---

[38] Ibidem, p. 178.

[39] Ibidem, p. 109. Ver também *Problèmes*, IV, 4, 876b.

[40] Ibidem, p. 90.

a minha. Levando as insígnias de sua ordem – os seios que ainda querem regozijar-se, os pelos que exprimem a atitude nupcial –, elas incitam poderosamente ao ato que corresponde a seu poder. As de uma mulher chamam as de um homem, assim como o alqueive chama a relha, para que os dois se abram extremamente, até a seara e a colheita.

Se a nudez da bela me coloca fora de mim, não é, portanto, de jeito nenhum porque ela não seja espiritual, mas porque, de certa maneira, ela é espiritual demais. Alguma coisa se declara nela que diz a meu próprio corpo: "Você é meu", e, embora eu ainda esteja vestido, sou eu que de repente sou o mais despido, é em mim que a fenda se abre. Diante dela, como um cão apontador que puxa a trela e desequilibra o caçador, minha própria carne puxa o laço que a prende a minha alma. Não é o desejo de possuir que me toma então, mas o estupor de minha própria despossessão: como é que ela faz para me tomar de maneira tão soberana, sem roubo nem força, e até sem querer, com uma doçura mais violenta que a própria violência? Pressinto: mais que cobri-la para recompor-me, é a uma oferenda mais completa que ela me convoca, em que meu espírito consente deixar-se também ser levado. Sua nudez, como uma flecha, com sua ponta pilosa, trespassa-me até o coração.

Claro, não pedíamos tanto. É por isso que reduzimos a questão ao prazer, como uma desculpa: "Vamos, um galanteiozinho, e não falamos mais nisso; a rigor um êxtase, mas não muito extático, porque preciso voltar para casa...". O triângulo está aí, muito mais abissal que o das Bermudas, e eu o reduzo a um abaixar de bermudas. Sem dúvida, eu desejaria essa nudez mais profunda do que qualquer sermão para quebrar minha satisfação comigo mesmo. Porém, agora que essa profundeza, como um grito branco, dilacera o espaço e me reclama ao mesmo tempo a bolsa e a vida, sou tomado de vertigem. Isso aumenta em mim contra a minha vontade. O que é? A pulsão animal? A parábola do semeador, na verdade. *"Haveis de ouvir, e jamais entendereis"* (Mateus 13,14). Não temos grande vontade de compreender.

No fim do fim, eu toco

O desnudamento do outro sexo nos atinge pelo ouvido e pela visão. Porém, ele induz uma passagem ao tato. O que é muito esquisito. Começamos contemplando, terminamos apalpando. Não é uma decadência? A audição e a visão são os sentidos mais nobres, os mais objetivos, os mais abertos ao conhecimento, e por isso servem diretamente à inteligência. Por meio deles, ensinamos o verdadeiro e percebemos o belo. Porém, apalpando, o que descubro? O duro e o mole, o rugoso e o liso, o quente, o frio, o morno, nada de belo na aparência. O tato é o sentido mais rudimentar. Todos os animais o possuem: a ameba, o carrapato, a medusa... Afogar-se nos prazeres táteis seria descer não até o porco ou ao bode, mas ainda mais baixo – até os infusórios. Se permanecêssemos fiéis à visão da bela, não seria preciso tocá-la, mas engendrar para ela "belos discursos", e, em seguida, a partir de seu corpo, reconhecer a beleza de todos os corpos, depois a beleza maior ainda das almas, das belas ações, dos belos pensamentos, elevando-nos de grau em grau até a invisível Beleza primeira.[41] O coito seria apenas uma concessão à biologia. Ele não alcançaria o espiritual. Como o esplendor vislumbrado poderia ser honrado com esfregações parecidas com as do sapo-cururu?

O amor mais fundamental implica, no entanto, uma dimensão tátil. Uma mãe excessivamente contemplativa deixaria seu bebê doente. Ela o admiraria de longe, administrar-lhe-ia os cuidados necessários, sem dúvida, mas sem nunca apertá-lo contra seu corpo. Se tanto espiritualismo não matar o anjinho, podemos ter certeza de que mais tarde ele vai sofrer distúrbios graves, sem conseguir ficar parado, tocando-se o tempo inteiro, como que perseguindo a própria essência. Não é por nada que a Bíblia ordena amar *o próximo*. Próximo e distante são determinações do tato mais que da visão ou da audição: posso ver ou ouvir alguma coisa a distância, ela só está próxima de mim a partir do momento em que posso atingi-la

---

[41] Platão, *O Banquete*, 210a-c.

ou ser atingido por ela. O próximo é, portanto, Edmond, em quem quero dar um tapa, ou talvez Rolande, que tem mau hálito. Nada a ver com o amor pela humanidade ou com a defesa dos direitos do homem, que levam a combates higiênicos e inofensivos. A filantropia contenta-se com uma foto e manda um cheque; a caridade exige a proximidade até o pugilato. Baudelaire diz que ela consiste em bater nos pobres. Em prendê-los, fechá-los, mordê-los. Assim demonstramos que eles não são intocáveis. É então que reconhecemos sua dignidade: quando não os dominamos com nosso bom coração. Todos os sacramentos da Igreja são toques. Eles oferecem a maior resistência à internet. Não existe *website* batismal, nem, ao contrário do que se pensa, missa pela TV. Não se pode dar a absolvição por telefone. Não é possível comungar por *email*. É preciso a imposição de mãos. É preciso o contato da língua.

Assim, Aristóteles observa que não é a visão nem a audição que singularizam o homem entre os animais, mas, paradoxalmente, aquilo que ele tem de mais comum com eles: "Quanto aos outros sentidos, de fato, o homem perde para muitos bichos, mas na fineza do tato ele é de longe superior. É por isso que ele é o mais inteligente dos animais".[42] O homem não é uma cegonha monstruosa que acumula, por compressão, os legados dos animais inferiores. O que há nele de mais primitivo já é humano. Sua inteligência se manifesta à flor da pele. Trata-se de uma constatação: "sua pele é mais fina, proporcionalmente a seu tamanho", "sua carne é a mais mole de todas", "sua língua é a mais móvel, a mais tenra e a mais delicada", própria a "perceber os sabores" e "articular as letras".[43] Trata-se também de uma necessidade: sendo o tato o fundamento de todos os outros sentidos – pois todos os demais agem por um certo contato –, por ser por natureza o mais sensível, o mais aberto ao mundo, é preciso ter o tato

---

[42] Aristote, *De l'Âme*, II, 9, 421a. Trad. J. Tricot. Vrin, 1988, p. 123.

[43] Idem, *Histoire des Animaux*, op. cit., p. 177; *Les Parties des Animaux*, II, 16, 660a, op. cit., p. 59.

mais sutil. Meu privilégio sensorial está aí, e não na visão (a da águia é mais penetrante), nem na audição (a do cão é mais fina).

Ora, o que acontece quando toco? Sou eu mesmo tocado. Este livro nas suas mãos, mesmo que não seja provido de sensação, diz a você que você o toca, porque, "não é possível, no tato, separar o perceber um objeto e o *perceber-se* a si mesmo".[44] Nosso sentido mais nobre não possui essa capacidade: em geral, vejo-me sem me ver ao mesmo tempo. E, mesmo que eu me olhe num espelho, o estatuto da minha imagem não difere essencialmente do estatuto dos outros objetos visíveis, pois a visão é um sentido objetivo. É só por reflexão que me reconheço nesse reflexo. "No olhar, nosso próprio corpo é para nós de certo modo estrangeiro, e assim permanece. Posso ver minha mão como outro a vê. Porém, ninguém pode sentir minha mão como eu a sinto. No ato de manejar, vivencio minha mão como minha sem a ver."[45] Se eu fosse puramente visual, precisaria do tempo de reflexão para distinguir as minhas pernas das suas, caso estivéssemos sentados lado a lado. Apenas pelo tato vivencio diretamente meu corpo como meu. E o vivencio por inteiro, pois o tato não está localizado em um órgão, antes estende-se por todo o meu estofo carnal. Porém, ter o tato mais fino é sentir-se e sentir o mundo de modo mais radicalmente que todos os outros animais, e poder de maneira mais profunda que eles regozijar-se com sua simples presença em relação às coisas. Se a visão e a audição proporcionam logo a alegria de conhecer, o tato nos dá a alegria de ser, que é o fundamento da primeira. Sinto-me firme sobre o chão, com meu peso que é o peso de qualquer um, envolvido pelo ar e por minhas roupas, enfim, aqui, pura e simplesmente aqui, como um imbecil e como um dom.

À diferença da audição e da visão, o tato me envolve naquilo mesmo que percebo. Ver uma tarântula dentro de um vidro e acariciá-la

---

[44] Rémi Brague, *Aristote et la Question du Monde*. PUF, 1988, p. 372-73. (Coleção Épiméthée)

[45] Erwin Straus, *Du Sens des Sens*. Trad. G. Thines e J.-P. Legrand. Grenoble, J. Millon, 1989, p. 593.

com o dedo não são a mesma coisa. Muitos preferem continuar desconhecendo seu pelo tão macio. Eles sabem que, ao tocar, correm mais risco, na medida em que uma sensibilidade mais fina possibilita uma dor maior. Provavelmente, é esse o motivo pelo qual ratificamos uma palavra dizendo "toca aqui", como que para dizer que as palavras não devem permanecer no ar, que devem produzir resultados "tangíveis". Uma promessa mais séria poderia ser garantida por um gesto mais forte. Para fazer seu mais antigo servo jurar pelo Eterno, Abraão diz: "Põe tua mão debaixo da minha coxa" (Gênesis 24,2). O que exige muita confiança. Tanto da parte de Abraão quanto do próprio servo. Podemos acreditar que um contato como esse leva a um empenho mais firme do que qualquer contrato. O tato é o sentido da aventura. O sentido que faz com que tudo seja imediato. O animal que possui o tato mais fino é também, portanto, "o ser vivo que mais se arrisca, o que mais se aventura".[46]

Quando toco minha mulher, claro, isso não é igual a quando toco uma coisa ou um bicho (ela é ao mesmo tempo mais acolhedora e mais perigosa do que a tarântula). A carne que sinto e pela qual me sinto está também me sentindo e, por meio disso, sentindo-se a si própria. Nossas mãos e nossos lábios respondem um ao outro e despertam mutuamente nossos contornos. O ato amoroso modela nosso barro à imagem daquele dia em que ele saiu dos dedos de Deus. Recebemos como novo nosso corpo um do outro, nós o damos inteiro de volta um ao outro. E, se estamos sós e na penumbra, não é tanto por pudor quanto por plenitude. Uma interferência grande demais da visão entravaria essa reciprocidade carnal, assim como a intrusão de um terceiro. Para que a plenitude do tato seja possível, é necessário que o olhar se perca e que o enlaçamento seja exclusivo: "Se o olhar promete uma realização no tato, o amplexo que o realiza exige que os olhos estejam fechados. [Além disso],

---

[46] Jean-Louis Chrétien, "Le Corps et le Toucher". In: *L'Appel et la Réponse*. Éd. de Minuit, 1992, p. 122.

a reciprocidade tátil imediata limita a comunhão a dois parceiros. O sentido do toque é um sentido exclusivo".[47]

A visão é principalmente volúvel, mas o tato é monogâmico. Se quero ver, preciso recuar. Não sou mais aquele nadador que abraça o outro como se abraça o mar, sentindo o gosto do sal na pele, sentindo o odor das marés, torno-me o observador que objetiva e que não se vivencia mais como dado pelo outro. Se eu tivesse minha mulher inteira lascivamente diante dos meus olhos, não a teria mais, e até outro poderia tê-la. Eu perderia talvez o ciúme do cônjuge. Eu me livraria sobretudo do risco do amplexo, a fim de me abrigar na segurança do espectador. Abriria o horizonte do visível, isto é, dos possíveis, para não mais me ater a essa realidade única.

O voyeurismo implica certa recusa da carne como carne. Ele se coloca do lado da imagem e é por isso que conduz a uma certa forma de *swing* (para que eu possa ver melhor), ou de pluralidade de parceiros (estando com o outro apenas num ponto de contato), ou de espiritismo assexuado (pouco importa o sexo do outro, pois é sua forma que conta). A concupiscência dos olhos implica um afrouxamento do amplexo, uma dispersão da intimidade, um fatiamento do corpo em pontos de vista sucessivos. Aquilo que a pornografia mostra pode ser tudo menos um ato carnal. Os atores mesmos têm de deixar a câmera passar e brilhar sob os refletores: eles são forçados a abandonar o tátil para entrar no visível; esforçam-se para desencarnar. Não é deitarem-se juntos que os torna obscenos, é justamente não deitar-se. Pois, no ato da carne, falando propriamente, não há nada para ser visto. A pornografia desespera de nos dar a ver o invisível e de unir uma multidão. O que a torna fascinante é esse platonismo interrompido. Ela permanece no sentido que permite ver a beleza – a visão –, mas sem responder a seu duplo apelo, isto é, sem entrar no físico, nem, no entanto, elevar-se acima dele. Ela se distancia ao mesmo tempo do envolvimento do amplexo e da elevação da visão.

---

[47] E. Straus, *Du Sens des Sens*, op. cit., p. 599-600.

O face a face do bicho de duas costas

O ato carnal possui sua posição principal, como atesta a locução "deitar com alguém". Mesmo de pé, deita-se com. Mesmo que sejam adotadas as variantes mais acrobáticas, sempre se está deitando. Porque o homem é o único animal que se deita. Quero dizer que só ele altera tanto sua postura para dormir ou para amar. O cavalo dorme no mais das vezes de pé, sobre as quatro patas. Para a cobrição, o jumento não adota outra posição. O senhor diretor, por outro lado, lentamente se metamorfoseia: passa, à noite, do terno ao pijama, abandona sua estatura solene, diminui a iluminação do quarto. É o privilégio da posição vertical: ela faz da horizontal um tempo muito diferenciado. O amplexo humano assume nela a forma não da força, mas do abandono. Ela é análoga à genuflexão e à prostração. Aquele que soube manter a compostura na comissão da empresa, aqui se deixa cair como um saco no chão. Aquele que se mantém erguido o dia inteiro, aqui se entrega nos braços de Eva ou de Morfeu. Seja desejo ou cansaço, aqui ele admite uma fraqueza.

Sua verticalidade lhe confere outra propriedade no deitar-se. Graças a ela, sua frente coincide com seu rosto, sua parte de trás, com as costas. Quadrúpedes e quadrúmanos possuem uma frente que é ao mesmo tempo dorsal e facial: quando progridem, é avançando toda a parte alta do corpo, e a parte baixa segue atrás. Quando andamos, pelo contrário, nossas patas traseiras não param de nos preceder. O amplexo pode, portanto, realizar-se na continuidade do encontro. Os labradores e os beija-flores estão necessariamente na ruptura. Não é no ímpeto pelo qual se dirigem um para o outro que eles podem se unir. Eles precisam necessariamente virar-se. Entre eles, virar as costas para seu congênere significa oferecer-se, e o focinho a focinho que se prolonga é antes uma postura de combate. Nós não rompemos o impulso. Quando mostramos os caninos, é para sorrir. Quando fazemos um cara a cara, não é para nos chifrarmos. A junção é feita no mesmo sentido que a abordagem. Dirigimo-nos a ela ainda um na direção do outro, sempre mais, até o impossível.

Assim, aquilo que nos distingue profundamente dos animais é poder "fazer o animal de duas costas". Os outros mamíferos fazem o animal de uma costa só. O macho subitamente faz-se bípede, monta na fêmea, arqueia a coluna. Nunca, no emaranhamento das pernas, eles se esposam ventre a ventre, torso a torso, nariz a nariz, enfim, rosto a rosto. A extensão do termo *"baiser"*, da união dos lábios à dos corpos, atesta essa exclusividade humana, assim como o termo *"embrasser"*,[48] que segue um movimento inverso. No primeiro, vamos do oral ao corporal. No segundo, do corporal ao oral. Os braços que enlaçam facilitam a solda das bocas; as bocas que se unem podem sintonizar-se com o sínodo dos ventres. O verbo *baiser* tem uma conotação vulgar que poderia perfeitamente não ter assumido, de tanto que possui uma "surpreendente justeza"[49] e proclama nossa aristocracia: os outros animais não *baisent* [beijam].

De súbito, revela-se o laço improvável entre diversos aspectos de nossa morfologia: a verticalidade de nossa postura faz eclodir *ao mesmo tempo* a novidade de nossa palavra e a originalidade de nosso amplexo. Conhecemos a lição clássica: a posição ereta liberta as mãos, que não são mais patas para a locomoção, mas ponta preênsil décupla; e as mãos libertam o rosto, que não é mais boca para preensão, mas posto avançado do *logos*. Aquilo de que menos nos damos conta é que o fato de que ficarmos de pé também faz com que a vulva venha de trás para a frente. Não há mais uma fêmea a ser atacada por trás. Há uma mulher a ser afrontada de cara. Os lutadores estão em igualdade de armas. Expõem um ao outro uma vulnerabilidade igual. Cada qual avança e faz seu avanço, e só se retira para um avanço ainda maior. Cada qual se oferece em todo o comprimento, em toda a largura, em toda a profundidade.

---

[48] Em francês, *"baiser"* pode significar "beijar", mas seu uso mais comum é "ter relações sexuais", sendo equivalente, no uso, ao português "transar". *"Embrasser"*, apesar de ter o sentido de "abraçar", é mais comumente usado no sentido de "beijar". (N. T.)

[49] Jean-Luc Marion, *Le Phénomène Érotique*. Grasset, 2003, p. 195-97.

Afinal, os olhares e as mãos, a nudez e a linguagem estão implicados nessa oferta.

Santo Alberto Magno insiste nessa exceção para fazer dela a regra: "Como somente [entre as fêmeas] as mulheres têm a vulva à frente, é pela frente que deve ocorrer o ato venéreo".[50] Mais que tirar disso um preceito moral, distingo aí um sinal de exigência e também de prova. A união dos sexos permite igualmente a união das bocas. Sem esse poder não teria havido o verbo com duas vertentes, uma religiosa; outra profanadora. – *"Que me beije com beijos de sua boca"*, diz a Esposa do Cântico. – *É com um beijo que entregas o Filho do Homem,* diz Jesus a Judas. Essas citações previnem contra o simplismo que haveria em crer que o beijo dos ventres seria sempre o profanador, e o dos lábios sempre o religioso. A fronteira fica alhures não entre partes que seriam apenas animais e outras que seriam apenas humanas, mas entre um beijo leal e um beijo pérfido. Queremos beijar aquilo que amamos, e isso é apenas justo; também queremos beijar aquilo que odiamos, e isso é traição. A mesma palavra diz ao mesmo tempo da recompensa do fiel e da maldade do perjúrio.

Unir-se com o rosto (beijar) parece impor, no ato mesmo, fazer ou muito mais ou muito menos que os animais, sem alternativa. O que fazem as bocas quando se desfazem uma contra a outra? Elas dão sua palavra, mas logo se entendem para retomá-la. Orifício maior do verbo e da manducação, com esses lábios e essa língua de tato tão fino, elas gostariam de comer o outro sem triturá-lo, para torná-lo todo interior; elas gostariam de dizer-se a ele sem diminuir-se, para comunicar-se sem reserva. Porém, para terminar, elas se satisfazem com uma onomatopeia. E toda vez fracassam, e sem cessar se esforçam, alimentando-se cada uma da fome do outro, selando em seu estreitamento como que um juramento incumprível. Como não pressentir atrás desse fracasso e desse esforço uma espécie de aspiração eucarística: comer a carne do Outro, comungar do Verbo divino?

---

[50] Albertus Magnus, *Commentarii in I-IV Sententiarum*, 4.31. G. 24, arg. 3.

Aspiração que expira rápido demais. No lugar da eucaristia, no mais das vezes, há o cuspe. O beijo que se sonhava sempre mais fiel bruscamente vira o beijo do pérfido.

O bode em mim fica tão atônito quanto a pomba. É preciso acreditar no entanto que toda a moral sexual, a verdadeira, poderia ser abreviada nesse imperativo: "Quando beijares, beija realmente, beija a fundo, sem traição, sem conter-se, sem deter-se no meio desse ímpeto para o outro acolhido em tua alma e em teu corpo". Porém, mal chegamos ao fim daquilo que esse beijo postula. Damos beijocas. Beijinhos. E se não beijamos para rir, é só como Judas, realizando uma emboscada. Como fazer para que nossa postura não vire impostura? Quem nos redimirá de todas essas beijadas pela metade, dessas falsas beijices? Há, no ofício da Sexta-Feira Santa, o beijo da Cruz.

O rosto – epifania para uma decomposição

Com a união face a face, portanto, não temos mais bocas justapostas, fuças em paralelo, mas um encontro de rostos. O rosto não se confunde com o aspecto musculoso. Impossível fazer dele a soma dos ossos zigomáticos, dos músculos triangulares dos lábios, dos esfíncteres dos olhos e de outras partes envoltas de epiderme. Ele desdobra na matéria aquilo que não é material. Abre em sua superfície uma interioridade. Assim como a oftalmologia nunca apreende nenhum olhar, a cirurgia facial ignora o rosto. É esse o motivo pelo qual seus sucessos plásticos são muitas vezes desastres para o charme. Num olhar, é o universo inteiro que se concentra e que se dá singularmente. Num rosto, é o outro que se revela, uma cara impagável, uma figura insubstituível, epifania de uma transcendência que se perde nas cabines de fotos instantâneas. O rosto é, aliás, sempre o do outro, pois meu próprio rosto, exposto a todos, furta-se a mim mesmo, e, quando me olho no espelho, é um personagem estranho que se compõe, quase como uma máscara.

Segundo uma primeira abordagem, por conseguinte, poderíamos dizer que o poder de unir-se "pela frente" exige que a união sexual se realize numa união espiritual: que cada qual recolha o rosto do outro, que cada qual o deixe imprimir-se em si como o véu de Verônica. Pascal Quignard nota, com razão: "O rosto do homem e o da mulher unem-se na alma mais profundamente do que o sexo masculino conseguiria chegar no sexo feminino".[51] Ele negligencia mesmo assim dizer que a natureza nada tem de madrasta, pois permite a união "pela frente". O sexo masculino no sexo feminino cruza dessa forma o olhar que, para ele, continua impenetrável. O homem e a mulher devem então acolher-se até dentro de seu mistério.

Porém, o que acontece no momento da maravilha? Adeus, belo lirismo! O "Ó" corrompe-se em "Ah!". A palavra desce ralo abaixo. Os olhos "revolvem-se como numa agonia".[52] Quanto ao rosto... "O rosto humano, que Ovídio julgava moldado para refletir os astros, eis que não diz mais que uma expressão de ferocidade louca, ou que se distende numa espécie de morte. Pois, é verdade, eu julgaria estar fazendo um sacrilégio ao aplicar a palavra 'êxtase' a esse tipo de decomposição."[53] Baudelaire chega ao ponto de comparar a pantomima do amor físico "a uma tortura ou a uma operação cirúrgica". Segundo ele, nela mal se encontra o sorriso, mas um operador e um sujeito, uma concentração extrema e uma selvagem convulsão. O rosto se desfaz numa carranca. Falta pouco para que eu recaia na ideia de que o coito leva a uma regressão bestial: "Imaginemos a surpresa daquele que não tivesse conhecimento disso e que, por maquinação, descobrisse sem ser visto os transportes amorosos de uma mulher cuja distinção o tivesse impressionado. Ele veria nela uma doença. O análogo da raiva dos cães. Como se alguma cachorra com raiva tivesse tomado o lugar da personalidade daquela anfitriã tão digna".[54]

---

[51] Pascal Quignard, *Vie Secrète*. Gallimard, 1998, p. 264.
[52] Aristote, *Problèmes*, IV, 1, 876a. Les Belles Lettres, 2002, p. 80.
[53] Charles Baudelaire, *Fusées*, III.
[54] Georges Bataille, *L'Érotisme*, op. cit., p. 117.

Poderíamos concluir com o poeta: "A volúpia única e suprema do amor jaz na certeza de fazer o *mal*".[55]

Mas esse mal que é feito com o amor, qual é? Trata-se de eliminar o outro enquanto rosto? De um assassinato radical? Baudelaire fala da "perda do governo de si". Quem goza não goza mais de sua razão. Ora, é sempre um mal perder o controle? Não temos aqui esse sentimento, de um lado, porque pretendemos ver o ato do exterior sem estarmos nele empenhados, de outro, porque só o consideramos em termos de volúpia e de possessão – gozar, fazer gozar? O grande Charles mostra o impasse: o mais alto gozo é o de *fazer* o outro gozar, assim como o *fazemos* sofrer, pois então ele está sob nosso poder, encontramos o gatilho que comanda seu eletrochoque, sabemos como tirar seu rosto dele. E eu que ouvi bons católicos explicando que o prazer sexual não era egoísta porque também se dava prazer ao outro! Esse dom mal basta: só saímos do egoísmo para entrar na vaidade. O Casanova do minimercado gaba-se de ter *feito* gozar e mantido a performance até que a donzela gemesse: "Chega! Para você nunca é o bastante!", como se a questão fosse ser o melhor funcionário do mês. É que ele é tímido. Ele tem orgulho demais para revelar seu próprio rosto se decompondo. Cria então para si um elmo de príncipe, aquele que sabe decompor o rosto da mulher e fazer dele uma cabeça de fêmea.

Vista de fora (e sempre podemos nos retirar mentalmente), arrancada do silêncio do pudor, essa decomposição só pode parecer assustadora, ou fisiológica, ou ridícula, ou estimulante. O sentimental a camufla sob coroas de rosas. O médico descreve as contrações rítmicas da próstata e do períneo. O zombeteiro compara esse rosto à cara que fazemos na defecação. O *voyeur* encontra nela matéria para seu onanismo. Enfeite do romântico, dissecção da ciência, cacarejo do sarcasmo ou tela do filme pornô: quando, em relação a esse abandono, coloco-me como terceiro desencarnado, só me restam essas quatro possibilidades. Porque o que está em questão é a intimidade de duas

---

[55] Baudelaire, *Fusées*, III.

carnes que uma e outra sentem em si mesmas e que se abandonam em sua noite. Como as belas-da-noite que não podem ser expostas à plena luz sem que sua corola se feche, essa intimidade não pode ser objetivada sem ser traída.

Nesse desamparo dos rostos, há outra coisa, mais profunda que o prazer que, como um odre, incha e estoura. Mas o quê? Há nele mais que a possessão voluptuosa? Talvez a despossessão amorosa – o abandono ao outro até em sua miséria. Nesse instante, sou exposto de modo diferente do qual sou exposto à luz de meu autodomínio e de minha atitude mundana: o atleta respira rápido, o orador guincha como um cão que dorme, o forte geme de fraqueza. O personagem que recomponho todos os dias cede sob a minha pessoa, que de repente se desprende. Minha carne se excita, sem dúvida, mas esse é meu corpo libertado: aquela que me admitiu em sua intimidade por aquilo que tenho de brilhante precisa suportar-me naquilo que tenho de obscuro, ao ponto em que todas as máscaras caem, ao ponto em que não sou mais que uma pobre coisa fazendo um esgar – um náufrago encalhado. É como se eu lhe perguntasse: "Você me acolherá ainda na hora em que não serei mais que esse bicho que grunhe ou esse velhote que se esquece de si? Você me acolherá até a morte?".

O instante do gozo que vira espoliação, tão mais intenso quanto mais decompõe os rostos, parece chamar dois seres a receber-se da maneira mais durável – até a decomposição. "Minha cara, minha carne, minha carniça" seria a progressão dos vocativos afetuosos. Baudelaire dá a entender isso quando, "na curva de um caminho", seu passeio galante tropeça num cadáver, "as pernas para o ar, como uma mulher lasciva".[56] Àquela que, no primeiro verso, ele chama de "minha alma",[57] e que se sobressalta, supomos, com tanto horror, ele recorda, com os versos finais, que ela também será comida:

---

[56] Charles Baudelaire, "Uma Carniça", *As Flores do Mal*, XXIX. Tradução de Guilherme de Almeida. (N. T.)

[57] Trecho que não consta na tradução de Guilherme de Almeida. Ivan Junqueira verteu *"mon âme"* como "meu amor". (N. T.)

> – E no entanto, hás de ser igual a esse monturo,
> Igual a esse infeccioso horror,
> Astro do meu olhar, sol do meu ser obscuro,
> Tu, meu anjo, tu, meu amor!

Assim como há a decomposição dos rostos no amor, há amor no anúncio dessa decomposição. As palavras de volúpia ("fazer gozar") poderiam ser as mais cruéis: as palavras de crueldade são agora as mais ternas. Elas dizem que amam a "alma", mesmo tendo consciência do futuro da carne. A essa beldade que no prazer foi acolhida desfigurada, prometem um acolhimento que as vicissitudes do tempo não podem desgastar. Como se a "pequena morte" que nos havia unido nos dedicasse um ao outro, até que a grande morte nos separe.

> Dize, então, ó beleza! aos vermes roedores
> Que de beijos te comerão,
> Que eu guardo a forma e a essência ideal dos meus amores
> Em plena decomposição!

As partes vergonhosas ou o além da vontade

A posição mais comum nos deixa entrever como nela o homem se decompõe. Aqueles que a chamam de "posição do missionário" não creem estar falando tão bem. Ela prega alguma coisa. Mostra que entrar no sexo é entrar não na potência, mas no além da vontade. Podemos deplorar que as partes ditas "sagradas" pelos gregos tenham sido rebaixadas pelos cristãos a "partes vergonhosas". Porém, essa dessacralização é uma luz. O que é sagrado, antes de tudo, é a verdade, e o que ela, a impiedosa, nos diz? "É seu baixo-ventre que faz com que o homem tenha alguma dificuldade em tomar-se por um deus."[58] A coincidência entre os

---

[58] Friedrich Nietzsche, *Par-delà le Bien et le Mal*, § 141.

canais do amor e os da excreção leva-nos a um certo desencanto (e aquela confusão matinal em que a necessidade produz o mesmo efeito que o desejo). Poderíamos imaginar fluidos que se trocam pelo olhar, com nobreza. Os colêmbolos nos deixam sonhadores. O macho desses pequenos insetos sem asas deposita no solo espermatóforos, pequeninas tigelas cobertas com uma gota de seu sêmen, e em seguida vai procurar sua fêmea e a leva a esses "jardins de amor"...[59]

À vergonha de nossas partes, Tomás de Aquino consigna dois motivos essenciais: "Os membros genitais não obedecem, e a razão, nas coisas desse tipo, encontra-se absorvida no ponto mais alto".[60] Caprichosa fisiologia, que põe em dificuldades nossas duas faculdades racionais: a vontade, a inteligência. A primeira não pode comandá-los com o dedo e com o olhar. A segunda está submersa no prazer que produzem. Meu braço ou minha perna eu dirijo quando quero, e, exceto em caso de dor extrema, nem um nem outro confiscam minha reflexão. Porém, o membro que, pela felicidade que promete, eu valorizaria quase mais que os outros é o que tenho mais dificuldade em chamar de meu, de tanto que ele pode fazer das suas.

Já abordamos a segunda vergonha, a mais inconfessável, com a decomposição do rosto. É mais a primeira que assombra o mundo masculino. Em geral, ela diz respeito ao temor da impotência, mas pode também dizer respeito a uma potência incôngrua. O sexagenário de Gary reclama de sua moleza: para compensar, ele atribui a si mesmo o projeto faraônico de "salvar Veneza" de ser engolida.[61] O supermacho de Jarry reclama de sua dureza: o alfaiate não consegue vesti-lo e, entre suas amantes incalculáveis, "nem elas nem ele sentiram prazer: do lado dele, era uma necessidade, tão "natural"!,

---

[59] André Langaney, *Le Sexe et l'Innovation*. Seuil, 1987, p. 49. (Coleção Points)
[60] Tomás de Aquino, *Suma Teológica*, II-II, qu. 151, art. 4, ad 3.
[61] Romain Gary, *Au-Delà de Cette Limite Votre Ticket n'Est Plus Valable*. Gallimard, 1975.

e, do delas, uma chatice".⁶² Marcueil é um exemplo didático. Em vez de Viagra, de papaverina ou de miolo de titímalo, ele come brometo, bebe nenúfar, refreia-se com correias apertadas. Sua virilidade mostra-se insignificante graças ao vigor. Quando os outros buscam a química que aliviará seu fracasso, ele precisa aprender a fraqueza: vai terminar entre os cabos de uma "Máquina de Inspirar o Amor".

Montaigne também evoca a "liberdade indócil desse membro, intrometendo-se tão inoportunamente, quando não temos o que fazer dele, e falhando tão inoportunamente, quando mais precisamos dele, e disputando tão imperiosamente a autoridade com nossa vontade, recusando com tanto orgulho e obstinação nossas solicitações mentais e manuais".⁶³ Porém, ele se interroga: não seria caluniosa uma imputação como essa? Os outros membros não teriam conspirado para acusar esse "maliciosamente de sua falta comum"? Muitas outras partes do nosso corpo nos traem. "Os instrumentos que servem para descarregar o ventre", por exemplo. Acontece-lhes de só agir segundo a sua própria cabeça. Idem para a nossa cabeça. Quantas vezes suamos, coramos, empalidecemos, piscamos contra a vontade, deixando transparecer aquela emoção que gostaríamos de conter? Se é preciso conceder a algum lugar de nós mesmos o título de "partes da vergonha", é antes de tudo a nossas bochechas. Que inconveniente, porém, seria viver com cuecas na cara... Os limites da vontade são experimentados, apesar de tudo, primeiro pelo membro "venéreo". Isso por duas razões: o desejo nele é mais vivo; o vacilo não é experimentado apenas antes, mas também *durante* o ato e *depois* dele.

O rapaz o associa ao puro gozo, e logo descobre a chatice. É uma luta com o autômato para que ele não termine rápido demais. À medida que a temperatura aumenta, ele começa a odiar seu

---

⁶² Alfred Jarry, *Le Surmâle*. In: *Œuvres*. Robert Laffont, 2004, p. 812. (Coleção Bouquins)

⁶³ Michel de Montaigne, *Essais*, I, XXI. Gallimard, 1962, p. 100. (Coleção Bibl. de la Pléiade)

prazer. Então, controla sua respiração segundo a tradição tântrica das edições Albin Michel. Recita a lista dos presidentes da III República: Mac-Mahon, Jules Grévy, Sadi Carnot, Casimir-Perir, Félix Faure... não! Félix Faure não! Começa a pensar em outra mulher, bem velha e bem feia. Aferra-se timidamente, como um último tufo de grama à beira do precipício, à visão de uma multa por excesso de velocidade, ao luto da avó... Tudo está bem arranjado para o esfriamento. A ideia de uma performance amorosa o faz pensar em tudo, menos no amor. Ainda mais porque ele está diante de um adversário bem grande. O *Kamasutra* avisou: "O homem fica sem fluido antes que a mulher careça de fluido".[64]

Quanto ao que vem em seguida, já o sabemos em latim: *post coitum omne animal triste*. A fórmula se encontra em Aristóteles de modo mais comedido: "Para a maioria dos indivíduos, e na maior parte dos casos, o ato sexual é seguido de um esgotamento".[65] Ou ainda: "Por que os jovens, das primeiras vezes, embirram com aquelas com quem acabam de se relacionar?".[66] Shakespeare é muito mais severo:

> Tão depressa gozada, denegrida,
> Sem razão perseguida, mal se apanha
> Odiada em sem razão, isca engolida
> Feita a enlouquecer quem na abocanha (...)[67].

Essa vergonha parece dizer respeito apenas ao viril. A mulher pouco se atormenta quanto a sua potência. Rousseau, em *Emílio*, considera essa diferença essencial, e dela deduz toda uma série de oposições morais entre a mulher e o homem: "Um deve ser ativo e forte; a outra, passiva e fraca: é preciso, necessariamente, que um queira e

---

[64] *Kâmasûtra*, § 36. Seuil, 2007, p. 145.
[65] Aristote, *De la Génération des Animaux*, I, 725b, op. cit., p. 29-30.
[66] Idem, *Problèmes*, 877b, op. cit., p. 83.
[67] Shakespeare, *Os Sonetos Completos*, 129. Trad. Vasco Graça Moura. São Paulo, Landmark, 2005, p. 269.

possa, à outra basta resistir pouco".⁶⁸ Ela só precisa querer um pouquinho, ele precisa além de tudo poder. Essa divisão desfavorável ocasionaria um reequilíbrio necessário: o homem, diante da mulher, deveria ser o senhor...

No entanto, não é impossível encontrar análogos femininos para a fraqueza masculina. Nossa modernidade nos ordena isso, tão zelosa da paridade no poder. Mais e mais, à inquietude do poder-penetrar do homem, responde, na mulher, a inquietude do poder-gozar (poder que é também um dever: o "gozarás" desse superego mais tirânico que nunca). Quanto ao *post coitum*, a saint-simoniana Claire Démar, no século XIX, dá sua versão: "Essa hora [nos braços de um homem] ergueu uma barreira entre mim e ele, essa hora foi longa o bastante para reintegrá-lo no que me diz respeito na monótona multidão dos indiferentes que não deixam marcas em nossa vida além de uma lembrança comum, fria e banal, sem valor e como que sem prazer".⁶⁹

Porém, a mulher está mais naturalmente submetida a uma dupla impotência: a da menstruação e a da concepção. Em *O Homem sem Qualidades*, a ideal Diótima, que tem "o projeto de libertar a alma da civilização", é convocada a ambições menores por suas "dores menstruais".⁷⁰ O que escorre então perturba e não se exibe. Diz Aristóteles: "Esse sangue parece o de um animal recentemente degolado".⁷¹ Quanto à gravidez, a mulher não pode escolhê-la. Ela sente no meio de seu corpo a anatomia de um órgão que, contra sua vontade, está estéril ou preenchido por outro ser. Dessa estranha vida do útero procede etimologicamente, senão etiologicamente,

---

⁶⁸ Jean-Jacques Rousseau, *Émile ou de l'Éducation*, V. GF-Flammarion, 1966, p. 466.

⁶⁹ Citada por Évelyne Sullerot, *Histoire et Mythologie de l'Amour*. Hachette, 1974, p. 223.

⁷⁰ Robert Musil, *L'Homme sans qualités*, II, 3ª parte, cap. 17. Trad. Ph. Jaccottet. Seuil, 1982. (Coleção Points)

⁷¹ Aristote, *Histoire des Animaux*, 581b, op. cit., p. 384-85.

o mal da histeria. Hipócrates ensina, retomado por Platão: "Aquilo que chamamos de útero é um animal que vive no oco das mulheres com o desejo de fazer crianças. Quando fica muito tempo estéril após a puberdade, ele tem dificuldades para suportar isso: indigna-se, vaga pelo corpo inteiro, bloqueia os condutores do hálito, impede a respiração, causa um incômodo extremo e provoca doenças de todo tipo, até que, como desejo e o amor unindo os dois sexos, estes possam semear na matriz, como num sulco, e colher um fruto, como de uma árvore".[72]

Assim, nossas vontades são humilhadas por nossos sexos. Diante dessa humilhação, um certo voluntarismo nos tenta, que gostaria de retomar o poder. Assim como temos medo do medo de morrer e nos divertimos fingindo coragem, temos vergonha de nossa vergonha e nos atemos ao girar das engrenagens, ou a preconizar sua execração. De um lado, Tolstói, que vê na vertigem sexual uma ilusão diabólica; de outro, doutores como Virag ou Beaulieu, que só se preocupam com disfunções. O flagelante e o mecânico se entendem para reconvocar nossos baixos-ventres ao *self-control* e ao sangue-frio. O primeiro proíbe a perda. O segundo conserta a pane. Seja por meio da renúncia ou do laboratório, é preciso que, no íntimo, a técnica penetre mais longe do que a alma.

Mas e se essas falhas fossem provações para uma graça? Se, em vez de apagá-las com *doping*, fazendo do amplexo uma competição, nós as iluminássemos com a paciência, sem ter mais vergonha da vergonha, deixando operar a sabedoria dos sexos? Não existe neles uma espécie de inteligência que nos levaria sempre além do desejo de domínio e de posse? Não é por esse motivo que a mentalidade tecnicista recai tão maldosamente sobre eles?

---

[72] Platão, *Timeu*, 91b-c. Essa análise nos parecerá pueril. Freud no entanto pretende retomá-la por conta própria: "Ao relacionar a histeria à sexualidade, eu tinha voltado até os tempos mais antigos da medicina e feito as pazes com Platão" (*Sigmund Freud Présenté par Lui-Même*. Trad. F. Cambon. Gallimard, 1987, p. 42). (Coleção Folio Essais)

Pela ferida original

Por trás daquilo que parece problema mecânico, Tomás de Aquino discerne um abismo teológico. Ele começa com esta pergunta, ao mesmo tempo ingênua e instrutiva: *"No estado de inocência, a geração era feita por meio do coito?"* Gregório de Nissa teria afirmado em seu tratado *De Homine* que, se não tivesse havido pecado original, o gênero humano teria se multiplicado "à maneira dos anjos, sem deitar-se (*absque concubitu*), por meio da operação da potência divina".[73] O sólido Tomás, aquele que é apelidado de "boi mudo da Sicília", muge contra esse perigoso espiritualismo: claro que teria havido coito! E que as moçoilas ingênuas compreendam que a inocência não está num amor descarnado! Porém, precisa o grande doutor, citando Santo Agostinho, "os membros teriam obedecido como os outros, ao sabor da vontade, sem o aguilhão de uma paixão sedutora, com tranquilidade de alma e de corpo". Mais adiante, ele acrescenta que a inteligência não teria sido afogada no borbulhar da cobiça, e que essa razão preservada, longe de diminuir o prazer, o teria elevado a uma alegria mais alta: "No estado de inocência, não teria havido nada nesse domínio que não fosse regulado pela razão; não, como dizem alguns, que o deleite segundo os sentidos tivesse sido menor – o prazer sensível, de fato, teria sido ainda maior porque a natureza era mais pura, e mais sensível o corpo –, mas porque a faculdade concupiscente não estaria abatida pela desordem diante das delícias reguladas pela razão, à qual não cabe diminuir o prazer dos sentidos, mas impedir que a faculdade concupiscente se apegue a eles de maneira imoderada".

Essa doutrina da Igreja é literalmente transtornadora. Aqueles que apregoam que o pecado original vem da união dos sexos entrincheiram-se atrás de uma ignara maledicência. Segundo Tomás, podemos pensar exatamente o contrário: se Adão e Eva tivessem "se conhecido" num puríssimo ato carnal, descobrindo a alegria inefável

---

[73] Tomás de Aquino, *Suma Teológica*, I, qu. 98, art. 2.

de uma comunhão sem sombras, teriam sido imunizados contra a tentação do espírito impuro. Eva, porém, em vez de se unir ao esposo, afasta-se, e eis que está sozinha, exposta aos discursos da Serpente que banca a diretora espiritual. Sabemos o que vem depois. Mais que provar o fruto de *conhecer* sua mulher, Adão comerá do fruto da árvore do Conhecimento, a Gnose que recusa a Encarnação.

No estado de graça em que o primeiro casal foi criado, a obra da carne teria sido uma obra de piedade. A afirmação central de Tomás é que a volúpia sensual não teria submergido a razão. Alguns acharão isso uma pena (do ponto de vista de nossa condição atual, eles não se enganam completamente): – Então não teria havido essa vertigem, esse êxtase, essa explosão? – Sim, só que não na direção para baixo, como num colapso, mas para o alto, como numa assunção. De um lado, mantendo-se sempre a lucidez, o prazer sensual em si mesmo não teria podido saturar: teria aumentado indefinidamente, seria elevado, sem deparar-se com nenhum teto, até um céu mais alto do que o sétimo. De outro lado, esse prazer não teria perturbado a alegria espiritual: Adão podia conhecer sua mulher sem sair da contemplação. Ele a teria penetrado até sua fonte eterna. Eva o teria recebido como o dom de Deus. Ela o teria realmente feito entrar no claustro, na capela e no batistério. Para começar, "a virgindade de sua esposa não teria sofrido nada com seus abraços"; depois, "na hora do parto, a mera maturidade do fruto e não o gemido da dor teria dilatado as entranhas maternas";[74] além disso, a concepção teria sido em parte batismal, pois nenhuma falta da natureza teria sido transmitida com o óvulo e o esperma, tão puros quanto a água benta com a qual o padre depois confirma a fórmula trinitária.[75] Enfim, era o Paraíso... "Não havia palavras obscenas: nenhuma parte do corpo que fizesse a expressão hesitar."[76]

---

[74] Augustin, *La Cité de Dieu*, XIV, 26. Trad. L. Moreau. Seuil, 1994, p. 189. (Coleção Points)

[75] Tomás de Aquino, *Suma Teológica*, I, qu. 100, art. 1.

[76] Augustin, *La Cité de Dieu*, XIV, 23, op. cit., p. 185.

Entendemos que certa nostalgia nos consome: católicos delicados afirmarão que no ato conjugal tudo é magnífico: priapos crédulos pensarão encontrar a árvore da vida em sua prostituta. Tanto uns quanto outros querem voltar ao Éden invadindo-o. Porém, um anjo impede a entrada com uma espada de fogo. As partes sagradas agora são partes vergonhosas. Diante delas, a expressão hesita, a obscenidade aponta, a razão se perturba. Se agora quisermos que esta última permaneça absolutamente lúcida durante o ato, nós o tornaremos frio, não melhor do que bestial. Esse puritanismo, assim como os afrodisíacos, assinalaria um desejo de domínio impróprio, que gostaria de ignorar a ferida de origem. A pudibunda e o libertino, o idílico e o devasso, todos se esforçam para recuperar o controle e para fabricar para si uma leveza de aparato. Porém, temos um abismo entre as pernas. Não podemos mais "chegar de novo por um instante ao Éden, exceto pela porta da humilhação e da morte".[77]

A evidência se apresenta imediatamente à luz da mais escandalosa ortodoxia: a insubordinação dos sexos está lá para nos tornar castos. A rebelião entre nossas coxas quer nos ensinar nossa pobreza. Trata-se de uma evidência, pois ela é um castigo, e todo castigo, como indica seu nome, tem por fim tornar casto aquele que não era. Porém, é um escândalo, pois o moralismo, assim como o imoralismo, faz cara feia para um dogma como esse. Como esses caprichos do baixo-ventre estariam na mão de Deus? No entanto, santo Agostinho sustenta: "Essa revolta interior que subtrai certos órgãos ao império da vontade, não publica ela o salário pago à desobediência do homem?".[78] O homem desobedeceu quem estava acima dele, seu salário é que aquilo que está abaixo dele o desobedeça. Se no Éden a vontade tinha o domínio sobre as partes sexuais, era porque ela mesma estava submetida ao senhorio do Eterno. A partir do momento em que quis outorgar a si própria todo domínio, seus membros se furtam a ela

---

[77] Paul Claudel, *Le Soulier de Satin*, Terceiro Dia, cena VIII.
[78] Augustin, *Confessions*, 20, op. cit., p. 181.

para recordar-lhe três vezes sua finitude: perder a posse de si diante da beldade, durante o ato e, depois, até em sua própria fecundidade.

Essa pena do pecado original não é ela mesma um pecado. É uma correção. Uma sangria à guisa de remédio. O sujeito assim percebe que o desejo do outro é maior do que sua vontade. Fica menos orgulhoso. Seu orgulho é quebrado. Essa perda da posse de si mesmo, insuportável, provoca nele o desejo de uma posse louca. Ele emprega no estigma o ferro que servia para cauterizar. Nisso está a provação. Aquilo que há de mais escabrosamente físico remete àquilo que há de mais duramente espiritual. O que há de turvo no amplexo contém sua claridade terrível. As palavras do *Magnificat* aplicam-se diretamente a nosso sexo: *"Depôs poderosos de seus tronos"* (Lucas 1,52). O erótico só se realiza por meio dessa deposição.

CAPÍTULO TERCEIRO

Defesa do adultério
ou: o casamento é uma aventura

> YSÉ – A mulher, mesmo assim, foi o bom Deus quem a fez, é preciso que ela sirva a alguma coisa, essa bandida! Uma cruz como qualquer outra! Alguma coisa notável! Você só me pedia meu corpo, e eu, era para outra coisa que eu o tinha, para uma coisa bem diversa!
>
> Paul Claudel, *Partage de Midi*
> *(versão para o palco)*

O falanstério e o mirante

Eu não teria defendido a adúltera. Antes, eu a teria apedrejado, como bom cristão. Ah, não com pedras! Palavras e olhares bem sentidos podem crivar bem melhor, e sem deixar vestígios. A moça poderia suicidar-se, depois: dirão que já era previsto. É que o bom cristão ouviu o Evangelho. Ele fica tocado demais por essa leitura, da qual retém sobretudo a bondade do Senhor em comparação com a dureza dos fariseus. Porém, ele não é fariseu. Sente-se muito puro. Não pode lançar a primeira pedra? E depois o relato negligencia o principal, a saber, o marido enganado. Cristo não parece estar nem aí para ele. À mulher, ele ordena: *"Vai, e de agora em diante não peques mais"* (João 8,11). Mas para onde ela deve ir? Para o domicílio conjugal? Provável: aquele que lhe ordena ainda há pouco afirmava que o casamento era indissolúvel. Porém, quem dará força o bastante ao marido para que a aceite de volta? Quem pode suportar essa doçura de Jesus, que corta como uma espada?

Os padres que preparam para o casamento raramente começam por essa história. Ela no entanto permitiria uma teologia rigorosa. Mostraria aos noivos que ainda não se amam o bastante que terão de aprender a amar-se: "Casar-se", diria o padre, "é aceitar a possibilidade do adultério e, se for o caso, de perdoá-lo". Muitos iriam embora correndo. Prefeririam ir para o islã. Ou só para o cartório. Ou só para o quarto 203 de um Hotel Fórmula 1. Há muitas maneiras de não reconhecer a possibilidade do adultério.

A tradicional, a mais denunciada, esconde o rosto da beldade, fecha a cadeado seu baixo-ventre, prende-a no alto de uma torre, cava em sua base um fosso, enche-o de crocodilos. Colocar guardas na porta é uma solução perigosa: quem a protegerá contra os guardas? Daí vem a instituição dos eunucos. É uma dependência da mais tranquila vida conjugal. Com o harém, ela apazigua o marido desconfiado. Desde que haja também leis que punam a traidora com a morte. Saber que se pode queimá-la viva, cortar-lhe a cabeça ou crucificá-la com seu amante, como no antigo Japão, permite amar a esposa com total tranquilidade.

Com o abrandamento dos costumes, empenhamo-nos em forjar outros meios, menos grosseiros, mas não menos eficazes. Arnolphe julga ter encontrado um estratagema infalível. Seu amigo Chrysalde exclama: "Então você quer uma bem burrinha?". Eis a resposta do novo-rico:

Sim, prefiro as mocreias e bobinhas
às lindas e também inteligentes.[1]

Eis alguém que quer estar prevenido contra qualquer eventualidade. O negócio é casar-se com uma imbecil. Porém, como a ignorância dela a deixa até mais vulnerável às abordagens (como Arnolphe descobrirá, para sua própria infelicidade), convém que essa imbecil também seja feiosa. A precaução última, sem dúvida, seria que ela acrescentasse a esses repelentes o ser também uma megera, capaz de botar para correr o mais perseverante. Garras como

---

[1] Molière, *L'École des Femmes*, ato I, cena 1, v. 103-105.

essas, porém, não seriam piores que nossos chifres? *"Melhor morar no canto de um teto do que morar junto com uma mulher briguenta"* (Provérbios 21,9). No instante em que o adultério se torna impossível, eis que subitamente começamos a desejá-lo, a sonhá-lo, a perseguir pela cidade a caridosa amante que nos livrará desse flagelo.

A Sra. de La Carlière, por sua vez, pensa em prevenir-se por meio de um juramento mais implacável que o sacramento. Às vésperas de seu casamento, no meio de todos os amigos: "Os juramentos pronunciados ao pé dos altares foram seguidos de tantos perjúrios", declara ela ao cavaleiro Desroches, "que pouco me importa a promessa solene de amanhã. A presença de Deus é para nós menos temível do que o juízo de nossos semelhantes... Permita que, se acontecer de o senhor me dar motivos legítimos de reclamação, eu o denuncie a este tribunal e o entregue à sua indignação; consinta que eles se reúnam à minha voz e que o chamem de traidor, de ingrato, de pérfido, de homem falso, de homem mau".[2] Esse juramento temerário lhes será fatal. O juízo dos semelhantes é na verdade pior do que o juízo de Deus. O fraco Desroches é um dia enredado por uma antiga conhecida. Seguindo sua promessa, a Sra. de La Carlière não o perdoa. Seu filho morre em consequência de sua separação. La Carlière cai numa amargura incurável. Desroches é vaiado como o pior celerado.

Desse conto, Diderot tira um argumento crítico quanto a uma fidelidade conjugal que parece ir contra a natureza inconstante das paixões humanas. Aquilo que o deveria ter levado a meditar sobre essa fidelidade faz com que ele caia numa apologia da libertinagem. De uma recusa, ele passa à recusa contrária. Ele se torna o negativo de uma Sra. de La Carlière. Afinal, o relaxamento dos laços do matrimônio também busca tornar o adultério impossível.

O falanstério é a contrapartida da casa de Arnolphe. Nele se organiza uma "libertação do amor", mas isso é ainda para pacificá-lo

---

[2] Jacques Diderot, *Madame de La Carlière*. In: *Œuvres*, II, *Contes*. Robert Laffont, 1994, p. 527. (Coleção Bouquins)

dentro de uma fortaleza inexpugnável. Charles Fourier estava tão obcecado pela ameaça que decidiu brincar de taxonomista zombeteiro, recenseando oitenta espécies de maridos enganados: corno *embrionário*, corno *imaginário*, corno *marcial*, corno *fatalista*, corno *saudável*, corno *recíproco*, corno *propagandista*, corno *porta-bandeira*, corno *místico*, etc., sendo o grupo dividido em três classes: cornudos, corninhos, cornidiotas, subdivididas em treze gêneros que vão do posto avançado de direita ao posto recuado de esquerda. Essa "hierarquia da cornice" se inscreve num dispositivo que denuncia a "falsidade dos amores civilizados".[3] Em seu lugar, o autor não propõe a verdade dos amores selvagens, mas uma "nova ordem amorosa" que institucionaliza a esbórnia. Nessa utopia teísta (Fourier era crente, e penso, acompanhando-o, mas de modo diferente, que "Deus opera no contrassenso dos moralistas"), os riscos do casamento são coisa do passado, só existem libertinos, todas as espécies de corno foram exterminadas. Aquilo que o mais duro sultão não conseguiu com suas blindagens, com seus eunucos e com suas leis sanguinárias, Fourier realiza com uma revolução dos costumes. O cinto de luxúria é mais poderoso do que o cinto de castidade. Ninguém pode surpreendê-lo. Não há nada mais a transgredir. A mulher adúltera desaparece na orgia melhor que debaixo de pedras.

Não sabemos o que inventar para repelir a difícil aventura. De um lado, transforma-se o leito nupcial numa prisão confortável; de outro, multiplicam-se as "aventuras", para que a das núpcias não possa nos devorar. Porém, ela sempre nos prende outra vez.

Aquele mesmo que perdoa a pecadora também declara no alto da montanha: "*Ouvistes que foi dito: Não cometerás adultério. Eu, porém, vos digo: todo aquele que olha para uma mulher com desejo libidinoso já cometeu adultério com ela em seu coração*" (Mateus 5,27-28). Ainda há pouco, ele nos parecia um pouco laxista, agora parece extremamente severo. Contradição? Não, coerência. Nisso também, em vez de

---

[3] Charles Fourier, *L'Ordre Subversif*. Aubier-Montaigne, 1972, p. 191-215.

tentar fazer desaparecer, assim como nós, a possibilidade do adultério, Cristo a radicaliza. Não apenas devo perdoar a esposa que me engana, como preciso ainda zelar para não enganá-la em pensamento. O drama fica ainda mais profundo, mais áspero, porque "os pensamentos das transgressões são mais duros do que a própria transgressão".[4]

No casal que nem vislumbra relações prováveis ou próximas, a ameaça continua presente, íntima, larval, a começar pela ameaça do conforto, de sua sonolência deleitosa, de sua indiferença concertada. Sob o risco de não ser mais que uma terrível impostura, o casamento mais ordinário deve esconder um terrível combate. Entende-se que muitos recuem: *"Se é assim a condição do homem em relação à mulher, não vale a pena casar-se"* (Mateus 19,10).

O casamento, drama primordial

"Sem a sexualidade", escreve Kierkegaard, "a história não começa."[5] De um lado, não teria havido atores, contentando-se o casal com seu fechamento estéril; de outro, não teria havido dinâmica, sendo nele a luta pela comunhão como o concentrado da aventura humana. O casamento, com a fidelidade que exige, afixa em nossa história sua marca dramática. Ele é o princípio da epopeia. A *Ilíada* e a *Odisseia* mostram isso. Os aqueus embarcam para trazer Helena de volta. Ulisses deixa Calipso para voltar para Penélope. Sem a lembrança conjugal, Menelau ter-se-ia contentado com outra esposa, menos volúvel, e Ulisses, nos braços da ninfa, teria passado dias felizes. Não haveria Odisseia na amnésia libertina. Nem Ilíada com o encarceramento preventivo. Porém, ele está lá, uma lembrança que ordena o retorno tanto a um quanto a outro, e que leva no rastro deles a guerra e a viagem. Troia é destruída. Os pretendentes são massacrados. Os casais se refazem sobre um mar de sangue. Eis o casamento modelo.

---

[4] Talmud da Babilônia, tratado Yoma.

[5] Søren Kierkegaard, *Le Concept d'Angoisse*, cap. I, § 6. Trad. P.-H. Tisseau. Alcan, 1935.

A tragédia grega é abundante nesse sentido. Ela só fala de questões domésticas, ou quase. Ésquilo assinala seu principal nó: "O leito nupcial em que o Destino une o homem e a mulher está sob a proteção de um direito mais forte que o do juramento".[6] Calça-se o coturno em volta do guisado. O neto carrega a maldição do avô. O amante mata o marido e depois é morto pelos filhos. O irmão dá de comer os filhos ao irmão. A mãe degola os filhos porque o marido vai embora com outra. A filha, que é meia-irmã do pai, quer enterrar um de seus irmãos entre os assassinados, e é condenada à morte por um tio que é também seu tio-avô. Os deuses estão na cozinha, e até na sala de estar, as quais eles destroem com seus oráculos. O rapaz do cartório teria belos discursos a fazer. Poderia declamar com voz solene: "Agora, estais casados, sim, como Édipo e Jocasta, como Clitemnestra e Agamenon, e desejo-vos uma felicidade igualmente memorável...".

As núpcias não reservam apenas a tragédia. A comédiam também. Molière enuncia a seguinte evidência: "Como não há nada no mundo que seja tão comum quanto o casamento, e como é comum que nele os homens caiam ao máximo no ridículo, não admira que ele seja sempre o assunto da maioria das comédias, e também dos balés...".[7] As portas batem. Os médicos são apaixonados disfarçados. O novo secretário se esconde no armário. O senhor vai caçar e a senhora veste as calças. A casa mais fechada vira uma avenida da trapaça. O casamento, que a tragédia queria heroico, a comédia desembucha seus ridículos. E ela não tem menos razão. O mais duro está neste desafio: ser heroico no ridículo, e ridículo no heroísmo. Como orgulhar-se de suas vitórias no *boudoir*? Talvez você seja um herói doméstico mas continue passando por personagem de *vaudeville*. No cartório, o funcionário poderia soltar, com a voz jocosa: "Estais casados, sim,

---

[6] Eschyle, *Les Euménides*, em *Tragédies*. Trad. P. Mazon. Gallimard, 1982, p. 389. (Coleção Folio)

[7] Molière, *Le Mariage Forcé*, argumento para o Balé do Rei.

como Elmira e Orgon, como Adhéaume Chouilloux e sua querida Clemence, que o engana com seu primo Horace...".

O mito de Aristófanes, no *Banquete*, de Platão, não apenas concede à união dos sexos o estatuto de drama fundamental como apresenta esse drama em seus dois aspectos: em sua tragicidade dilacerante e em sua hilária comicidade. Alguns o chamam de mito do andrógino e o interpretam em termos de complementaridade. Enganam-se duas vezes. Aquela bola com dois rostos, com seus quatro braços, suas quatro pernas, seu caminhar de cambalhotas, era às vezes composta de um macho e de uma fêmea, mas também podia ser ginogino ou androandro. Imoralidade? Talvez, mas não no sentido em que se pensa. Tomada em seu contexto, essa afirmação de três classes equivalentes é antes uma reavaliação da união do homem e da mulher, pois os discursos precedentes, muito moralizadores, tendiam a exaltar o amor do macho com outro macho. No que diz respeito à complementaridade, imagina-se que, depois que a bola é cortada em duas, cada qual busca sua metade a fim de preencher sua carência. Aristófanes diz o contrário: na origem, na unidade sem corte, a ausência de falta constituía a pior falta. As duas metades estavam tão unidas num todo que esse tudo pensava em "subir aos céus"[8] e dispensar os deuses. O andrógino se confunde com a Torre de Babel. Onde o Altíssimo responde com a divisão das línguas, Zeus, pela intervenção de Hefesto, faz dividir os corpos.

Quando achavam que o par lhes bastava, os homens não careciam de nada, e é por isso que lhes faltava o essencial, isto é, uma transcendência. Hoje, quando um falta ao outro, ficam menos empolados, ganham em abertura. O desejo da metade lhes ensina a dependência, e essa dependência lhes ensina sua insuficiência radical: "Nossa unidade foi dissolvida pelo deus".[9] Somente o deus pode agora realizá-la. A metade é menos um complemento que

---

[8] Platão, *O Banquete*, 190b-c.
[9] Ibidem, 193a.

uma recordação da divisão. Seu objetivo não é reformar um todo autárquico. Tivesse ela a insolência de se arriscar a isso, "poderíamos temer", diz Aristófanes, "sermos mais uma vez fendidos em dois, ficando parecidos com perfis em baixo-relevo". Fazer da unidade do casal um absoluto só leva a uma divisão interior maior ainda. Não se comete mais adultério, mas a fidelidade mesma fica adulterada. Cada qual se julga grande o bastante para tornar o outro feliz, ou pequeno o bastante para encontrar nele sua felicidade. Desse modo, lisonjeamos mutuamente nossa arrogância e nossa mediocridade. É um adultério vertical, o pior de todos. Nenhum perdão é possível, pois, no idílio, ignora-se o erro. Aqui, os chifres são os do diabo.

As três formas do drama (a luminosa, a obscura, a crepuscular)

Existe, portanto, uma fidelidade falsa que é pior do que ser infiel: a do casulo que nada arrebata, ou da larva que adora não ter nenhuma asa que possa ser queimada. A história do Éden nos deixa entender isso de maneira ainda mais séria. Com o fruto bem mordido, Adão se justifica argumentando que é fiel à esposa: "*A mulher que puseste junto de mim me deu da árvore*" (Gênesis 3,13). Ele acrescenta à falta de Eva uma falta mais grave, que é utilizar a instituição divina – o sacramento do matrimônio – para melhor esquecer Deus. Dessa união transviada saem todas as outras, de Sodoma e Gomorra até Cafarnaum, cujos habitantes, tão ordeiros, Jesus diz serem piores que os sodomitas (Mateus 11,23-24). O castigo que se segue vem recordar ao homem que ele não é senhor da vida: retorno ao pó, concupiscência do outro, dores da gestação... O desejo agora descontrolado que o lançará nas agonias do sexo será uma provação conduzida como o trampolim de sua redenção ou a ratoeira de sua condenação.

Aqui se vislumbra aquela famosa moral que zomba da moral. Lembramos que ela consiste menos em legalismo do que em "concupiscência e graça". Trata-se de uma moral dramática, em que a carne é um fulcro, segundo diz Tertuliano: *Caro salutis cardo*.[10] A moral legalista é estática. Ela recusa o drama. Para ela, só há preceitos, e os atos devem ser deduzidos deles como a aplicação de um teorema. Quem se afastar está condenado, inapelavelmente. Se for admitido outra vez no círculo dos virtuosos, estes farão com que sinta muito bem sua superioridade. A moral dramática começa pela admissão de nossa fraqueza. Ela reconhece que todos caem, e que aquele que afirma nunca cair jamais será levantado por uma mão mais alta. Nossa carne ferida pela concupiscência nos leva ou a denunciar nossa miséria ou a nos comprazer de nossa nulidade. A graça suscita o grito e a ele responde, fazendo passar uma luz pela ferida.

O casamento como busca de comunhão pela carne constituiria aqui o drama primordial. Porém, ele ainda seria ultrapassado por dois outros dramas, um superior e outro inferior. Digamos que ele é o drama natural, ao passo que os dois outros são, de um lado, sobrenatural, e, de outro, contrário à natureza. Quero falar do drama da vida consagrada, em que as núpcias são feitas com o Eterno, e do drama da vida "constuprada", para retomar um termo antigo, *constuprée*,[11] em que as núpcias são desfeitas com o mundo. O primeiro drama, o do casamento, é da aurora; o segundo, da vida consagrada, é do pleno dia; o terceiro, da vida dissoluta, pertence à noite. Não há nessa tripartição juízo moral, mas categorias dramáticas. Sem dúvida, a condição monástica corresponde a um estado perfeito, à condição matrimonial, a um estado imperfeito, e a condição dissoluta, a um estado absolutamente lastimável. Entretanto, isso não quer dizer que

---

[10] Tertullien, *De Resurrectione Carnis*, 8, 2. Traduzido com o título *La Réssurrection des Morts*. DDB, 1980, p. 54: "A carne é o fulcro da salvação".

[11] O termo *constuprée*, não disponível na versão atual do Grand Robert, pode no entanto ser encontrado em livros franceses antigos no Google Books. Também se encontra o espanhol *"constuprada"*, como na tradução da Septuaginta para Jeremias 3,1, disponível em https://www.bibliatodo.com/la--biblia/Version-septuaginta/jeremias-3 (acesso em 15/2/2017). O termo não consta do *Houaiss* nem do dicionário de António de Moraes. (N. T.)

aqueles que se encontram num estado correspondem a ele. Os casados podem ser piores que os dissolutos, e os religiosos, piores que os casados. Como diz São Francisco de Sales, "estar no estado de perfeição não significa estar *na* perfeição". Os estados são melhores uns relativamente aos outros de acordo com os meios que lhes são dados e que são mais adequados a conduzir à Terra Prometida. No entanto, utilizar mal esses meios melhores é tornar-se pior. E fazer bom uso de meios maus é ser melhor. Assim, a pior das prostitutas, o mais ignóbil dos pedófilos, se começam a urrar seu nada até fazer os anjos chorar, tornam-se, em sua noite, estrelas que cintilam mais puramente que um abajur de esposos satisfeitos.

Claro que, formalmente, apenas os dois primeiros estados são necessários, e portanto desejáveis. Porém, de fato, os três são misteriosamente exigidos. Eles se convocam mutuamente no drama único da história. Os esposos têm necessidade dos monges, e os monges têm necessidade das prostitutas. Não em sua cela, claro, mas para seu coração. Ao olhar os monges, os esposos se recordam de que sua união não é tudo, e de que ela só é profunda na medida em que se abre ao que a ultrapassa. Ao olhar as prostitutas, os monges se recordam de que, sem a graça, estariam bem pior, e que, entre aquelas miseráveis, há quem ame mais que eles, sem que saibam, e que incubam os mais fulminantes arrependimentos: "*Em verdade*", diz Jesus aos grandes sacerdotes e aos anciãos, "*vos digo que os publicanos e as prostitutas vos precederão no Reino dos Céus*". É sobre esses três dramas que meditaremos agora, a partir do drama primordial do casamento.

Impureza do amor puro

Até aqui, talvez alguns tenham ficado chocados por eu ter falado tão pouco do amor. É que amor muitas vezes serve de curinga. Tanto nos meios católicos quanto no movimento *Act Up*, ele é utilizado como argumento sem réplica, uma verdadeira dispensa de pensar. Vocês estão com "problemas de casal"? Precisam reaprender a amar-se.

Deve-se autorizar o "casamento homossexual"? Claro, pois eles se amam. Suas privadas resistem ao desentupidor? Mostre-lhes primeiro o amor. O que fazer contra esse abracadabra? Não há nada mais a dizer. Tudo já está resolvido de antemão.

Sobretudo porque não se pode protestar sem se colocar numa situação delicada. Ataque o amor e você passa por um sem-coração que ainda por cima é inculto. Afinal, o amor é verdadeiramente a resposta. Porém, o vocábulo anda tão confuso e tão vilipendiado que pronunciá-lo é mais vago que erguer os ombros. Amamos Deus, mas também amamos Dalida. Amamos nossa esposa, mas amamos mais ainda o bacalhau (alguns até "adoram"). E não se trata exatamente da mesma coisa. Em outras palavras, o amor é uma coisa boa, é até o bem supremo, mas, como ele é especificado conforme seu objeto, cada vez convém que ele seja definido em relação ao ser ao qual se dirige. Sem isso, trata-se de um amor *sem sê-lo*. Uma palavra que serve para tudo. Uma desculpa universal.

O amor-paixão. – O drama, no amor de um homem e de uma mulher, é antes de tudo que ele é difícil de compreender. Poderíamos cantar primeiro o amor-paixão, aquele que toma você num lance fatal e o transporta para uma nuvem distante do marasmo profissional. Lísias explica que um amante apaixonado desse jeito é pior que um inimigo feroz.[12] Com um inimigo, somos avisados, ficamos protegidos. Porém, diante desse apaixonado em transe, como não acabar baixando a guarda? Ele pode fazer apodrecer o seu coração. Em sua paixão, ele não está nem um pouco preocupado com o bem objetivo dele nem com o seu. Ele quer você, como válvula de escape de seu mundo, como panaceia de todos os seus males. É algo lisonjeiro. E por isso mesmo mais assustador.

Como teme mais que tudo perder você, ele o impede de frequentar quem quer que possa superá-lo em qualquer domínio. Ele o

---

[12] Platão, *Fedro*, 231a-234c.

proíbe de estudar e de melhorar, sem o que ele perderia seu poder de enfeitiçamento. Se você descobrir a poesia, a filosofia, ou pior: o Eterno, que catástrofe! Você é a deusa dele: seu único interesse é mantê-la na ignorância, para que você não possa desdenhar de seu culto. Assim, ele o arrasta de distração em distração, e, após Alpe-d'Huez, Istambul, Nova York, quando chega a hora da sua feiura ou da sua impotência, ele acaba achando outra boneca, mais agradável.

Diante de um perigo assim, o noivo perspicaz poderia declarar à noiva: "Não a amo". Ela reconheceria nisso o sinal de que ele é o homem de sua vida, o sensato, aquele que não vai devorá-la.

O amor cortês. – Mais que esse desamor, e para evitar os derivados da paixão possessiva, apresenta-se a poesia do amor cortês. A distância proíbe as baixezas da satisfação. O negócio é amar uma mulher que não é sua mulher e que permanece inacessível. O trovador Jaufré Rudel canta essa "princesa distante" – distante o suficiente para que o fantasma sitie sua alma.

Quando não se tem a princesa longínqua, podemos tomar um homem próximo. Seu pertencimento ao mesmo sexo proíbe qualquer arranjo burguês. Alguns dos que se chamam *"gays"* são muitas vezes os raros herdeiros do amor cortês. Isto é, de um amor que nada tem de alegre, mas que é comovido e cheio de lágrimas. É absurdo censurá-los por relações impossíveis, proibidas, imorais. Seria como censurar pelo mesmo motivo Lancelot e Guinevere ou Tristão e Isolda. Eles sabem muito bem que vão se perder, e a seus olhos é essa perda que é o amor verdadeiro: uma adesão inteira e gratuita até a destruição de si. As grandes apaixonadas desdenhadas são seu poderoso modelo: Gaspara Stampa, a religiosa portuguesa... O espírito de sacrifício encontra-se no fundo de sua crença. Eles estão mais próximos da verdade que o homem e a mulher que servem de travesseiro um para o outro.

Mas o que é um sacrifício que não conduz a uma vida nova? Não há nisso o perigo de uma oferta narcisista, que não oferece nada, mas que nos planta na pose de um São Sebastião que atira flechas em si mesmo? "Ai! Meu pobre coração! Minha querida alma ferida de amor! Meu corpo trespassado de impossível!, etc."

O amor-razão. – Convém mais, parece, elogiar o amor-razão. Cada um ama o outro para buscar seu bem. Eventualmente, pela utilidade de ter filhos que entram nas ordens, servem a república, fazem a ciência progredir. Mas então por que se casar? Por que não preferir jovens estudantes? Deixemos os rebentos para o útero artificial. Trabalhemos para ficar razoáveis como dois universitários, disputando um ponto difícil de filologia. E se alguma Henriette nos perguntar "Nesse laço os encantos não são mil?", respondamos com a tirada de Armande:

Meu Deus! Mas como a tua alma é vil!
No mundo és personagem pequenina
Que se fecha nas coisas da faxina…
Aponta o teu desejo para o alto,
Procura sensações mais exaltadas,
E, desprezando os sentidos e a matéria,
Como nós, sede do intelecto inteira![13]

Esse fenômeno das mulheres com pretensões literárias voltou à moda. Porém, ele é tão racional que acaba perdendo a razão. Ele esquece o amor.

O amor-espírito. – A saída se encontra talvez num amor real, mas espiritual em si. Um amor pela mulher que não se detém nas coisas baixas da natureza. A querida e terna seria o estribo carnal que nos eleva aos céus: "Fazendo amor com sua mulher", relata Michaux, "o hindu pensa em Deus, de quem ela é uma expressão e

---

[13] Molière, *Les Femmes Savantes*, v. 25-33.

uma parcela".¹⁴ Que felicidade! Depois disso, podemos olhar as outras sem vergonha, com um magnetismo "santo e lustral".

André Breton praticava esse tipo de religião lírica: ele encontra Nadja, com "seus olhos de feto", ela é sua "Maravilha", seu "Oráculo", sua "Esfinge", sua "Melusina"... É por isso que, antes do fim do livro, ele passa a Suzanne, a esposa de Emmanuel Berl, depois a Jacqueline Lamba em *L'Amor Fou* [*O Amor Louco*], depois a outras ainda, sempre também absolutas... A mulher, ao tornar-se canal do divino, fica melhor ainda no papel de mulher-objeto.

Na Índia, pelo menos, as pessoas eram consequentes, o procedimento era admitido às claras: "Há hindus que se masturbam pensando em Deus. Eles dizem que seria pior ainda fazer amor com uma mulher (à moda europeia), que individualiza você demais e não sabe passar da ideia do amor à ideia do Todo".¹⁵

O amor-respeito. – Mais vale, então, ficar com a ideia que geralmente se tem do casamento cristão: nós nos casamos para nos santificar um ao outro e para nos colocarmos juntos, indissolúveis, nas mãos do Todo-Poderoso. A senhora é aquela que respeitamos. É uma sócia na difícil empreitada da própria salvação.

Ela acaba invariavelmente fazendo a pergunta: "Mas e eu? Você me deseja? Você sente atração por mim? Meu corpo faz você sonhar?". E ela tem toda razão. O quarto nupcial não é um mosteiro. Os encantos da esposa, criados por Deus, têm um direito de nos comover que aqueles do abade não têm.

Contra aquele que cai nesse espiritualismo etéreo e invoca uma amizade puríssima e uma estima mútua, a mulher poderia com razão queixar-se como aquela do *Couple Ouvert à Deux Battants*: "Eu quero ser amada... derrubada... jogada na cama... Quero me levantar de manhã

---

¹⁴ Henri Michaux, *Un Barbare en Asie*. Gallimard, 1967, p. 49. (Coleção L'Imaginaire)

¹⁵ Ibidem.

com cara de cansada! Amizade, respeito, estima! Basta!".¹⁶ Ainda mais porque esse apelo à estima sem a carne tem algo de suspeito. É a virtude que invocam os maridos que têm uma amante. Eles só consolam você de um jeito: "Tente entender, com as outras é só sexo e nada mais".¹⁷

Todo esse quietismo do puro amor só pode ignorar o amor conjugal. Este só é verdadeiro por ser carnal, e esse amor carnal é um caso de sexo – e mais. Afinal, um caso de sexo supõe um ato de fé. Acredito nessa ordenação mútua de um homem e de uma mulher pelo centro, na Providência dos testículos e dos ovários, do útero e do sêmen, dos seios, que se justifica até as glandes, da carne fraca e mortal, do corpo esponjoso e do corpo glorioso. Como vimos no capítulo precedente, ele envolve a experiência de comunhão por meio do corpo entregue até a decomposição dos rostos, e, como veremos no capítulo seguinte, do temor de uma maternidade e de uma paternidade que se aprofundam com a alegria. Mesmo que a bela e a fera nela se confundam, mesmo que nela o beijo não pare de transformar o príncipe em sapo para retransformá-lo em príncipe, esse amor carnal tem mais espírito do que julgam a mulher erudita e o surrealista burguês: "Aquilo que lhe parecerá estonteante e precisamente mágico", escreve Jean Paulhan, "não é de jeito nenhum, como no caso de Gide, que o sexo sirva de obstáculo ao amor, ou o amor ao sexo, mas, ao contrário, que, por uma estranha metamorfose, o sexo possa se tornar amor, ou o amor se transformar em atividade sexual: em assalto violento, ou em passividade extasiada. É muito menos surpreendente ver uma abóbora virar carruagem".¹⁸

---

¹⁶ Dario Fo e Franca Rame, *Récits de Femmes et Autres Histoires*. Dramaturgie, 1986, p. 127-28. [A peça de Dario Fo foi encenada no Brasil com títulos diferentes, como *Um Casal Aberto, Ma Non Troppo*, e *Casal Aberto, Quase Escancarado*. O título original é *Coppia Aperta, Quasi Apalancata*. (N. T.)]

¹⁷ Ibidem, p. 123.

¹⁸ Jean Paulhan, *Entretiens à la Radio avec Robert Mallet*. Gallimard, 2002, p. 112. (Coleção Arcades)

Nessa magia que une o vulgar e o maravilhoso, o drama conjugal se reveste de seu caráter crepuscular (ao passo que o da vida religiosa é diurno, e noturno o da vida dissoluta). Como ele precisa exprimir carnalmente a comunhão das pessoas, a passividade sexual e a atividade amorosa são nele indeslindáveis. Difícil discernir quando é o verdadeiro amor do outro que comanda, e quando é o sexo que leva a melhor, em seu ímpeto incontrolado. Os dois se interpenetram e proíbem tirar disso qualquer vanglória. Eu gostaria de amar a outra por ela própria, e toda vez me acabo em seu corpo; porém, nesse acabar-me, também descubro quanto preciso de sua ternura. Creio ser atraído apenas por seu corpo, e toda vez me abro de repente a ela; mas, nessa abertura, quero tomá-la em nossos belos lençóis. Ardil da carne. Peso do espírito. Involução mútua de um e de outro.

Ninguém pode distinguir aqui o papel da necessidade e do dom, da comodidade física e do dever espiritual, da carne que se excita e do coração que se comove. Posso perfeitamente parecer Francisco de Assis, e minha esposa, Santa Clara; mas, como dormimos juntos, como oferecemos a nós mesmos a hospitalidade carnal, é impossível que nosso amor nos pareça tão puro quanto o de Clara e Francisco. É uma dor em nossa alegria. É um combate em nossa paz. Assim, é necessário sempre aceitar humildemente essa mistura, não se torturar, como Tolstói, por uma pureza indevida, mas fazer, à noite, para repelir o demônio de uma impureza confortável, a oração a quatro joelhos.

A busca de uma fidelidade: elogio da poligamia

Quando desanima, o polígamo sonha com o celibato. Assim que a esperança volta, ele almeja ter amantes. Várias mulheres, sempre demais ou de menos. Não contesto a dilatação alegre trazida por essas noites em que uma das suas esposas acolhe as recém-chegadas na porta, enquanto outra serve o aperitivo na varanda, uma terceira cuida do fogão, uma quarta coloca as crianças para dormir e uma quinta reza, na capela, pela salvação de todos. Há nisso uma embriaguez tentacular, uma evidente felicidade de polvo. Porém, a ambição disso leva à ruína. O polígamo gostaria que a sociedade inteira entrasse no espaço doméstico. Ele tem uma sensibilidade de rei. Ou de antílope da Ásia. Dizem que o antílope macho da Ásia cerca-se de cem fêmeas. É por isso que ele tem chifres enormes: para desfrutar dessa corte, precisou eliminar numerosos pretendentes. Porém, esse número continua muito inferior àquele atingido pelo sábio rei Salomão, que tinha setecentas esposas e trezentas concubinas (1Reis 11,3). Era sem dúvida um atleta. E um amante do que é muito difícil. A idolatria torna-se seu único recurso: com tantas mulheres para alimentar, e de todas as nações, um único Deus não basta. Nem um único coração. Quando chega a noite, quantos debates para saber com qual ficar! Quantas dificuldades para não lesar ninguém e não criar, em sua própria casa, as mais perigosas facções! Ele só precisava revisitar seu famosíssimo julgamento de Salomão para sair dessa perplexidade. Necessitava estabelecer uma agenda rotativa muito precisa. Com um tempo igual para cada uma. Como os turnos de guarda, num campo militar. Ele não tinha mais o direito de escolher. Era preciso respeitar o caderninho. Como culpar o polígamo? Ele já tem sua punição.

Os progressos da consciência e da igualdade chegaram a estabelecer a poligamia sucessiva, menos exaustiva, mais cômoda. Mas por que ir ao cartório? Por que enredar-se nessa papelada administrativa? Uns dirão que o homem, depois de sua declaração de amor, se preocupa com sua declaração de imposto de renda. No mais das vezes, os apaixonados ficam noivos por um impulso do coração. Eles viram os casamentos das celebridades. Acreditam nos contos de fadas. Infectados por essa visão da Arcádia, correm para a igreja, e acabam se divorciando. Não foram preparados para o que vinha depois. Os contos de amor terminavam nas bodas. Não diziam uma palavra sobre o drama nem sobre as alegrias do velho casal.

Como fazer para ser fiel? À primeira vista, os recém-casados não enfrentam esse problema. Essa é antes uma preocupação do libertino. Ele é obcecado pela fidelidade. Não tanto porque quer ser a exceção e porque tem medo de que uma esposa ou de que suas amantes o enganem. Mas porque sua busca essencial é ser fiel a si mesmo. Diderot não se cansa de escrever sobre esse tema, que funda toda a sua antropologia: "Nada de fato lhe parece mais insensato do que um preceito que proíbe a mudança que existe em nós, que ordena uma constância que não pode existir em nós, e que viola a natureza e a liberdade do macho e da fêmea, acorrentando-os para sempre um ao outro: que uma fidelidade que limita o mais caprichoso dos gozos ao mesmo indivíduo; que um juramento de imutabilidade de dois seres de carne, diante de um céu que nem por um instante permanece o mesmo, num antro que ameaça ficar em ruínas, aos pés de uma rocha que vira pó, debaixo de uma árvore que resseca, sobre uma pedra que se estilhaça?".[19]

Mudamos sem cessar, assim como o resto da natureza. Como fixar com uma promessa um sentimento passageiro? Esta nos suga para um círculo vicioso. Admitamos que juro a uma mulher um amor sempiterno. Chega o dia em que não a amo mais, e que outra me atrai: ou permaneço fiel a ela, mas enganando-a, por fingir que a amo; ou me esforço para não enganá-la, isto é, engano-a com a outra, e traio meu juramento.[20] A promessa do casamento é um contrato de tolos. As partes presentes serão outras amanhã.

O libertino se esforça para ser fiel a seu coração volúvel. Se muda de fidelidade, é para não cometer perjúrio. O enganador de Sevilha é precisamente aquele que não quer enganar mulher alguma com um desejo fingido. Don Juan parece o mais justo dos amantes. É sua preocupação extrema com a fidelidade e com a justiça que o leva a ir de uma beleza a outra: "Por mais que eu esteja comprometido, o amor que tenho por uma beldade não abriga em nada minha alma a ser injusta com as outras; conservo olhos para enxergar o mérito de todas,

---

[19] Diderot, *Supplément au Voyage de Bougainville*. In: *Œuvres*, op. cit., p. 555. Uma passagem similar pode ser encontrada em *Jacques le Fataliste* (ibidem, p. 794).
[20] Esse dilema se encontra (junto com sua solução) em Gabriel Marcel, "La Fidélité Créatrice", *Essai de Philosophie Concrète*. Gallimard, 1967. (Coleção Idées)

e presto a cada uma as homenagens e os tributos a que a natureza nos obriga".[21] Ele continua, mais adiante, com essa indicação preciosa: "As inclinações nascentes, no fim das contas, possuem charmes inexplicáveis, e todo o prazer do amor está na mudança". Don Juan é uma espécie de ingênuo. Ele quer se manter sempre no estado nascente, no sonho de uma espontaneidade pura, fiel a todos os ventos, garanhão biruta, noivo da nuvem.

É interessante ver como, com as mesmas premissas, podemos derrubar esses argumentos. "Nunca nos banhamos duas vezes no mesmo rio", muito bem, mas então nunca deitamos duas vezes com a mesma mulher. Por que mudar de mulher, se ela mesma muda? E essa mudança por si é um verdadeiro crescimento, rico de novidades. As histórias de debutantes são todas parecidas. É "a inclinação nascente", entendo, mas é também o retorno ao ponto de partida. É tentar equilibrar-se no desequilíbrio. Enfim, como minha esposa muda ao mesmo tempo que eu, por que não amá-la com um amor sempre novo? Com ela eu teria amado uma jovem, uma noiva, uma mulher, uma atriz, uma mãe, uma senhora, uma velha senhora, quem sabe?, uma morta, uma ressuscitada... Ao passo que, com uma estudante, depois com outra, depois com uma multidão, eu não teria tantas mulheres, ao menos na verticalidade.

"Eu tinha um amigo que não queria se casar", conta Paulhan. Ele me dizia: "Quando nos casamos, precisamos renunciar a todas as mulheres, menos a uma". Eu saberia muito bem como lhe responder: Quando não nos casarmos, renunciamos a todas as mulheres, e a mais uma".[22] Ele não ia tão longe. Sugiro uma resposta mais realista: quando nos casamos, acolhemos todas as mulheres, em uma. Porém, é preciso ser contemplativo o bastante para perceber isso. E muito resistente. Daí a enorme dificuldade. Trata-se, por assim dizer, de uma poligamia de fundo.

---

[21] Molière, *Dom Juan*, ato I, cena 2.
[22] J. Paulhan, *Entretiens à la Radio...*, op. cit., p. 31.

A busca de uma fidelidade: até que a morte...

Para fazer com que uma mulher mais jovem decidisse casar-se com ele, Sacha Guitry tinha uma frase irresistível: "Você vai ser minha viúva". A mais reticente abandonava toda resistência. Mesmo que ele já tivesse usado essas palavras com aquela que tinha acabado de enterrar. É que Sacha era sincero. Nada o tocava mais que pensar que os dedos que costuravam um botão de seu paletó seriam os que lhe fechariam os olhos. E o que dizer do amor? Deitar-se com sua coveira, esticar-se com aquela que sem dúvida repousaria na mesma tumba, eis algo que desperta ternuras, doçuras, cuidados que nenhum caso passageiro chegaria perto de provocar.

Quando o padre abençoa a indissolubilidade do casamento, ele afirma que um dia, logo, um vai enterrar o outro, a menos que eles sejam enterrados juntos, por acidente: "Essa união é tão forte", diz São Francisco de Sales, "que é melhor a alma separar-se do corpo que o marido da mulher".[23] O véu da noiva cai sobre os esposos, e ao mesmo tempo se levanta a cortina do drama. No teatro, a morte do personagem no fim da peça, ou melhor, a tensão permanente no sentido de uma morte próxima, define com grande exatidão o gênero dramático.[24] Os sentimentos exibidos no palco nela vertem sua intensidade particular. As diversas ações ali encontram sua unidade profunda. Assim, o vestido mais branco chama o traje negro. A noite de núpcias caminha para o dia do funeral. Entre um dia e outro, está selada uma comunidade de destino. Não se trata mais de palavras no ar, de pequenas delicadezas, daquelas brincadeiras que animam a mesa dos recém-casados. O que se promete ali não pode ser dito. Mas é a esse preço que o amor pode se tornar verdadeiro: quando garantimos que vamos levar o corpo morto daquele que nos atraiu quando estava vivo.

A visão descontínua de Diderot não era falsa: nossa pessoa, entregue a si mesma, é inconstante, muda de um momento para

---

[23] Francisco de Sales, *Introdução à Vida Devota*, 3ª parte, cap. XXXVIII.
[24] Henri Gouhier, *Le Théâtre et l'Existence*. Vrin, 1952, cap. III.

o outro. Porém, com o consentimento me é dado um papel a ser desempenhado até o último ato, de modo que minha vida, que de outra forma estaria dispersa, reúne-se numa história de amor e de morte. Afirmar que, antes de me comprometer, preciso conhecer-me plenamente, é uma evasão ou um absurdo. Por mim mesmo, não sou nem um pouco estável. Só me descubro na provação do comprometimento. Que a mulher venha e me diga, do nada: "Estou contando com você", é então que preciso me esforçar para ser alguma coisa, compor meu ectoplasma, virar alguém. E quando é o eterno que fala por intermédio dessa mulher, quando é justo no abismo que sua amizade conta comigo, tenho talvez uma chance de não terminar completamente disforme.

A consolação é vertiginosa. Ela pode desolar terrivelmente. O homem de quarenta anos fica tentado a fugir. É a hora do balanço, e a possibilidade do adultério o carcome à medida que a morte se aproxima. Ele está com medo. Com medo de que ela não o enterre tão cedo. Se ela só tivesse seu dinheiro, aquela burguesa, suas proezas, seu brilho, mas não!, é a alma dele que ela tem, e ela um dia vai tomá-la dele para devolvê-la a seu Remetente! Então, preferimos o turbilhão das juventudes reconquistadas, a ilusão de poder "refazer a vida", a cilada de uma imortalidade de Arlequino. Porém, como na tragédia antiga, realizamos o oráculo com os meios que usamos para evitá-lo. É essa a melhor maneira de terminar sozinho. E a angústia de que tentávamos escapar volta a nos pegar com força inexorável e redobrada. Só se escapa do drama crepuscular para entrar no drama da noite.

Vários dentre nós talvez não experimentem essa tentação. Isso porque já sucumbiram a uma pior. Nem quentes nem frios, esses mornos fizeram de seu casamento uma espécie de Club Méditerranée no quarto. A aurora está mergulhada em halogênio. O sexo é uma higiene hebdomadária. Sua morte não tem mais realidade do que em sua apólice de seguro. Eles se tornam indignos do drama. Nem sobem no palco. Sem mover um dedo, como poderiam eles ter todo o tremor da veneração que se pode sentir diante daquela que vai morrer? Entendemos que Georges Bataille fale violentamente do "horror vazio da conjugalidade regular".[25] Porém, quando postula o princípio de uma autêntica vida comum, ele enuncia a regra de uma verdadeira conjugalidade: "É necessário para a vida comum manter-se *à altura da morte*. O destino de um grande número de vidas privadas é a pequenez. Porém, uma comunidade só pode durar no nível de intensidade da morte, ela se decompõe assim que falta à grandeza particular do perigo".[26] A decomposição só a poupa se ela preserva, para retomar os versos de Baudelaire, "a forma e a essência ideal dos seus amores em plena decomposição". Afinal, não é uma fusão que a funda, mas o acolhimento do outro até em sua partida inelutável. Sua comunhão consiste em suportar-se até no incomunicável da morte. O que supõe a indissolubilidade do casamento.

Ao consentir em viver com esse rapaz chique de terno e colete, a noiva consente tacitamente em levá-lo à hora da morte, em que ele nada será além de uma coisinha trêmula naquela camisola clara, aberta por trás, no quarto 407. Só os amantes conscientes de ter de apoiar-se até esse ponto mergulham profundamente um no outro. Seus enlaces podem recolher o drama da existência e deixar-se abrir por essa paixão forte como o abismo. Penso no gueto de Varsóvia: "As pessoas se aferravam umas às outras como nunca antes, numa vida normal. Durante a última prisão em massa, elas corriam para o Conselho para procurar um rabino ou alguém que pudesse casá-las, e partiam casadas para a Umschlagplatz".[27] O Reich tinha organizado sua viagem de lua de mel. Não era o embarque para o Citerão. A lição vale no entanto para todos, e especialmente para aqueles que passam uma agradável lua de mel. É só quando se mantém o amor até na impotência do luto que surge a verdadeira comunhão. É na lucidez do

---

[25] Citado por Maurice Blanchot, *La Communauté Inavouable*. Éd. de Minuit, 1983, p. 79.

[26] Ibidem, p. 24.

[27] Hanna Krall, *Prendre le Bon Dieu de Vitesse*. Gallimard, 2005, p. 60. (Coleção Arcades)

horror próximo que escapamos ao "horror vazio da conjugalidade regular". O simples fato de estar juntos pode aparecer em seu milagre.

Porém, onde encontrar a força para aceitar a fraqueza infinita de uma fidelidade como essa? Como não desviar os olhos e fechar-se em si? Para encarar esse abismo, é preciso uma esperança. Que essa indissolubilidade que implica suportar o irremediável também nos permita sofrer o impossível, isto é, aquilo que só é possível para Deus (Lucas 18,27). O primeiro dos dois que se vai deixa o outro numa escuridão sem limites, tendo partido para iluminá-la. Por causa dele, estamos nas trevas. Graças a ele, nossa luz está do outro lado.

Um lar metafísico

Entre as núpcias e o funeral, há o tempo da morada. A mulher em casa, segundo os paleoantropólogos, é uma consequência da posição vertical. Caso caminhasse em quatro patas, teria podido, desde o começo, ser pedreira, matadora de aluguel ou ministra do Comércio Exterior. Porém, na posição vertical, aumenta o risco de aborto espontâneo. É preciso, portanto, que a mulher guarde a gruta enquanto o homem sai para caçar. Por recomendação do ginecologista pré-histórico.

Não sei o valor desse raciocínio. Eu mesmo sou muito caseiro. É meu lado selvagem, sem dúvida, meu temperamento de leão, deixando à leoa a preocupação de trazer as gazelas. Porém, eu não seria capaz de dizer que não existe relação eletiva entre a mulher e o lar. A mulher é o único homem que pode carregar outro dentro de si. Seu corpo é habitável. É, aliás, a primeira quitinete do futuro estudante. E que quitinete! Conforto absoluto, tudo integrado, climatização natural, entrega em domicílio, ternura gratuita – o sonho mais louco de um Le Corbusier apaixonado pela padronização! Normal que a mulher consiga melhor que nós gerenciar o espaço de um recolhimento. Nós não temos nada no ventre – daí nossa propensão a ficarmos cheios de vontade de brincar de espadachim. Para nós, o amor se resume a um breve gozo. Não tiramos dele essa dilatação única, essa irradiação no interior, vinda de um hóspede. A criança é sempre outro fora de nós mesmos, como nossa esposa ou nosso escritório. Assim, o trabalho pode nos atrair mais que a casa.

No entanto, o que pretendo é evocar o lar em si mesmo, caluniado com tanta frequência em nossos dias. Não sei por que o trabalho parece tão melhor. Se os locais de trabalho ficam no vigésimo sétimo andar de uma torre em Manhattan, se é preciso ao menos uma hora de metrô para chegar lá, e se você fica ali até as dez da noite, há um êxtase diante da maravilhosa emancipação. Fala-se até de vitória contra o machismo e, de fato, o machismo está tão interiorizado, o feminino recusado pela mulher mesma, que o macho sente-se derrotado de antemão. Agora só lhe resta afeminar-se para criar um lugar para si. Porém, não me sinto apto a resolver a questão. Constato apenas o seguinte: a vida conjugal implica a existência de um lar – lugar onde recolher-se para ir melhor para fora. E esse lar, estar fechado entre quatro paredes, era o maior desejo daqueles que vagaram quarenta anos pelo deserto.

O que então há nele de tão excitante? Estamos sempre no mesmo lugar, com as mesmas pessoas, cercados pelos mesmos objetos, fazendo as mesmas coisas. Não há nele nada da variedade da rua, tão cara ao surrealista: "A rua que eu achava que era a única que podia dar à minha vida seus surpreendentes desvios...".[28] Nem da liberdade do bistrô, tão cara ao existencialista: "Foi Antoine Roquentin quem escreveu, um sujeito ruivo que ficava horas nos cafés".[29] Esse deslocamento do ponto focal é característico da modernidade. O antigo tinha o *oikos* e a ágora, o leito nupcial e a linha de frente, Vênus e Marte que respondiam um ao outro: a castidade conjugal era a virtude que permitia abrir-se a partir do doméstico para penetrar profundamente no político. Com o burguês, o dinheiro toma

---

[28] André Breton, "La Confession Dédaigneuse". In: *Les Pas Perdus*. Gallimard, 1924.

[29] Jean-Paul Sartre, *La Nausée*. Gallimard, 1938, p. 250. (Coleção Folio)

o lugar de tudo, e a família se fecha como uma propriedade. Uma capitalização como essa não poderia se manter. Vem o revolucionário, nostálgico da ágora, mas inimigo do lar fechado, e a rua e o bistrô tornam-se os lugares fluidos da comunidade a vir. A casa com jardim parece o domínio do tédio. Acreditamos na *práxis* antes de tudo, precisamos de efervescência. Não vemos que aquilo que se perde em extensão pode ser ganho em intensidade.

Como o mar, a vida doméstica diz todos os dias tudo o que tem para dizer, e depois recomeça com a variedade inesgotável de que só a unidade dispõe. O lar conjugal tem a profundidade dessa superfície. Nele, os gestos se repetem como as ondas do oceano, solicitando nosso olhar para os confins do visível: "No apego aos hábitos, haveria talvez a maior grandeza", deduz Michaux. "É supérfluo constatar o quanto os viajantes, quando escrevem, estão desprovidos de grandeza, e como esta é comum entre os filósofos, que conhecem tão pouco a terra. Entre eles encontramos quem, absolutamente tomado pela paixão da repetição, tenha acabado por ver apenas o *ser* em cada ser, chegando a ele de boa-fé. Sua esposa, um cão, uma coruja, um salgueiro: ser, ser, ser. Ele vê sua diferença, mas o ser repetido o enerva acima de toda diferença."[30]

O lar é como aquele lugar do fogo do qual tira seu nome, sempre o mesmo, e sempre novo.[31] Por iluminar e espalhar seu calor, convida a um olhar metafísico. Nele, os casados tornam-se contemplativos – daquela contemplação que chega a ver numa Corinne Moulot, a esposa de Henrouille, sempre, um resumo do mundo e uma imagem de Deus; em Amédée Henrouille, com dois anos e meio, um poema letrista e um futuro Édipo; na tigela do café da manhã, com espirais de fumaça sabe-se lá por que tão belas, uma ternura inaudita, que desperta mais que o café. O poeta confirma

---

[30] Henri Michaux, *Ecuador*. Gallimard, 1968, p. 184-85. (Coleção L'Imaginaire)
[31] Em francês, a palavra *foyer* significa ao mesmo tempo "lar" e "lareira". Em português, lar e lareira também podem designar o local onde se acende o fogo – mas é preciso ir ao dicionário para se lembrar disso. (N. T.)

isso gravemente diante das mulheres que lavam a louça. "O futuro era cheio de paisagens atrozes, de barracos ensanguentados mordidos pelo vento, de torpores em vagões escuros. Por ora, nada disso estava em questão. Havia a limpeza dos pratos e talheres e dos utensílios luzentes em contato com a pele macia daquelas lavadeiras que, dali a poucas horas, diriam: "A noite chegou, hora de acender as luzes, não estamos enxergando mais nada".[32] Essas palavras de todos os dias, como uma graça de paz em meio ao ruído furioso do lado de fora. O cotidiano como o solo debaixo de nossos pés, cujo apoio miraculoso deixamos de reconhecer.

O combate da fidelidade, assim, não é tanto fingir que agora não há mais nada, mas manter o olhar límpido o bastante para ver riquezas sempre presentes. E é aí que tudo se complica. Debaixo da sobrancelha franzida, o olho se perturba, em perpétuas chicanas: a louça quebra, Amédée leva um tapa, Corinne é uma pentelha. Fosse só isso, vá lá, uma boa briga é a melhor terapia. Recalcada, a cólera é pior. Nós nos entrincheiramos em nosso desdém. A televisão toma o lugar da mesa familiar. A internet coloca cada qual diante da sua tela, flanando sem sair do lugar, relaxando e fugindo, a digitalizar a carne, que é um fardo tão grande. O lugar do recolhimento torna-se o albergue da dispersão. Nem há mais a necessidade de sair. Não existe mais dentro nem fora. Se acabamos indo a outro lugar para ver se estamos lá, é porque isso não muda grande coisa. A lareira não arde mais. Quanto à *agora*, construímos nela o estacionamento do *shopping*. Só os monges para crer que uma cela, sem nenhum celular, pode ser tão vasta quanto os céus. Será porque eles têm medo dos abortos espontâneos? Ou porque não têm medo das verdadeiras elevações?

O sexo dos monges

A poluição é um grande assunto de conversas na pós-modernidade. Mas e da poluição noturna, quem ainda fala? Somente um antigo

---

[32] Jean Follain, *Tout Instant*. Gallimard, 1957, p. 28-29.

hino das Completas e alguns antigos tratados de teologia moral. No capítulo sobre continência. Afinal, para conhecer a poluição noturna, é preciso uma grande pureza diurna. Essa emissão de líquido seminal durante o sono só pode acontecer se antes nos mantivemos numa longa abstinência. São Tomás diz que ela não é pecado.[33] O rabino Abahu reconhece nela um sinal de bom augúrio, e cita o profeta: *"certamente verá uma descendência, prolongará seus dias"* (Isaías 53,10).[34] Também eu recomendei a prática, tão rara hoje em dia. As coisas boas se perdem. Aos jovens que se estendem sobre suas experiências lascivas, tentando todas as poses, curiosos sobre todas as perversões, amantes de termos latinos, pergunto, com tom de conspirador: "Mas você já experimentou a *pollutio nocturna*? Eles me encaram com olhos arregalados. A expressão lhes sugere uma imoralidade furiosa, digna do imperador Tibério, que só é mencionada em voz baixa até mesmo nos clubes mais fechados. Tem de ser assim: está em jogo a poluição, o crime ecológico por excelência; e estamos falando da noite, a atmosfera do perigo. Como eles não pensariam em algo que ultrapassa sua imaginação? "A *pollutio nocturna* é o quê? – Um segredo da Idade Média, um excesso que, mais que o *swing,* leva-o cheio de desejo para a mulher. A Igreja no-la oculta desde que começou."

O monge não é um ser assexuado. Nem a monja. Se toda uma literatura monástica os compara aos anjos, é por metáfora. Os castrados estão na corte, não no convento. O psicólogo aquiesce e pensa mesmo assim em casos de neurose. Sem dúvida. E até de ressentimento. Por que não? Porém, quando vejo nosso monge cavar a terra, cantar salmos, mostrar uma expressão jovial em sua própria austeridade, como minha predileção não se voltaria para sua neurose tão acolhedora, para seu ressentimento tão afável, e não para uma saúde psicológica que não é mais que o fetiche de um novo farisaísmo?

---

[33] Tomás de Aquino, *Suma Teológica*, II-II, qu. 154, art. 5.
[34] *Midrach Rabba*, I, *Genèse Rabba*, XX, 10. Trad. B. Maruani e A. Cohen-Arazi. Lagrasse, Verdier, 1987, p. 233.

Minha predileção ainda tem outro motivo. Creio que o monge opera a verdadeira e única libertação sexual.

A vida religiosa liberta a vida conjugal. – Primeiro, ela atesta, por sua abstinência, que a atividade genital do homem não é puro determinismo, como nos outros animais. Paul Ricœur escreve, nessa perspectiva: "A greve de fome é sem dúvida a rara experiência que revela a natureza verdadeiramente humana de nossas necessidades, assim como, em certo sentido, a castidade (monacal ou outra) constitui a sexualidade como sexualidade humana".[35] A possibilidade concreta de uma abstinência total, na vida religiosa, abre para mim, homem casado, o campo de uma sexualidade como atividade humana, isto é, escolhida. Ela me incita a essa "continência periódica" que renova a carne como o alqueive faz com o solo.

Segundo, ela permite escolher o casamento mais livremente, pois outro estado continua possível. Montesquieu observava que as jovens inglesas se casavam segundo sua fantasia, com muita pressa, porque não tinham outra saída: "Na França, onde o monasticismo é estabelecido, as moças sempre têm o recurso do celibato".[36] Elas têm menos medo de virar moças velhas, e os homens, moços velhos. Eles não precisam se assustar, se for o caso, por não ter nenhuma atração física pelo outro sexo. Nem precisam crer que tudo está acabado porque foram abandonados por uma moça leviana ou por um esposo incômodo. Talvez haja uma vocação mais alta.

Terceiro, ela proíbe ao casal a tentação dupla do fechamento e da extroversão. Contra o fechamento, conclama à interioridade; contra a extroversão, ao apostolado. Os casados são obrigados a lembrar-se de que seu fim último não está neles mesmos, mas naquilo que os transcende infinitamente. O ninho é para o voo, do contrário vira um jazigo. Mais vale até borboletear do que permanecer larva. Assim, a

---

[35] Paul Ricœur, *Le Volontaire et l'Involontaire*. Aubier-Montaigne, 1950, p. 90.
[36] Montesquieu, *De l'Esprit des Lois*. 4ª parte, liv. XXIII, cap. VIII.

fé introduz a espada que separa os seres para que eles se reencontrem mais alto: *"os inimigos do homem serão seus próprios familiares"* (Mateus 10,36). É a condição para que eles saiam da ninhada quente e amorfa, e tornem-se verdadeiros amigos.

A vida religiosa tem no entanto necessidade da vida conjugal. – Primeiro, evidentemente, os religiosos nascem dentro de famílias e são ajudados por elas. Sua virgindade pressupõe um coito penetrante. Não creio que um dia o eugenismo planeje criar monges de proveta. Seria anticompetitivo.

Segundo, os esposos lhes fornecem a imagem concreta de sua vida espiritual. Assim como nosso conhecimento se opera pelos sentidos, temos necessidade de realidades sensíveis para nos elevar às realidades inteligíveis. Ora, a união nupcial é o símbolo maior da experiência mística. Os nomes de pai e mãe, atribuídos a Deus e à Igreja, primeiro vêm de Jérôme e de Corinne Henrouille, pais do pequeno Amédée. Assim como os nomes de esposo e de esposa, atribuídos ao Cristo e à alma. Se essa realidade desaparecesse, a mais pura monja teria de inspirar-se no vazio.

Terceiro, a polaridade sexual, sem atividade genital, claro, prolonga-se na vida religiosa. Pensamos nos casais de grandes santos: Francisco e Clara de Assis, João da Cruz e Teresa de Ávila, Francisco de Sales e Joana de Chantal, Claude-Louis de la Colombière e Marguerite-Marie Alacoque... A espiritualidade mesma toma suas cores: " A monja possui uma vantagem sobre o monge. Uma via direta a conduz às núpcias místicas com o Cristo. Diante de um Deus homem, basta-lhe ser dócil a seu sexo para tomar docilmente Jesus por esposo".[37] Assim, o monge beneditino aproxima-se de Deus antes como Pai, e cultiva a união por meio do espírito de infância. Porém, a feminilidade guarda seu poder de orientação: ela se manifesta na Igreja, em que o sacerdote é como o marido. Assim, a virtude mesma que

---

[37] Jean Bastaire, *Éros Sauvé*. Desclée, 1990, p. 110.

exige dele a renúncia às mulheres é descrita por Santo Agostinho por meio da figura de uma mulher encantadora: "A castidade se apresentou a mim com um rosto cheio de majestade e de doçura, juntando a um modesto sorriso carícias sem afetação, a fim de me dar a ousadia de me aproximar dela".[38]

Há no entanto a Virgem Maria. É significativo que no protestantismo a ausência do culto mariano e a ausência da vida monástica andem juntas. Sem essa mulher, como um verdadeiro espiritual, isto é, um homem de carne e osso, poderia procurar uma esposa? A casinha de um cartuxo é dividida por um cômodo intermediário chamado *Ave Maria*: a cada vez que entra na cela, o eremita pronuncia ali a saudação angélica. "Muitas vezes pensei", escreve o padre Journet, "que se não houvesse na solidão da cartuxa essa ternura, que persegue os homens até em sua intimidade, eles não conseguiriam aguentar."[39]

A vida religiosa não é por isso menos dramática, e o verdadeiro religioso sabe que, por si, seria pior que uma puta. – Primeiro, ele precisa resistir ao conforto. Mais que os outros, ele está no mundo sem ser deste mundo. Se constrói mosteiros, é para não se instalar neles. Se explora a terra, é para acumular nos céus. A pantufa pode tornar-se sua inimiga mortal. A maior angústia é sentir-se bem tranquilo e não ter nenhuma tentação. É então que nem provoca a inveja do diabo. Que vergonha! Satanás o despreza, "pois ele não mereceu nem ter combates contra si, contra os homens virtuosos".[40]

Segundo, sua continência perfeita só é preservada com grandes lutas. Abba Cyrus observa: "Se você não tem pensamentos, tem atos; isto é, aquele que, em sua alma, não luta contra o pecado, nem resiste a ele, comete-o corporalmente. Aquele que comete atos não é

---

[38] Augustin, *Confessions*, VIII, XI. Trad. Arnauld d'Andilly. Gallimard, 1993, p. 287. (Coleção Folio)

[39] Abbé Journet, *La Vierge Marie et l'Église*. Téqui, p. 35.

[40] Dom Lucien Regnault, *Les Chemins de Dieu au Désert*. Solesmes, 1992, p. 63.

assediado por pensamentos".⁴¹ Pensamentos, dirão, não têm peso, não martirizam em nada. O tanque de assalto na verdade é menos ofensivo. Ele não ataca desde o interior. "O combate contra as lembranças", escreve Máximo, o Confessor, "é mais duro que o combate contra as coisas."⁴² Difícil desviar o olhar, difícil distrair-se dele. No grande silêncio, os fantasmas cercam-no como moscas. O monge não tem, portanto, menos mérito em sua cela do que se se encontrasse no meio de um bordel.

Terceiro, como ele está no estado de perfeição, dispondo dos meios mais idôneos para receber Deus, o orgulho o ameaça mais que a todos nós. Se ele sucumbe ao orgulho, passa a ser pior que o genocida, que não se beneficiou de suas oportunidades. Ele se torna um prostituto do espírito, o que é infinitamente pior que ser um prostituto do corpo. Precisa portanto estar consciente de que, entre aqueles que se arrastam na devassidão, há quem seja ou vá tornar-se melhor que ele e cuja santidade vai brilhar neste mundo ou no outro: "Vi almas impuras que se lançavam até o paroxismo no *eros* físico. Foi a experiência mesma desse *eros* que as levou à reviravolta. [...] É por isso que o Cristo, falando da casta prostituta, não disse que ela teve medo, mas que ela tinha muito amado e que podia facilmente superar o amor com o amor".⁴³

Pecados da carne e pecados do espírito

Os demônios creem: *"Crês que há um só Deus? Ótimo! Lembra-te, porém, que também os demônios creem, mas estremecem"* (Tiago 2,19). Eles no entanto não seriam capazes de cometer o pecado da carne: "Não podemos dizer que o demônio é fornicador ou beberrão, nem acusá-lo de qualquer outro vício carnal, ainda que ele seja o conselheiro

---

⁴¹ Ibidem.

⁴² Maxime le Confesseur, *Centuries sur l'Amour*, I, § 63. Trad. J. Touraille. In: *Philocalie des Pères Neptiques*. Abbaye de Bellefontaine, 1985, fasc. 6, p. 26.

⁴³ Saint Jean Climaque, *L'Échelle Sainte*, 5, 28. In: *Olivier Clément. Sources*, Stock, 1982, p. 158-59.

e instigador de crimes desse tipo, mas ele é infinitamente soberbo e invejoso".[44] Nada para nós é mais enfadonho. Como reconhecer no ateu luxuriante uma figura suprema do mal? Como sobretudo achar-se isento do mal porque não se é nem ateu, nem luxuriante? O puritano em mim protesta. A teologia católica, no entanto, é formal. O diabo é um anjo. Ele possui uma inteligência mais perspicaz do que a nossa, e portanto não seria capaz de errar quanto a artigos de fé. Ele não possui carne, e por isso não poderia ser bestial. Se a iconografia o pinta hirsuto, com chifres de bode, pés de cabra, olhos lúbricos, é para tocar nossa sensibilidade quanto ao estado de seu espírito, e também para remeter a seu instigador as faltas em que se afunda o mamífero falante. Porém, seria mais racional representá-lo com cabelos louros, olhos azuis, um ar de apóstolo entre asas resplandecentes. São Paulo convida a isso: *"Satanás se transfigura em anjo de luz"* (2Coríntios 11,14). Os verdadeiros satanistas vestir-se-iam portanto de branco. Eles se apresentariam como *"servidores da justiça"* (2Coríntios 11,15). Seriam muito parecidos com o papa. Aí então é que ficariam mais perigosos.

Os pecados da carne são menos graves do que os pecados do espírito. Porém, os pecados do espírito são menos evidentes do que os pecados da carne. O beberrão titubeia e chuta a calçada: o heresiarca caminha mais reto do que os outros. A prostituta exibe suas tarifas a quem aparecer: a religiosa altaneira mercadeja a alma em segredo. Nossa sensibilidade, assim, sempre inverte a hierarquia. Julgamos segundo aquilo que aparece, e, se nossas mãos estão limpas e as dos outros sujas, é forte a tentação de julgá-los piores do que nós. Por outro lado, se somos nós que parecemos imundos, acabrunhados por um envilecimento conspícuo, tendemos a condenarmos a nós mesmos, até nos arruinarmos. Porém, essa presunção e esse desespero são sempre mais graves do que aquilo que pretendiam julgar. Fazer-se juiz supremo constitui na verdade o crime capital:

---

[44] Augustin, *La Cité de Dieu*, XIV, 3. Trad. L. Moreau. Seuil, 1994, p. 149. (Coleção Points)

A Criatura,

Vendo o ser que lhe foi entregue, toma-o,

Fazendo dela própria seu fim, e esse foi o primeiro rapto e o primeiro incesto.⁴⁵

Esse rapto e esse incesto praticados contra a fonte da existência própria são em si mais pecaminosos que toda luxúria, sejam o estupro ou o incesto em sentido próprio. Eles não têm a circunstância atenuante da fraqueza carnal. Constituem a fonte que faz murchar todos os vícios. Principalmente o de uma virtude que se pavoneia. Porém, graças a Deus, há a mulher.

Uma *commedia* de Alarcón, dramaturgo do Século de Ouro, conta a chegada do Anticristo: ele realiza prodígios, fascina os príncipes, faz-se consagrar rei da Babilônia. Chega uma virgem católica, Sofia, cujo corpo causa mais efeito que qualquer sermão. O Anticristo vai perdendo pouco a pouco sua marmórea compostura: "É possível, quando me vejo senhor de toda a terra, sofrer ataques tão mortais de uma mulher e de um desejo?".⁴⁶ A fachada racha. Seus partidários começam a ter dúvidas. A chama o consome a tal ponto que ele está prestes a renunciar a sua investidura demoníaca: "Ministros do inferno, sua força é limitada: ela não consegue vencer a natureza frágil de uma débil mulher! Renunciarei portanto a seu poder enganador [...]".⁴⁷ Para impedir essa conversão súbita, o Demônio é obrigado a assumir a aparência de Sofia e a copular com o pobre senhor do mundo, para dar-lhe algum alívio. Porém, ninguém mais se deixa enganar. O "messias" foi visto fazendo papel de idiota. Todos viram sua potência se deitando.

---

⁴⁵ Paul Claudel, *Le Repos du Septième Jour*, ato II. In: *Théâtre*. Gallimard, 1956, t. I, p. 824. (Coleção Bibl. de la Pléiade)

⁴⁶ Alarcón, *L'Antéchrist*, ato III. Trad. E. Arnaud. In *Théâtre Espagnol du XVIIe Siècle*. Gallimard, 1994, t. I, p. 1259. (Coleção Bibl. de la Pléiade)

⁴⁷ Ibidem, p. 1261.

O drama nunca é tão claro, e Sofia, raramente tão comportada. Ela só pode ser sedutora. Arrastar o camarada à própria queda. Porém, esse *instrumentum diaboli* mesmo assim permanece um *instrumentum dei*. O diabo contribui para o plano de Deus. Sem saber, ele serve o Altíssimo. Afinal, o pródigo não cai tão fundo quanto a fossa em que seu orgulho já o tinha lançado. É no meio dos porcos, nos diz a parábola, depois de ter gastado seus bens com as moças, que ele começa a enxergar sua baixeza. Assim, essa trindade mortal – o homem, a amante, a mulher enganada dilacerando-se uns aos outros no fundo da aflição – pode começar a gritar para as alturas.

A obra teatral de Claudel pretende esclarecer esse drama obscuro. Em *Partage de Midi*, Mesa é um fino diplomata, peixinho de água benta, certo de sua superioridade espiritual. Porém, no barco que o leva à China, a bela Ysé aparece e, ainda que seu esposo não esteja pronto, é hora de levantar velas, daquilo que atrai para o naufrágio, mas que se faz ainda assim, do mesmo jeito que explodiríamos o planeta, enfim!, com todas as suas seduções:

MESA – Está tudo terminado! Eu não esperava você.
Eu tinha preparado tudo tão bem
Para retirar-me, para sair
De entre os homens, ora bem! Sim, de entre os homens!, por que não? Já estava tudo arranjado;
Por que você vem me procurar? Por que vem me incomodar?
YSÉ – É para isso que as mulheres foram feitas.[48]

Essa vulnerabilidade do homem até no adultério faz parte de um projeto de misericórdia. Ela poderia ser o tema de uma oração. "Como ele não acorre a Vós pelo drama da luz, que acorra pelo drama tenebroso, como não caminha pela via estreita, que role por vias impenetráveis, e que, segundo seu ardil, mais ardiloso que o dele,

---

[48] Paul Claudel, *Partage de Midi*, ato I, *Théâtre*, t. I, op. cit., p. 1087.

que essa via impenetrável seja na aparência a mais penetrável, a mais atraente para ele: a via da mulher... Ou talvez de outro homem que seja para ele como a mulher. Se for essa a única maneira de imolá-lo a seu amor soberano..." O padre jesuíta não fala de outra maneira, no começo do *Soulier de Satin*, quando reza por Rodrigue, seu irmão de coração duro: "Se é a desordem que ele deseja, que seja uma desordem tamanha que leve à derrubada e à rachadura dessas muralhas em volta dele que lhe barram a salvação...".[49]

Há certa audácia nessa teologia. Santo Agostinho mesmo reconhece: *"Ouso dizer"*, escreve, "é útil aos soberbos cair numa falta impressionante, a fim de que, desagradando-se consigo mesmos, levantem-se; pois foi agradando-se que caíram. '*Cubra o rosto deles de ignomínia*', grita o salmista, '*e eles procurarão teu Nome*'".[50] Aquele que menosprezava seu mundo, que desprezava, talvez, aqueles que nadavam na devassidão, tem o coração arrancado pelo amor impossível. A mulher proibida o vira do avesso. O orgulhoso descobre sua miséria, ele que se julgava "suficientemente humilde". Os pecados da carne são mais infamantes e menos culpáveis que os do espírito, porque são mais visíveis, mas também porque sua visibilidade é bestial: "Eles têm por objeto os prazeres que partilhamos com os bichos, e esses pecados, de certa maneira, embrutecem o homem".[51] Um bruto, porém, é menos mau que um diabo. Pode até tornar-se um excelente bruto. Debaixo da rude vergasta da infâmia, pode subir a montanha. Seja após novas quedas incontáveis, seja em seu último suspiro, ele pode com um passo chegar mais alto do que aquele que nunca rolou até embaixo. Deus terá usado seu sexo como um cabresto, para trazê-lo ao aprisco.

O maior perigo seria contar com essa misericórdia para prolongar a decadência. Eu redobraria meu orgulho. Meu grito não seria mais que uma tirada. Minha queda, mais uma pose. Se nos sentimos

---

[49] Idem, *Le Soulier de Satin*, Primeiro Dia, cena I. In *Théâtre*. Gallimard, 1965, t. II, p. 668. (Coleção Bibl. de la Pléiade)
[50] Augustin, *La Cité de Dieu*, XIV, 13, op. cit., p. 172.
[51] Tomás de Aquino, *Suma Teológica*, I-II, qu. 73, art. 5, ad 3.

tão confortáveis nela, por que uma mão viria nos ajudar? Alexandre Vialatte, prisioneiro de um Stalag, um dia ouviu Hitler latir no rádio: "Nós tínhamos tudo. Ocupávamos a Tchecoslováquia, a Polônia, a França, a Bélgica, a Holanda, etc. O que nos faltava? Uma grande derrota. Uma dessas derrotas históricas que cimentam a união dos povos com sangue. A França teve Waterloo. Agora a Alemanha tem Stalingrado".[52] Para quem transforma em vitória pessoal seus desastres mais dolorosos, tudo está perdido. Eva, a morena, não pode mais comovê-lo. Mas talvez um instante, logo antes do suicídio, a verdade se mostre claramente para ele, no terror do olhar dessa mulher.

Os anjos de Sodoma e Gomorra

As duas grandes cidades são vítimas de revisionismo. Uma memória injusta as descreve como assustadoras. O livro do Gênesis, no entanto, é claro: outrora elas resplandeciam num vale risonho, todo verdejante, atravessado por rios. A planície do Jordão, com Sodoma e Gomorra em seu centro, é *"como o jardim de Iahweh"* (Gênesis 13,10). É a única vez em toda a Bíblia que um local histórico é comparado ao Éden, tirando a Sião dos tempos futuros (Isaías 51,3). Isso permite supor o caráter eminentemente espiritual da "sodomia". As Escrituras não são menos precisas a esse respeito. No ponto em que Sodoma é chamada *irmã* de Jerusalém, suas faltas são enumeradas como *"iniquidade, voracidade, despreocupação" (Ezequiel 16,49)*. Judas chega a atribuir-lhe o crime dos falsos doutores que *"convertem a graça"*: eles são como *"anjos que não conservaram* sua primazia, *mas abandonaram sua morada"*, e como *"Sodoma, Gomorra, [...] procurando unir-se a seres de natureza diferente (4-7)"*.[53] Assim, um pregador angélico e soberbo pode ser um autêntico sodomita. Fico surpreso e temo por mim mesmo.

---

[52] Alexandre Vialatte, *Chroniques de La Montagne (1962-1971)*. Robert Laffont, p. 821. (Coleção Bouquins)

[53] No original: *"qui ont couru après une chair différente"*, "que buscaram uma carne diferente". As traduções da Bíblia são todas tiradas da Bíblia de Jerusalém brasileira. (N. T.)

Para me deixar ainda mais preocupado, a leitura do célebre episódio confirma essa exegese que parece contrariar a interpretação corrente.

Os habitantes da cidade desejam *conhecer*, no sentido mais bíblico, *os anjos*, e esse desejo não é só de alguns que morariam em determinado bairro (como, por exemplo, o "Marais", em Paris), nem de certa faixa etária especialmente dedicada à devassidão (o adulto emancipado das tradições familiares), mas, *"desde os jovens até os velhos, todo o povo sem exceção"* (Gênesis 19,4-5). Chego à seguinte conclusão, espantosa: a sodomia não pode ser reduzida a uma perversidade cometida por alguns transviados. Ela é uma tendência geral, e consiste, de um lado, numa restauração indevida do Éden (o *jardim do Senhor*), de outro, num angelismo do corpo mesmo (*conhecer os anjos*). Quem pode ter certeza de estar totalmente isento?

Sub-repticiamente, ela já diz respeito àquele que se coloca como "heterossexual" em relação ao "homossexual". Ele cai no erro espiritualista: a diferença dos sexos torna-se menos fundamental que a diferença de sexualidades. Não existem mais homens e mulheres, todos vulneráveis, expostos a todo tipo de falta, até as mais contrárias à natureza, mas héteros, homos, bis, trans – e por que não zoos, pedos, autos, cibers? –, cada qual deleitando-se em seu pequeno distrito. Eis a paz sem comunhão dos habitantes de Sodoma. Eles recusam o drama afirmando falsamente que cada qual coloca seu sexo onde quer sem problemas (restauração indevida do Éden). Eles recusam o dado da própria carne, ao mesmo tempo que dobram o animal para onde a vontade os leva (angelismo do corpo mesmo). Conforto e psicologismo fazem parte da essência de seu vício.

Não acuso ninguém das concupiscências que o afligem. Cada qual tem sua cruz cotidiana. Cada qual, sua luta e suas quedas contra as tentações. Eu tenho as minhas, que, por serem menos físicas, nem por isso são menos graves, muito pelo contrário. No mais, recebi gentilezas demais de muitos invertidos, principalmente nas áreas da escrita e da arte, para não me sentir devedor. O que denuncio, e contra mim em primeiro lugar, é esse novo farisaísmo do bem-estar:

o aburguesamento do uranismo, o encasulamento de Lesbos, e, por cima de tudo, a grande satisfação consigo próprio da boa família fundamentalista. A cruz é acolchoada e – que maravilha! – vira um sofá macio. A *saída do armário* substitui ao mesmo tempo a penitência pública e a Revelação.

A diferença dos sexos é de todo modo tão fundamental que as sexualidades que acreditam distanciar-se delas só conseguem reproduzi-las por interiorização ou por redistribuição dos papéis. A castidade não existe mais nela, mas o *casting* sim. E, se aqui o drama é obscuro, é porque evidentemente tem algo de comédia. Um veste o masculino, e o outro, o feminino. Pode haver alternância, mas simultaneidade de jeito nenhum. Aliás, há sempre uma mulher para o homem, mesmo que seja apenas a mãe: e sempre um homem para a mulher, mesmo que seja apenas o mestre. Modelos são necessários. Penso na notável Judith Butler, que não para de discutir com Lacan, e que até formaria, com Michel Foucault, uma espécie de casal místico. Será assim enquanto houver nascimentos: a união do homem e da mulher precede o indivíduo, em sua carne mesma ele é homem ou mulher. Como ele poderia renegar inteiramente sua origem? Sem dúvida as coisas vão ser diferentes no dia em que, para o bem da indústria, os biogeneticistas produzirem, da terra cultivada, indivíduos assexuados ou hermafroditas, dedicados ao trabalho, inteiramente pacificados. Será o Éden reconstituído pela técnica. O glorioso reerguimento de Sodoma. E, apesar de tudo, em nome de seus justos ocultos, os últimos filhos de Abraão terão de interceder por ela. Sob pena de serem menos do que sodomitas.

Descendência de Antígona e genealogia de Cristo

Antígona é conhecida como a heroína das "leis não escritas, inquebráveis, dos deuses".[54] Uma espécie de santa pagã. Uma Joana

---

[54] Sophocle, *Antigone*, em *Tragédies Complètes*. Trad. P. Mazon. Gallimard, 1973, p. 100. (Coleção Folio)

d'Arc voltada contra o Estado totalitário. Acabamos por esquecer que a jovem é o fruto de uma transgressão daquela lei que os discípulos de Freud e de Lévi-Strauss consideram a mais primitiva: a proibição do incesto. Aquela que defende os direitos do parentesco para enterrar seu irmão é também aquela que procede de uma ruptura das formas elementares do parentesco. Vivesse ela em nossos dias, os psiquiatras logo teriam se acercado dela para receitar-lhe antidepressivos, e os partidários do trauma familiar insuperável pensariam que teria sido melhor que Jocasta abortasse. Estes, talvez, são os novos Creontes.

Porém, também encontramos novas Ismênias, que gostariam de impedir a tragédia. Elas fazem de Antígona o símbolo da *queer theory*. Ela não é igual a uma moça travestida de homem? Ela não luta contra as normas de sua época? Ela não prefere a morte ao casamento com o príncipe? Seu nome, que pode ser traduzido como "no lugar da mãe", elas preferem traduzir como "antigeração". Édipo cego e moribundo atestaria o lado "transgênero" de sua progenitura. Como seus filhos estão ausentes, e Ismênia e Antígona guiam-no a Colono, ele se abre a estas últimas: "Agora que aqueles a quem cabia essa preocupação ficam em casa, como moças, são vocês que, no lugar deles, carregam com dificuldade toda a infelicidade de seu pobre pai".[55] Aos olhos de Édipo, se é que se pode falar assim, os filhos são como filhas, e as filhas como filhos, elas que, para ele, já eram meio-irmãs.

A situação é bem complicada. Judith Butler a deslinda. Ela teria podido escolher estudar o livro de Judith, mas, assim como ela não se sente determinada por seu sexo, não se julga obrigada por suas origens. Ao fim de uma leitura de rara inteligência, ela chega a este valoroso final: "Antígona é a ocasião de um novo campo do humano, que só se realiza por meio da metáfora, aquele que chega quando os menos que humanos falam como humanos, aqueles cujo gênero está deslocado, aqueles cujo parentesco se apoia em suas próprias leis fundadoras".[56]

---

[55] Idem, *Œdipe à Colone*, ibidem, p. 363.
[56] Judith Butler, *Antigone: la Parenté entre Vie et Mort*. Epel, 2003, p. 92.

A filha da transgressão é um monstro que não responde a nenhuma categoria comum. A esse monstro é preciso dar um lugar, para que deixe de ser mais monstruoso. A partir desse momento, manifesta-se o caráter normativo, e portanto arbitrário, estreito, de nossas regras morais. Segundo Judith Butler, as leis dos deuses correspondem tão somente ao direito de virar a mesa e de construir para elas novas extensões. Aquela que víamos como advogada de uma ordem natural torna-se, antes, partidária de uma ausência de natureza. Cada qual inventa seu gênero a seu modo. Nada transcende sua história, nem sua vontade. O que resta do trágico? Mais nada de vertical – apenas a obstinação psicológica de um Creonte que, aliás, tem boas razões para agir assim, já que estão em jogo apenas uma norma contra outra.

A aventura de Antígona é pregnante de numerosas interpretações. É a fecundidade espiritual dessa menina sem filhos. Para o que nos diz respeito, nela percebo como os dramas mais obscuros podem dar um fruto de luz ou como os crimes mais fatais, por uma graça estranha, podem dar à luz um ser de justiça. A filha do incesto não tenta sair dele mudando a ordem de sempre. Ela não afirma que o incesto é lícito, nem que o sexo é uma metáfora. Ela defende a lei mais rigorosa. Porém, também dá testemunho do perdão:

> CREONTE – No entanto, os piores não devem ser colocados entre os bons.
> ANTÍGONA – Quem sabe no reino lá de baixo o costume não seja outro.[57]

A genealogia de Cristo manifesta ainda melhor o quanto os mais sombrios dramas sexuais podem ser convertidos em nascimento virgem. Os monges cantam-na na aurora, nas matinas de Natal, num tom gregoriano cujo som traz certas reminiscências de sinagoga. Ainda essa fantástica inspeção da carne, essa longa litania de nomes

---

[57] Sophocle, *Antigone*, op. cit., p. 102.

próprios ligados uns aos outros por um *"autem genuit: Abraham genuit Isaac. Isaac autem genuit Jacob. Jacob autem genuit Judam et fratres ejus. Judas autem..."*, esse encadeamento de três vezes catorze gerações, quando o ouço, me abala a ponto de eu chorar. Mais que qualquer ensinamento moral. Mais, até, que muitas parábolas. Porque aí está o tangível da história, aquela que passa pelos sexos, aquela que precisou de patriarcas e de matriarcas: não certa doutrina universal, com conceitos acima do tempo, mas este aqui e aquela ali, Josafá, Roboão, Zorobabel, com suas digníssimas esposas, toda uma cadeia de amor e de gestação que leva ao lar de José, onde o Verbo se encarnou.

Nessa genealogia em que são listados os pais, são mencionadas algumas mulheres, muito raras e, portanto, muito bem escolhidas. São as que precedem a Santa Virgem. Esperaríamos modelos de virtude: no mínimo, Sara, Rebeca, Raquel. Só encontramos figuras do vício. Na sucessão de homens, em que se misturam tantos idólatras, cada mulher assinalada é uma irregular, como se a imaculada concepção fosse o coroamento de uma sequência de máculas: "É preciso admitir que a linhagem carnal de Jesus é assustadora. Poucos homens, *outros* homens, tiveram talvez tantos ancestrais criminosos, e tão criminosos. Particular e carnalmente criminosos. É em parte isso que dá ao mistério da Encarnação todo o seu valor, toda a sua profundidade...".[58]

A primeira a ser nomeada pelo evangelista folgazão é Tamar. Ela é primeiro mulher daquele Er que, durante o ato sexual, fez algo que desagradou a Deus, tão perverso que foi fulminado onde estava. Depois, ela se casa com seu irmão Onã, que lançou sua semente por terra, e foi acometido por mais uma apoplexia. A jovem viúva não tem filhos, e Judá tem medo de lhe dar seu terceiro filho. Ela então se disfarça de prostituta, coloca-se na entrada de Enaim e atrai o sogro, que não a reconhece atrás do véu. Depois de algum tempo, sabendo

---

[58] Charles Péguy, *Victor-Marie, Comte Hugo*. In: *Œuvres Complètes en Prose*. Gallimard, 1992, t. III, p. 239. (Coleção Bibl. de la Pléiade)

que ela engravidou após ter-se prostituído, ele quer queimá-la viva. Porém, ela lhe dá a entender que é o pai, que foi ele o cliente. Judá então a reconhece: *"Ela é mais justa do que eu, porquanto não lhe dei meu filho Sela"* (Gênesis 38,26). Nascerão gêmeos, dos quais Farés, a "brecha", prolonga a linhagem messiânica.

Segunda mulher: Raab de Jericó, a puta de grande coração. Foi ela quem escondeu os batedores dos hebreus para protegê-los contra seu povo. Depois, quando Jericó for anatematizado, só ela e sua casa se salvarão, mas ela verá todos os seus clientes e todos os seus concidadãos exterminados, casando-se então com um de seus carrascos. Terceira mulher: Rute, a estrangeira, a moabita (raça descendente do incesto de Ló com sua filha mais velha). Recordamos que os hebreus, no deserto, perverteram-se com as filhas de Moab. Essa menina, a serviço de Noemi, sua sogra, acabara se casando com Booz, o famoso adormecido. Prova de que a estrangeira de raça maldita pode ser uma bênção. Quarta mulher: é chamada de "a mulher de Urias", mas seu laço é com outro. Com esse viés, Mateus ressalta o adultério cometido por Davi e Betsabeia, adultério seguido de assassinato desse que é ao mesmo tempo o esposo desta e soldado dedicado daquele. O rei Davi é assim mencionado não em seu esplendor, mas na maior treva de seu reino, aquela graças à qual *"a espada não se apartará mais da tua casa"* (2Samuel 12,10). Assim, recapitulando: um incesto, uma prostituição, um casamento desigual, um adultério temperado por assassinato. Essas são as uniões apontadas por essa genealogia, as quais vão dar nas castíssimas núpcias de Maria e José.

É esse o estado civil da Redenção. Não há outra matriz para a dramática moral esboçada anteriormente. Ela não diz que o pecado é bom, mas que, de um ponto de vista superior, que não pode ser o daquele que se propõe a uma ação má, "o pecado também serve".[59] Especialmente o pecado da carne, que fere com o desejo e que pode retirar o pecado mais grave, o do espírito. Nos corações mais duros,

---

[59] Paul Claudel, *Le Soulier de Satin*. Terceiro Dia, cena VIII, op. cit., p. 819.

ele faz entrar o outro, o irredutível. Cada mulher irregular vem quebrar um orgulho: com Tamar, é o orgulho do moralismo (a mãe escolhida tem um filho de uma relação ilícita); com Raab, o orgulho da vitória (ela faz parte dos vencidos); com Rute, o orgulho da nação eleita (ela é de outra raça); com Betsabeia, o orgulho da soberania, seja a do rei, a do profeta, ou a do poeta (ela tira do trono o senhor salmista). Assim se revela nossa miséria, e essa miséria, para nossa maior alegria, pode ser o trono de uma misericórdia.

A união de um homem e uma mulher toca os três sinais. O drama pode começar. Dessa fonte primeira, por geração, outros dramas virão, ora mais luminosos, ora mais sombrios. Cada nascimento reabre a história do mundo e, em sua inocência, carrega o resíduo de todas as faltas anteriores. Ela se torna sua continuação pesada. Porém, é também a remissão possível. A filha do incesto e do parricídio se levanta para recordar "as leis inquebrantáveis dos deuses". A longa noite de errância cai e, por cair, sempre cada vez mais baixa, sempre mais sombria, à meia-noite se choca com a manjedoura de Belém.

CAPÍTULO QUARTO

O segredo de polichinelo
ou: os pequenos podem ser grandes

> HAMLET, *lendo*: "*Porque, se o sol gera vermes no cadáver de um cão, carniça muito bela para ser beijada...*". *Não tens uma filha?*
> POLÔNIO: *Tenho, milorde.*
> HAMLET: *Então não a deixeis passear ao sol...*
> William Shakespeare, Hamlet, Ato II, cena 2[1]

Um segredo bem guardado

Duas expressões mais ou menos correntes invocam o herói corcunda da *commedia dell'arte*: "um segredo de polichinelo" e "ter um polichinelo na gaveta". A segunda equivale a estar grávida. A primeira designa uma informação conhecida de todos e que no entanto ainda se pretende confidencial. Todo mundo sabe. É justamente um segredo de polichinelo. Porém, é possível que, no fim das contas, os segredos de polichinelo sejam os que são mais bem guardados. Acreditar em uma coisa bastante conhecida é a melhor maneira de jamais se deixar interrogar por ela. "Ter um filho", por exemplo, isto é, justamente, "um polichinelo na gaveta": o que pode ser mais natural, mais banal? Qualquer mulher pode fazer isso. Aliás, não é nem ela que o faz: em seu regaço, ele se costura por si. Ela não tem nenhum mérito. Não é a mesma coisa que ter escrito *O Segundo Sexo* ou *A Condição do Homem Moderno*. Marie Curie é admirada por ter descoberto o rádio, Marie Harel está em nossa memória por ter inventado o *camembert*. Como mães, raramente as mulheres obtêm o reconhecimento do futuro.

---

[1] Tradução de Carlos Alberto Nunes. *Tragédias*. Rio de Janeiro, Agir, 2008, p. 566. (N. T.)

A menos que seja à maneira de Medeia, que degolou os três filhos, ou de Angélique d'Estrées, abadessa de Montbuisson, que teve doze bastardos de doze pais diferentes (as más línguas diziam que ela tinha recebido a visita dos apóstolos).

Ter muitos filhos marca o fim do conto de fadas. O reino burguês do romance radicaliza essa situação. A atenção se volta antes para o indivíduo que rompe as amarras e constrói a si mesmo na sequência de seus encontros. No lugar onde o poético e o pictórico podem deter-se nas coisas de cada dia, o romanesco corre atrás da psicologia e dos novos desenvolvimentos: "O poeta é estático", escreve Reverdy, "e o romancista, dinâmico e móvel".[2] Ele se centra no herói solitário, livre da monotonia das preocupações domésticas, e suas aventuras são ainda mais fecundas porque ele não quis ser pai: "Os protagonistas dos grandes romances não têm filhos", recorda Milan Kundera. "Nem um por cento da população deixa de ter filhos, mas pelo menos cinquenta por cento dos personagens romanescos deixam o romance sem ter se reproduzido."[3] A vida mais aventureira implica a esterilidade biológica. O polichinelo na gaveta faz de você peça de mobília. E os romances de amor que uma Bovary lerá para distrair-se cultivarão sua amargura e ampliarão a distância de seu cotidiano.

A existência, apesar de tudo, sai daí, não de entre as páginas de um livro, mas de entre as coxas de uma mulher. É esse o princípio de todas as histórias, a matriz de todos os carrascos e de suas vítimas. E mesmo que mal seja como pais ou como mães que passamos à posteridade, a posteridade ela própria, para existir, exige que haja pais e mães. O gênio que se recusa a ter filhos para realizar sua grande obra precisa dos proletários que lhe fornecem seus futuros leitores. Seria desleal desprezá-los demais. Não é sem motivo que o forte quadro de Courbet ganhou como título *A Origem do Mundo*. O sexo que fende a tela até o

---

[2] Pierre Reverdy, *Le Livre de Mon Bord*. Mercure de France, 1948, p. 133.

[3] Milan Kundera, "Le Roman et la Procréation". *Le Monde des Livres* [Suplemento do jornal *Le Monde* (N. T.)], sexta, 25 maio 2007.

infinito recorda o sátiro de profunda castidade: "Ali, onde você quer penetrar, é primeiramente dali que você sai. Ali, onde você quer pecar, é primeiramente ali que você foi virginal, sem nenhuma falta pessoal, capaz de grandeza e de santidade. Agora, o que você se tornou?".

Não sabemos que polichinelo vai brotar dessa caixa. O teatro de outrora o apresentava com duas corcundas, uma na frente, outra atrás, e o expunha às carreiras mais perigosas. Os cartazes diziam: "Polichinelo, Imperador da Turquia, Polichinelo na Taverna de Vaugirard, Polichinelo Policial, Polichinelo nas Águas de Enghien, Polichinelo de Volta do Outro Mundo"... Há motivos para tremer. O pequenino fica enorme com todas as potencialidades sórdidas e grandiosas. Seus balbucios são blasfêmias ou louvores em potencial. Sua cabecinha estará exposta a horrores e a graças. Para suportar essa ideia, tentamos eufemismos, dizemos que é só um garoto, um fedelho, um molequinho, e, da mãe, dizemos que está prenhe, enfim, que tem um polichinelo na gaveta, mesmo que essa expressão, ponha quem ainda a escuta diante do assombro das possibilidades. O segredo de polichinelo, assim, permanece um dos mais ocultos. A banalidade do nascimento esconde seu acontecimento radical, incomensurável, talvez mais misterioso que a morte mesma: a Moira que corta o fio é um enigma, mas como é mais enigmática aquela que tira, sabe-se lá de onde, um fio novo...

Porém, há outro contraste que tende a proteger esse segredo de polichinelo. Não mais entre um romanesco espetacularmente previsível e uma existência banalmente inacreditável, mas entre a coisa e o ato que a produz. Jules Supervielle fica pasmo:

Essa criança pura, flor de castidade,
Que ela tem a ver com a lubricidade?
E por que é preciso que um luxo de inocência
Retire dos sentidos sua violência?[4]

---

[4] Jules Supervielle, "Ce Pur Enfant". In: *Naissances*. Gallimard, 1951, p. 15.

Esse é o mais improvável dos desenvolvimentos: não a Vingança que vem depois do Crime, mas a Inocência nascendo da Lubricidade. Se nos contassem isso num filme, teríamos dificuldade de acreditar. Jennifer erra com Bryan, e eis que em seu ventre se recolhe uma pequena virgem! A distância pode aliás ser tão radical que o maravilhamento precisa ceder o lugar ao pavor. O padrasto estupra a enteada e o esperma deixado pelo bruto em convulsões produz o aparecimento de um pequenino puríssimo. A vagina profanada torna-se adro do útero santuário. Desproporção atordoante: a ideia parece inconcebível. Afinal, é tão falso crer que a estuprada pode ser uma mãe como as outras quanto representar a criança por vir como uma excrescência do estuprador, que mereceria seu castigo. Em *Metamorfoses* de Ovídio, a tragédia de Mirra ressalta esse desenvolvimento da violência: após o incesto com o pai, ela só pode transformar-se numa árvore cujo pranto gera uma resina usada para ungir os mortos; porém, ela também dá à luz Adônis, criança tão bela que Vênus, por seu amor, "não se preocupa mais com as margens de Citera [...] e renuncia até ao céu".[5]

A contradição mesmo assim permanece: basta estar tomado de volúpia para engravidar uma mulher, e no entanto é necessário ser bastante calmo e moral para criar uma criança. Se a vida deve andar nos trilhos, essa contradição só pode parecer uma atroz armadilha preparada por uma Providência madrasta. Seu silogismo é montado como o alçapão de um caçador de pássaros: "Os mais bestiais emitem com mais facilidade sua semente. Ora, basta emitir a semente para fazer uma criança. Portanto, são os mais bestiais que têm crianças com mais facilidade. A máquina está azeitada para triturar as vítimas. Os mais bêbados, cúpidos, ignaros, tirarão da cintura uma progenitura sobre a qual cairão aos murros, de modo que daí sairão novos tarados, prontos para novas sevícias. Se ao menos a fecundidade só coubesse às pessoas de grande virtude! Se o líquido seminal

---

[5] Ovide, *Les Métamorphoses*, X. Trad. J. Chamonard. Garnier-Flammarion, 1966, p. 268.

secasse nas gônadas do libertino!". A contracepção fica parecendo um corretivo moral: o polichinelo não poderia surgir numa gaveta que seria uma ratoeira.

Porém, essa prudência química não faltaria à piedade mais elementar? Ela recusa em seu princípio o drama de uma redenção. Muitas vezes, vê-se o coração do bruto derreter diante de um pequenino indefeso, ainda mais se é carne da sua carne. Vemos os mais instáveis passarem a comportar-se, os mais agressivos tornarem-se puro acolhimento, os mais decididos a não se chatear com uma criança transformarem-se em pais cheios de ternura diante daquele rosto novo, único, bruscamente necessário. Aquilo que somos como pais, não podemos saber antes que a criança venha nos surpreender. E os mais levianos dentre nós só podiam tornar-se responsáveis diante do inesperado dessa obrigação. Antes, eles não eram virtuosos. Para que suas travessuras virassem amor verdadeiro, era preciso esse polichinelo

> De mãozinhas fechadas, de pernas curtinhas,
> De barriga redonda, sem malícia alguma.
> E nós dois ficamos observando pasmados
> Nosso segredo tão mal, tão bem guardado.[6]

As mulheres de profunda cintura

Morei num quarto de empregada no bulevar Saint-Michel, num conjugado na rua de Charenton, num quarto e sala na rua Traversière, e, hoje, longe da capital, moro com minha esposa e minhas três filhas num antigo presbitério na Provença. Se pude de tempos em tempos ampliar minha moradia, é porque minha primeira residência foi aquática e móvel. Habitei primeiramente o ventre de uma judia, grande, loura, bonita, que era militante maoista e formada em inglês. Ali, meu recolhimento foi, apesar de tudo, monástico; minha posição, a de uma

---

[6] J. Supervielle, "Ce Pur Enfant", loc. cit.

adoração piruetante e perfeita. Eu era levado aqui e ali, entre as ruas de Túnis e os restaurantes de Paris, mas não saía do meu eremitério vivo, só encontrando as pessoas por meio do crivo de uma mucosa que fazia com que todos me parecessem calorosos. Foi assim que comecei na vida. Num tabernáculo de carne. A inquietude só veio depois, com a dissipação. No entanto, a crer no famoso verso de Wordsworth – "o menino é pai do homem"[7] –, é impossível que essa primeira experiência do real não fosse a base de todas aquelas que se seguiram.

Antes de ser "lançado ao mundo", o homem é um ser acolhido. Sua primeira morada é o ventre da mãe: "Aquilo que os sentidos percebem de mais original, em sua transcendência mais essencial, é o ato de um amor que protege e que acalenta".[8] O calor do seio é indissociavelmente vida e ternura. A criança ali manifesta uma primeira relação com o espaço na forma de confiança. Afinal, antes de ser sistema métrico ou tridimensional, o espaço é antes de tudo afetivo. Antes de ser descrito pela relatividade geral, ele é aberto pela relação pessoal, envolvente, de Pauline Koch ao pequeno Albert. O que Einstein poderia ter descoberto sem ter primeiro sido carregado nesse universo indecifrável e carnal? Foi essa doçura amniótica que lhe deu segurança suficiente para depois avançar sem ter medo de que a cada passo o chão sumisse de seus pés.

No recinto materno, ser e amor, espaço e confiança, alimento e abraço não se distinguem: "Haverá então alimento sem os beijos do fervor íntimo da mãe e sem a união física com seus seios?".[9] Gustav Siewerth insiste no caráter fundamental dessa experiência uterina que se prolonga nos braços dos pais. A criança amada percebe todos os seus gozos na fonte de uma abnegação e de uma clemência.

---

[7] William Wordsworth, "L'Arc-en-Ciel". In: *Poèmes*. Gallimard, 2001, p. 127. (Coleção Poésie) [No original, o poema é conhecido pelo primeiro verso: "My heart leaps up when I behold" (N. T.).]

[8] Gustav Siewerth, *Métaphysique de l'Enfance*. Trad. T. Avalle. Parole et Silence, 2001, p. 50.

[9] Op. cit., p. 51.

O rosto do dom precede a descoberta de seu próprio rosto. A mamadeira preparada para ele, ao mesmo tempo que é uma bebida agradável, é um gesto de devoção. A cama que é trocada, ao mesmo tempo que é um ato de higiene, é um abraço gratuito. Sua sensualidade é toda formada pela oferta. O purê de cenoura é um prato de carícias. O gosto do chocolate não se separa do sabor de um beijo. Assim, na sequência, ele desejará o outro acima de tudo, e o prazer sensível separado pouco o interessará: "É só quando o amor lhe é recusado que os conteúdos dos sentidos tornam-se para ele preciosos e importantes, porque ele os vivencia de maneira isolada e porque o coração precisa contentar-se só com eles".[10]

Essa é a profundidade do sexo feminino: sua ambiência é a base de nossa presença no mundo. Ele não é nunca, em primeiro lugar, um bordel onde os camaradas se embebedam. É uma cartuxa em que o feto se cria na confiança, porque banhado de calor transcendente. Podemos compreender o choque de Pasolini em 1975: "Fiquei traumatizado com a legislação sobre o aborto, porque a considero, como muitos, uma legalização do homicídio. Em meus sonhos e em meu comportamento cotidiano – isto é algo comum a todos os homens –, vi minha vida pré-natal, minha feliz imersão nas águas maternais: sei que estava lá, vivo".[11] Por qual "prevaricação cínica" o santuário mesmo da vida pode ser transformado em câmara mortuária? Como as piranhas são mandadas para essa piscina de "imersão feliz"? O diretor de *Teorema* denuncia um contrassenso visceral.

Seria preciso uma literatura altíssima para nos sugerir o que é reencontrar sua primeira casa, alimento, cosmos palpitante de um homem inteiro e novo. Racine é o autor de *Andrômaca*, mas o autor de Racine é antes de tudo Jeanne Sconin. E São Gregório Magno, antes de estar em Roma sitiada, era Gregório, o Embrião, no seio de Sílvia.

---

[10] Op. cit., p. 52.

[11] Pier Paolo Pasolini, *Écrits Corsaires*. Trad. P. Ghilon. Le Livre de Poche, 1979, p. 161-62.

Um útero envolveu todos os heróis da história. Todos os imbecis também (incluindo eu). É isso que o torna ainda mais impressionante. Não é preciso tudo para fazer um mundo? O útero sabe disso, mais sábio nesse ponto do que todos os sistemas filosóficos. Assim, quando a mulher descobre em si essa nova alma potencialmente no Céu ou no Inferno, "ah, que comoção sentir-se de repente em germinação, completamente misturada às vastas e misteriosas operações do universo, ontem ainda uma menininha e agora personagem oficial do teatro da vida, ontem as besteiras deliciosas, o tempo da indolência, e de repente a 'passagem da Linha',[12] aquele transporte para outro mundo, algo de desconhecido, aquele pássaro exótico, aquela palpitação de uma palma no deserto, aquela melodia de enxameamento, aquela gavota inefável, aquele miosótis, aquele vinho novo... aquele profundo e fabuloso cara a cara... um certo florir das entranhas, um certo sol de carne... sim, de repente Mulher, e Mãe...".[13]

Florir de entranhas, mas logo gemido. Em hebraico, *rakhanim*, a palavra para misericórdia, tem por raiz *rekhem*, a "matriz". A misericórdia se preocupa com o mais miserável, assim como uma mãe ainda se sente responsável por seu filho perseguidor. Ela o carregou em seu seio, e seu seio se agita por ele até sua última fibra e até o último dia. Essa primeira morada treme a cada passo de seu antigo habitante. Se ele cai a mil léguas, também cai aqui, em seu ventre. Dessa gestação que significa esperar aquele que já está lá, e levar o outro em si até o fim, Emmanuel Levinas faz a figura eminente da responsabilidade por outros.[14]

Os testes de gravidez recordam isso ingenuamente – *Clear Blue*, por exemplo, digno dos maiores profetas. Não é preciso outro oráculo, basta que a mulher urine sobre ele. Se ela espera um acontecimento feliz, o que aparece na pequena abertura, em azul-celeste, é

---

[12] Do Equador. (N. T.)
[13] Joseph Delteil, *Le Sacré Corps*. Grasset, 1976, p. 64.
[14] Emmanuel Levinas, *Autrement qu'Être ou au-delà de l'Essence*. Le Livre de Poche, p. 121. (Coleção Biblio Essais)

uma cruz. O sinal é claro. Seu sexo inicialmente lhe parece de uma profundidade sobrenatural. É por isso que, mais que o homem, ela é tentada a ser superficial.

O parto, êxtase objetivo

Muitas vezes, aquilo que é chamado de êxtase cheira a mofo. O olho some sob a pálpebra, a boca se entreabre com um fio de baba, o cérebro para de funcionar. Você teria dificuldades para dizer seu próprio nome. Quanto a lembrar-se dos mineiros da Serra Pelada, que extraíram o ouro admirado no pescoço da sua amada, a situação também não é lá muito favorável. O êxtase o abriria para além de você mesmo, parecendo uma implosão que o reduz a um ponto. A confusão permanece provável: aquilo que não tem dimensão consegue imaginar-se abraçando o universo. E se o outro também entra no mesmo rapto, você consegue acreditar numa comunhão. Porém, como não suspeitar de que se trata antes de uma retratação sincronizada: "O homem grita: 'Ah! Meu anjo!' A mulher arrulha: 'Mamãe! Mamãe!' E esses dois imbecis acreditam estar pensando concertados".[15] Talvez houvesse mais êxtase objetivo fazendo juntos palavras cruzadas – ainda que a intensidade seja quase nula. Talvez se tivesse uma dilatação mais verdadeira recebendo com alegria a família do cônjuge – ainda que isso custe enormemente. Quanto aos sexos, o encaixe é fácil, mas a comunhão, difícil.

Num caderno verde, encontro as seguintes notas, datadas de 19 de maio de 2006:

Com as pernas abertas, a mulher
Tem convulsões e geme
Mas dessa vez o homem não está sobre ela.
Ele está ao lado
E lhe dá a mão.

---

[15] Charles Baudelaire, *Mon Cœur Mis à Nu*, XXX.

Nunca o sexo os tornou tão próximos
Quanto essa distância colocada entre eles por seu fruto.
Nunca o prazer se abriu para tanta alegria
Quanto essa dor que circula entre os dois.
Ó, verdadeira pequena morte
Para uma verdadeira ressurreição.
Êxtase mais extremo
No ponto em que outro nasce dele.
Meus amigos libertinos,
Tenham a paciência de nove meses.
Aprendam essa libertação mais alta:
Não a de lançar sua semente
Mas de vê-la voltar a você
Com um rosto e com um grito.

Isso foi três dias depois do nascimento de Marthe, nossa terceira filha. Sem dúvida, o parto não foi nenhuma diversão. O Talmud constata: "A mulher, deitada no leito, promete: nunca mais me unirei a meu marido! E o Santo, bendito seja, lhe diz: Tu voltarás a teu desejo, tu voltarás...".[16] As contrações são violentas. As complicações, sempre possíveis, mesmo com a peridural. Em *Ordet*, o grande filme de Dreyer, há aquele pequeno morto entalado, que o médico corta com o bisturi, tirando-o da vagina membro a membro. Porém, é justamente esse roçar da foice no local da origem que projeta os esposos na cena da grandeza. Eles descobrem que são pouca coisa. Reconhecem a graça de ter um ao outro. O marido se compadece, sem oferecer outra ajuda além de estar ali. A mulher sente-se tão mal que o insulta por suas atenções ridículas. Porém, eles permanecem juntos. Não têm escolha. "Nunca mais! Está me ouvindo? Nunca mais!", urra ela. "Com certeza vou morrer...". O recém-nascido aparece. Nos rostos ainda há pouco crispados,

---

[16] *Midrach Rabba*, I, *Genèse Rabba*, Lagrasse. Verdier, 1987, p. 230.

a alegria é banhada de lágrimas. A mãe dirá depois que foi o dia mais bonito de sua vida. O êxtase, aqui, é algo bem diferente do que é no ato sexual. O pai está um pouco incomodado. Porém, diante dele encontra-se a carne do ato, e ele precisa admitir que ela tem razão. Que a comunhão, dessa vez, por causa da morte roçada e dessa vida saída das cinturas deles, não é mais uma utopia lírica. Ela está lá, o êxtase tão recíproco e tão extático que se chama Marthe, e esse êxtase pode ser abraçado, alimentado, embalado, banhado... Podemos redobrar nossa vigilância para cuidar bem dela, e para que seu sorriso sem reservas nos toque no fundo do ser.

João Paulo II afirmava que, quando o ato sexual é aberto, há vida, há "comunhão sexual", e apenas "união sexual" quando ele não é aberto.[17] Essa afirmação pode se manter fora da Revelação trinitária? Por que é preciso permanecer disponível para acolher um terceiro incomodante para encontrar-se verdadeiramente a dois? Se consideramos o ato carnal em si mesmo, seguir sua inclinação natural permite, evidentemente, entregar-se sem reservas, e evitar a intrusão da indústria no meio de nossos divertimentos? Deixamos caminhar "aquele sangue mais precioso" até os clarins da abundância, sem nos preservar, sem nos contraceptar, sabendo que, no fim do ato, pode haver uma alma inteiramente nova que o bom Deus é como que forçado a criar para acatar nossa oferta. Assim, obrigamos o Eterno a deitar-se conosco, conduzimos o Todo-Poderoso por nossos sexos, como que por meio de uma prece física, a rematar o ato sexual. Como não seria maior ainda a alegria? Quando evitamos que o Eterno entre assim, pelo natural, em nosso leito, é fatal que fiquemos sufocados por mil problemas técnicos: "Será que tomei a pílula?... Cuidado!... Cuidado!!!... Não, não estou conseguindo! Não estou conseguindo! Essa história de gravidez me gelou o sangue nas veias!! Um diafragma? Sim, pode ser, mas você não me

---

[17] Audiência de 22 de agosto de 1984, n. 6-7. In: *Homme et Femme Il les Créa*. Cerf, 2004, p. 641.

tinha dito que hoje... Além disso, não gosto desse negócio de borracha na barriga... Eu me sinto esquisita... Tenho a impressão de ter um chiclete... Não existe mais poesia? Enfim, sinto muito".[18]

Se consideramos o casal para além do ato carnal, é preciso constatar antes de tudo que toda fusão é ilusória. Formar uma só carne em sentido fusional é uma quimera de picadinho. Quanto mais vivemos juntos, mais cada qual descobre sua solidão essencial, e a alteridade irredutível do outro. Siffreine nunca está tão unida a mim quanto quando reconheço que ela me escapa. A comunhão consiste em suportar essa distância da intimidade, essa proximidade do mistério. Porém, suportar isso seria um exercício solitário e vazio se não fosse também um rasgo que nos abre para um mesmo termo. É por isso que a comunhão implica um terceiro comum, lugar de uma união mais profunda. Um homem e uma mulher podem manter juntos uma revista, fundar um centro de saúde, tocar em concerto uma fantasia a quatro mãos. Há então comunhão espiritual, e, quanto mais elevado é o bem para o qual concorrem, maior é essa comunhão. Nessa ordem das coisas, e na direção de seu topo, João da Cruz e Teresa de Ávila formam um exemplo insuperável.

A comunhão espiritual é a mais alta, mas, mesmo que ela seja necessária entre o homem e a mulher, ela não é aquilo que, em absoluto, especifica sua relação: ela pode existir com outro do mesmo sexo. A comunhão sexual só tem especificidade no engendramento. Não que o homem se case com uma mulher *para* ter um filho, o que faria dela mais uma vez um objeto. Porém, o homem que, procura uma comunhão sempre mais inteira com sua esposa, é no termo dessa busca que vem a criança que a aprofunda. Ao unir suas carnes, eles fazem uma carne única, diferente da deles. Será que isso equivale a dizer que a criança é ela própria um meio e que foi feita *para* o casal? O amor viraria Moloch. Deixaríamos a comunhão para voltar

---

[18] Dario Fo e Franca Rame, *Nous Avons Toutes la Même Histoire*, In: *Reécits de Femmes*. Dramaturgie, 1986, p. 74-75.

à união mais estéril, mesmo que ela fosse cercada de crianças. Como naquelas revistas de pais muito mais nocivas que as revistas eróticas, a criança seria um instrumento para tornar-se uma mulher madura ou um casal realizado, exatamente como a boneca de plástico para a filhinha pequena. Porém, essa boneca impõe com tanta força sua personalidade, que, se pretendêssemos *fazê-lo* como uma costura para nos consertarmos, logo perceberíamos que o fio se solta e sai andando sozinho, ou pior: ele ainda exige que nos ocupemos dele em primeiro lugar.

Toda comunhão carnal supõe, assim, três termos, e o terceiro que o realiza não é nunca um meio, mas um fim em si mesmo, que permite que os dois outros o acolham juntos e se reencontrem fora de si. Em seu rosto, unem-se os rostos dos amantes. Quando as pessoas dizem "Ele tem os olhos do pai... Tem a boca da mãe...", estão detalhando o êxtase encarnado, contemplando o fruto desse gozo ainda mais radical por implicar uma privação de si mais radical. Mesmo assim, não basta ser os genitores para assumi-lo por inteiro. A carne do homem, desde sempre plena de espírito, não está concluída no nascimento, e exige ser carregada espiritualmente. Os pais adotivos não estão menos dentro desse êxtase do que aqueles que apenas a formaram pelo encaixe de suas bacias. A união de suas diferenças sexuais não é a origem dessa outra carne, mas permanece aquilo que a ama e que a acolhe, que a envolve e que a alimenta, na suplência de um natural vivenciado. Talvez os traços do pequeno não sejam semelhantes, mas suas expressões serão sempre, nelas reconheceremos os afetos de um pai e de uma mãe que nelas fundem-se para sempre. Sem essa objetividade viva, é de se temer que o êxtase recíproco seja confundido com o *timing* no onanismo.

Gugu dadá!

A criança é a mesma há muitos milhões de anos. Se comparamos os adultos, que distância! Porém, o pequeno Cro-Magnon não é tão diferente do seu. "Luís XIII, com quatro anos, fez um desenho parecido com aquele feito pelo filho de um canibal neocaledoniano".[19] É o homem de antes da história, talvez até de antes da Terra, pois uma criança marciana só poderia ter os mesmos olhos arregalados, as mesmas mãos contemplativas e a mesma boca cheia de porquês. Porém, ele é também o verdadeiro super-homem, o nietzscheano realizado, verdadeiramente além do bem e do mal. Ele não tem medo de franzir o rosto e de defecar diante do seu chefe convidado para jantar. Pode regurgitar no belo vestido da embaixatriz que tenta conquistá-lo com caretas miméticas. Vi minha própria filha Esther, no dia do batismo, fazer xixi inteiramente nua diante do altar, na mão esquerda do bispo que ia mergulhá-la na água. O movimento Dada encontra aí seu poeta nato. O Living Theater aqui está diante de seu mestre. O situacionismo não produziu nenhum membro mais alheio à sociedade do espetáculo, mais estrangeiro ao conformismo burguês. A cozinha é atravessada por suas perseguições extraordinárias. As paredes da sala são transformadas em paredes de Lascaux. Seu uso da língua recorda Isidore Isou. Sua despreocupação e seu sono profundo ultrapassam os sábios tibetanos. Nele, o espírito começa a libertar-se, com interrogações dignas da mais alta metafísica: "'Por que há tantos dias? Para onde vão as noites? Por que há constantemente coisas? Por que eu sou eu e não ele? Por que Deus é Deus?' Era de ouro das perguntas, e é de respostas que o homem morre".[20]

Aquilo que eu tinha procurado em vão nos grupos artísticos – energia, gratuidade, abandono à Providência, a alegria sem contenções e tristezas sem medida –, encontrei entre o parquinho e o cavalinho que balança; eu podia andar de quatro atrás das minhas filhas, soltar gritos de animais, entregar-me à poesia sonora. Teria sentido medo de ter um superdotado, precocemente adulto, logo mergulhado em enciclopédias e meditabundo – meu vício. Teria temido um pequeno que me devolvesse à minha dignidade de pai enfraldado num

---

[19] Henri Michaux, "Enfants". In: *Passages*. Gallimard, 1963, p. 52.
[20] Ibidem.

hieratismo de comandante. Por graça, a questão da paternidade não é de jeito nenhum a preocupação daquele que no-la outorga: "Para uma criança, seu pai será sempre menos interessante do que um cavalo. Aquilo que o *pater* pode fazer de melhor é precisamente proporcionar a ilusão das quatro patas, às vezes ele se dá conta disso e faz docilmente o 'dada'".[21]

O monge que foi meu guia me incentivou a essa leveza. Quando apresentei nosso primeiro filho ao irmão Michel, em Solesmes, ele me disse, simplesmente: "Agora você tem entre os braços seu diretor espiritual". Era um exagero. Mas ele falava como o Messias. Em vez de dizer "Sejam grandes como eu", Jesus chama uma criancinha, coloca-a no meio dos discípulos e declara: "Em verdade vos digo que, se não vos converterdes e não vos tornardes como as crianças, de modo algum entrareis no Reino dos Céus" (Mateus 18,3). Palavras que nos fazem entrever o que deve ter sido a profunda esperteza de Cristo, muito diferente da rigidez empertigada de seus caudatários. A criancice é a seriedade suprema. É o único modo de fugir ao infantilismo – principalmente daquele que consiste em brincar de adultos sérios que entenderam tudo sobre a vida.

A criança nos atrai para uma ilha selvagem fora do continente civilizado. Ela nos descondiciona. Solta as correntes que nos prendem às regras de uma época e de um país, nos faz recuar em relação às preocupações mundanas, às preocupações do decoro, à angústia sexual. Com ela, podemos ir para o mar e voltar ao fundamental: por que existe alguma coisa e não o nada? Ou ainda: como é incrível um garfo de adulto! Não estou dizendo que ela deva criar sua lei, o que seria funesto, mas que ela permite uma distância em relação às leis ambientes, cuja pertinência é assim questionada, colocada em risco ou então verificada. Ela proíbe ao mundo fechar-se em suas satisfações restritas, assim como em suas ansiedades inchadas: "O que você fez

---

[21] Henri Michaux, *Tu Vas Être Père*. In: *Œuvres Complètes*. Gallimard, 1998, t. I, p. 749. (Coleção Bibl. de la Pléiade)

com sua primeira abertura contemplativa?", pergunta ela apenas com sua presença. "Seus progressos serão verdadeiros progressos se matarem esse primeiro impulso? Vale a pena crescer?" Claro, ela também nos manda logo para a rua: é preciso trabalhar muito para sustentar a belezinha. Porém, esse trabalho não deve mais render apenas pão e diversões. Deve também trazer sentido, para evitar apenas engordar o pasto próximo dos abutres.

Esse pequeno ser desarmado tem, portanto, uma força ameaçadora. Nunca me levantei de madrugada pelo meu vizinho, nunca me senti disposto a morrer por outra pessoa, nunca me perguntei tão concretamente sobre o futuro – o pirralho se apresenta, sem nenhum outro poder além de sua impotência, e parece tornar possível o impossível. É como se ele arrombasse nossas entranhas e delas tirasse recursos inesperados. Ele gera, a partir de dois adolescentes, uma mãe forte e um pai senil. E estou segurando essa menininha pequenina – uma grande mulher futura – que não pesa grande coisa e que tem o peso do meu coração.

Existe, porém, outra coisa que o pequeno ignorante faz melhor do que um mestre de sabedoria. Ele nos instrui sem palavras sobre nossa própria filiação: "A chegada de uma criança chama o amor dos pais a fazer memória da totalidade de seu ser. Nunca sua filiação e sua origem, que vêm de seus próprios pais, serão despertadas mais profundamente neles durante a vida adulta".[22] É possível atingir esse realismo da nossa história por meio de uma meditação solitária. O fruto dos sexos ensina-o por uma via carnal, e esse é o único viés possível para um espírito pesado demais ou – como eu – abstrato demais.

Infelizmente, aquilo que a carne das nossas carnes diz sem discursos nós logo reduzimos à medida mesquinha de nossas preocupações ajuizadas. Recusamo-nos a ser o cavalo que anda – trota – galopa. Não nos deixamos sondar pelo ingênuo questionamento: "E por que temos de morrer?". É sempre possível sufocar o importuno

---

[22] G. Siewerth, *Métaphysique de l'Enfance*, op. cit., p. 38.

com televisão e com presentes. De todos os terroristas barbudos, o Papai Noel não é o menos perigoso. É o agente principal da formatação. Nada melhor para eliminar a infância. Os pais que, "para não influenciar", recusam ao filho pequeno toda educação religiosa submetem-no sem medo a esse Vigário da Publicidade[23]. Seu filho se maravilhava com um barbante, agora ele quer o robô eletrônico da página 72 do catálogo da loja. O maior catálogo foi feito para que ele se torne bom trabalhador, bom consumidor, que fará as engrenagens girar direitinho. Basta olhar nossas caras austeras ou pândegas, o quanto estão longe da chama infantil. Porém, como fazer? É preciso criar bem a criança, para que cresça bem. Crescer, justamente: não rebaixar-se.

O filho pródigo e o recobrimento do Templo

Com a adolescência, as coisas estragam. Sobretudo se a criança foi mimada. É a fase em que os pais se revoltam. Meu pai gostava muito de *Alberto Express*, filme italiano esteticamente medíocre, mas cuja intriga é importante: um pai pede a seu filho, no dia em que este faz quinze anos, que o reembolse por todas as despesas que teve com ele até aquela hora, tendo como data limite o dia em que ele também se tornar pai. Nós o vemos num sótão, diante da calculadora, explicando-lhe que o único que não pagou o reembolso morreu de morte violenta. Ele está cercado de incontáveis faturas amareladas, com os pagamentos das misturas para mamadeira, para fraldas, para o pediatra, para a primeira mochila, para a primeira comunhão... A conta monumental produz um tíquete que se estende até a rua vizinha. O filho fica embasbacado. Sua presença gratuita, ali, no meio do mundo, custou trinta milhões, duzentos e cinquenta mil liras. Uma soma que ele próprio consumiu e que não sabe onde arrumar.

---

[23] Ver Jean Baudrillard, *Le Système des Objets*, D, III, "La Logique du Père Noël". Gallimard, 1968.

Se fosse apenas uma questão de dinheiro, o problema não seria insolúvel. Com um cheque, seria possível sentir-se liberado: "Eis trinta e um milhões, meus caros pais, e agora posso considerá-los uma lembrança". Um pagamento tão exato seria o cúmulo da injustiça, por pretender pagar aquilo que não se converte em dinheiro. Ele tomaria os pais por mercenários. Como então fazer-lhes o que fizeram? Seria preciso que ele colocasse o pai e a mãe dentro de si para levá-los para o outro mundo? É quase isso. O coitado do rapaz é insolvente. Ele sabe disso muito bem. Então, como aqueles bons cristãos de outrora com seu credor judeu, sem poder pagar sua dívida, é preciso que ele mate o credor.

Não é por nada que no Decálogo o primeiro mandamento em relação ao próximo diz respeito aos pais, e é o único a ser acompanhado de uma promessa: "Honra teu pai e tua mãe, para que se prolonguem os teus dias na terra que Yahweh, teu Deus, te dá" (Êxodo 20,12). A honra a ser aqui prestada parece a mais difícil: a gratidão se mostra ingrata, incapaz de satisfazer plenamente a justiça; e os próximos de que ele trata são precisamente aqueles de que nos afastamos, os quais devemos deixar para trás para buscar nosso futuro. É desencorajante. Assim, é preciso uma ordem e uma graça de Deus, e, como se não bastassem a ordem e a graça, o aguilhão de uma enorme recompensa para nos impelir a cumpri-la. Porém, há algo ainda mais estranho: esse mandamento é anterior a "Não matarás". Será para nos dizer que a falta à piedade filial é pior que um assassinato? Ou que, nesse caso, é tão difícil nos subtrairmos a certo assassinato que o preceito de não matar só pode vir depois, referindo-se aos demais homens? O quarto mandamento nos adverte para um mal-entendido inevitável: as crianças só podem ignorar aquilo que devem aos pais. Uma vida que não pediram, mas que não podem recusar sem primeiro aceitá-la, é um passivo sem contrapartida. Ele se tornam naturalmente cúmplices do avô ou da avó: aliar-se com os credores de seus credores, isso lhes dá certa folga.

Alguns imaginam que, para evitar todo drama, bastaria que os pais tivessem educado bem o filho – ou que o filho fosse bom e honesto. Em geral, essas são circunstâncias agravantes. Um pai perfeito seria esmagador. Com sua ternura a toda prova, sua autoridade infalível, sua inteligência superior, onde ele deixaria a brecha que permite ao filho enxergar um outro sol? Impossível pegá-lo num erro. Sentimo-nos ainda mais atrozmente devedores. Não podemos sair desse abraço na temperatura exata. A menos que, para respirar um pouco o ar lá fora, acabemos por nos vingar de termos sido tão amados. Esses pais absolutos, que se julgam protegidos de todo drama, usurpam o lugar de Deus, as certezas educativas cedo ou tarde se esboroam: seu queridinho os apunhala no momento em que menos esperam. Esse resultado ainda é o mais favorável. O pior seria perceber que eles sufocaram o queridinho ainda no ovo com delicadas *couvades*.[24] As carícias do orgulho são mais perigosas do que os golpes da fraqueza. É o caso de desesperar das receitas de educação, sem a menor dúvida. Porém, é uma grande esperança pensar que rosas possam florescer no meio do lixo. Não que seja necessário ser pais ignóbeis. Porém, nossas repreensões inúteis, nossos tapas injustos, nossa autoridade nada brilhante, toda essa fraqueza permite a nossos filhos, apesar de tudo, voltar-se para a verdadeira origem da luz. Não é um homem o que temos na conclusão de um método pedagógico. O homem se revela ao final de uma provação. E a provação familiar é a primeira de todas. Ela se resolve pela força das coisas, com nossas melhores intenções.

Mesmo que tivéssemos o filho perfeito, ela não seria menos dura. O Evangelho afirma isso singularmente. Há o filho pródigo, que pede sua parte da herança – como se seu pai já estivesse morto – e vai dilapidá-la em mulheres e em festas. E há o Filho de Deus, mais precoce, que foge com doze anos. Não para ir a lugares de devassidão, o que ainda seria tolerável. É para voltar ao Templo, de modo que não se pode nem

---

[24] *Couvade* é um termo francês (listado, em francês, no Houaiss) que indica os sintomas de gravidez surgidos por simpatia nos homens. (N. T.)

lhe dar sermão. Após três dias de angústia, seus pais o encontram em meio aos doutores, e Maria lhe faz esta censura: "Meu filho, por que agiste assim conosco? Olha que teu pai e eu, aflitos, te procurávamos" (Lucas 2,41-50). A Santa Virgem é de uma fé sem máculas e não entende nada. Seu gemido assume todas as queixas de Jó: "Por que, meu Deus, fizeste isso conosco?". Seu filho, porém, é o único do qual se pode dizer absolutamente que é adorável. Ele deixa os pais ainda mais agoniados: "Por que me procuráveis? Não sabíeis que devo estar na casa de meu Pai?". A profundidade dos sexos faz com que se entre nesse drama da filiação. Aquilo que Freud chama de complexo de Édipo permite vislumbrar isso. Porém, o complexo de Édipo não é tão profundo quanto a simplicidade do nazareno. Se se trata de uma fase do desenvolvimento sexual, é, em primeiro lugar, para os pais. Saída de nossas entranhas, a criança não é só um indivíduo que reproduz a espécie, nem um simples herdeiro que deve ampliar o patrimônio. Não é clone nem escravo. Um dia, seus antigos deuses devem cair do pedestal. Nossas estátuas logo se quebram. Nossos altares são todos despojados. Há sempre uma hora em que é o pai que perde. Ele deve perder o filho ou a filha, porque o Pai, em última instância, não é ele. De um lado, ele mesmo é filho, e filho insolvente, que só pode transferir sua dívida para os próprios filhos; não é normal que os filhos façam a mesma coisa? Por outro lado, ele não é seu pai último, aquele que dá a Providência perfeita, mas uma pobre criatura que mal sonda o desígnio único que os leva para longe: não é necessário que seus filhos lhe escapem? Essa necessidade é dolorosa como um parto cujo fruto é para os braços de outro.

O pai e a mãe precisarão aprender esse abandono. Se forem maus, gestarão uma Electra: "Minha mãe mesma fez do meu coração um lobo carniceiro, que nada apaziguará!".[25] Se forem bons, terão um filho pródigo: "Pai, dai-me a parte da herança que me cabe". E se o filho, enfim, for impecável, terão de oferecê-lo, como Abraão, no

---

[25] Eschyle, *Les Choéphores*. In: *Tragédies*. Trad. P. Mazon. Gallimard, p. 344. (Coleção Folio)

monte Moriá. Assim, eles estão sempre em luta contra o Pai. Ficam com raiva dele por voltar seu filho contra suas faltas a fim de manifestar Sua justiça; de permitir que ele afunde na miséria para realizar Sua misericórdia; de mandá-lo morrer pela verdade a fim de mostrar a soberania de Seu amor. Mas o que podem fazer em relação a isso? O genitor resiste, bem ou mal, oscilando entre o grotesco de um Sgnaralle e a grandiosidade de um rei Lear. Com o primeiro, ele protesta: "Será que já vimos algo mais tirânico que esse costume a que querem submeter os pais, algo mais impertinente, mais ridículo, do que juntar bens com grandes trabalhos, criar uma filha com muito cuidado e carinho, para ser despojado de uns e de outra por um homem que nada tem a ver conosco?".[26] Com o segundo, ele acaba por mendigar: "Precisareis comigo ter paciência. Esquecei e perdoai-me, por obséquio. Estou velho e caduco".[27] Sua vocação só encontra sua última riqueza nesse despojamento.

Dar a noite

O feliz acontecimento torna mais viva a ameaça da infelicidade. Quanto maior é a alegria do nascimento, maior também é a angústia por essa vida precária. Acima do berço, as boas fadas são pródigas em presentes, mas a fada má está sempre por perto, espreitando nas sombras. Suas caras risonhas, seus barulhinhos melosos, seus votos de prosperidade nada podem contra a maldição comum. Será preciso que um dia o frágil serzinho espete o dedo no alfinete. Emma, numa peça de Lars Norén, fala da noite em que ficou olhando a filha adormecendo, com seu rosto tão puro e tão abandonado que os querubins sem dúvida descem do céu para prestar-lhe homenagem: "Quando pensei em tudo o que ela viveria. Em todas as mentiras. Todos os enganos. Toda a confiança ingênua que seria estilhaçada em

---

[26] Molière, *L'Amour Médecin*, ato I, cena 5.
[27] William Shakespeare. *O Rei Lear*, Ato IV, cena 7. In: *Tragédias*. Rio de Janeiro, Agir, 2008, p. 711.

mil pedaços. Todo o ódio. Toda a história. Todas as escolhas que a deixariam menor e mais pobre. A escola. A vida profissional. Tudo aquilo que ela precisa perder antes de tornar-se adulta. Quando pensei nisso, comecei a chorar. Eu não tinha me dado conta".[28]

Os psicólogos descreveram o sintoma. Chamaram-no de *baby blues*. É uma velha história americana. É para passar logo. Se durar, é preciso receitar um remédio, uma cura no shopping, uma comédia romântica, férias na praia. O *blues* continua? Ora, então jogue o bebê pela janela. Ou você mesma, é mais seguro. Enfim você terá tranquilidade. A noção de *baby blues* é das mais desesperadoras: ela recusa olhar o desespero de frente, ela torna impossível, a partir de então, a provação de uma esperança que possa atravessá-lo. Sua psicologia reduz a mulher a um personagem de melodrama, quando não de *vaudeville*. Ela lhe proíbe toda grandeza trágica. Existem crematórios por trás da grande música alemã, a era do biquíni escondendo a destruição total, as carícias dos demônios que aquecem o planeta, mas você, aquilo que você tem, é um reles *baby blues*. Não tenho certeza de que esse diagnóstico se manteria diante do testemunho de Charlotte Delbo. Quando seu filho nasceu, um ano depois de ela voltar de Auschwitz, ela descreveu uma emoção semelhante:

> Quando meu filho nasceu, eu estava banhada de alegria. [...] A água sedosa da minha alegria virou uma lama pegajosa, numa neve manchada, num pântano fétido. Eu voltava a ver aquela mulher – você se lembra, aquela camponesa, deitada na neve, morta, com seu recém--nascido morto, congelado entre suas coxas. Meu filho era também aquele recém-nascido. [...] Quis ter um filho que não conhecesse o medo ao tornar-se homem. Ele tem dezessete anos. Excetuando uma graça imprevisível do destino, ele terá um futuro assustador.[29]

---

[28] Lars Norén, *Tristano (Eaux Dormantes)*. Trad. K. Ahlgren e C. Baqué. L'Arche, 2007, p. 52.

[29] Charlotte Delbo, *Mesure de Nos Jours*. Éd. de Minuit, 1971, p. 55-56.

Será ainda *baby blues*? Objetar-se-á que se trata de um caso extremo e que não vale para a mãe comum? A mãe comum dá à luz crianças justas, invulneráveis e imortais? Ela sabe muito bem que não, mas o tom do melodrama a impede de assumir isso plenamente. Ela acha que se livra disso superprotegendo a criança. Ergue muralhas, acolchoa seu quarto, bloqueia as correntes de ar. É a melhor maneira de fazê-lo sentir que o mundo é apenas uma grande armadilha. Ele treme com a tepidez. Essa superproteção, no fim das contas, torna-o mais ansioso do que os demais. Não se consegue fazer com que seu corpo esteja absolutamente fora de alcance, mas temos certeza de que seu coração está cheio da nossa preocupação.

Caso nossos cuidados conseguissem preservar o "principezinho", ainda seria necessário dar-lhe a educação apropriada ao *struggle for life*, trocar a Torá por um manual do gerente perfeito, e o Novo Testamento por uma polpuda caderneta de poupança: "Antes mesmo que tenha aprendido a falar, ele terá entendido que a riqueza é o único bem, e que ele é, precisamente, dono de uma riqueza imensa. Desde muito cedo, vai saber que, sendo filho de seu pai, que foi um ladrão admirável, ele tem direito ao mais profundo respeito dos outros mortais, se é que se pode mesmo crer que ele mesmo seja mortal. Sem correr o risco da meningite, ele perceberá que esse direito, conferido pela posse do dinheiro, ultrapassa infinitamente todos os esforços da inteligência, e que é ridículo se esforçar demais".[30] Os pais poderão ficar orgulhosos desse sucesso mundano. Seu filho está entre os menos vulneráveis, entre os mais duros, preparado para pisar nos fracos. Eles terão gestado a ave de rapina dominante.

Será então necessário criá-lo para que se torne não um predador, mas uma presa? De que serve carregar por nove meses e proteger por vinte anos alguém que servirá de aperitivo para os tubarões? Por que fazer uma criança se é para que o patrão possa "utilizá-lo,

---

[30] Léon Bloy, *Le Sang du Pauvre*. In: *Œuvres*. Mercure de France, 1983, t. IX, p. 126.

embrutecê-lo com o cansaço ou mandá-lo para a guerra?".[31] Assim se interroga a mulher numa peça de Dario Fo. Porém, ela logo percebe que essa sociedade sem futuro é aquela que mais tem necessidade de futuro: o bebê poderia perfeitamente tornar-se revolucionário, diz ela a si mesma, aquele que o mundo espera, que combaterá sua injustiça, que morrerá, certamente, mas para dar testemunho de uma liberdade. Ela reconsidera, então, e entoa com cruel alegria:

> Sim, esse filho, quero fazê-lo,
> com ódio e com luta vou amamentá-lo
> vou vesti-lo somente de vermelho
> no vinho e na blasfêmia vou mergulhá-lo
> com canções obscenas vou embalá-lo
> para enviá-lo inteiramente armado contra o patrão.[32]

Não há outra saída. O filho tem de ir à guerra. A visão do mal é, aqui, ingênua: as canções obscenas parecem mais sublimes do que os hinos ao Eterno, o patrão é visto como o diabo, quando é um coitado, como nós, muitas vezes tão alienado que é escravo voluntário e trabalha até nos finais de semana. Porém, a mulher se recorda de que o Filho por excelência foi acusado de blasfemar. E sua mãe, tão pura, a Virgem Maria, sabia que dá-lo à luz era também dá-lo à noite. É preciso, portanto, que nessa noite mesma a criança possa levar uma luz. Que seu sofrimento e sua morte tenham um sentido insensato. Que sejam para a verdade e para a justiça. A única educação válida, como entende a mulher de Dario Fo, é aquela que prepara para certo martírio. Para as grandes escolas de profetas. Para o X em forma de cruz.

O psicologismo, com seus cataplasmas contra o *baby blues*, se esforça para dissimular essa instituição. Ele promete, por delicadeza,

---

[31] Dario Fo e Franca Rame, *Récits de Femmes*, op. cit., p. 84.
[32] Ibidem, p. 85.

uma destituição: retirar o homem da tragédia para prendê-lo no romance burguês – que em seus sonhos é inundado de água de rosas. Ele termina necessariamente negando o real. O grande perigo para ele torna-se o traumatismo infantil, de modo que é melhor, fazendo-se todas as contas, suprimir a criança quando ainda é pura, antes que seja pervertida ou triturada diante de nossos olhos. O paradoxo de nossa época encontra aqui sua explicação: nunca a criança foi tão protegida, e nunca houve tantos abortos. Seu sentimentalismo é a causa de sua recusa da criança por nascer. A eliminação é de fato a proteção mais segura dos menores.

Uma vez que o sexo seja colocado em sua consequência mais natural, é preciso naturalmente expor-se. Não ficaríamos menos vulneráveis se esse pequeno inocente fosse eliminado. Quando Iahweh manda que Abraão sacrifique a ele seu filho, está lhe pedindo muito mais que a própria vida. Seus últimos anos de velhice não são nada diante dos anos que virão do filho da promessa. É por isso que se fala do sacrifício de Abraão mais que do sacrifício de Isaac: o punhal que não caiu sobre o filho penetrou até o guarda-mão no coração do pai. Dar a própria vida exige grande coragem – dar seu filho exige uma força inaudita. "Pois Deus amou tanto o mundo que entregou o seu filho único" (João 3,16), isto é, o cúmulo do amor não está no dom de si, mas desse filho por meio do qual o pai de certo modo dá mais do que ele próprio. A comunhão dos sexos conduz à imitação desse amor escandaloso. Pobres velhos incapazes de doar a si próprios são levados pouco a pouco a dar mais. Pais que jamais teriam podido ser mártires são obrigados a oferecer mais que a própria vida. Aquilo que há de mais banal e de mais natural – "ter um filho" – libera então aquilo que é de mais sobrenatural e de mais raro. Não podíamos esperar menos da generosidade do Criador. É da ordem de sua magnificência que seus dons mais preciosos se espalhem universalmente. Mesmo que seja o dom do sacrifício (*ça crie: fils!*).[33]

---

[33] Como já comentado, a frase em francês é homófona da palavra francesa *sacrifice*. (N. T.)

Sobre algumas mães judias

Que a superproteção termine por sufocar não deve nos levar a louvar a educação espartana: o deitar-se em camas duras, castigos corporais, fascínio pelo gladiador e pelo atleta... O ovo da águia também precisa ser chocado. E a guerra que vem é primeiro espiritual. Enfim, eu não gostaria de me tornar cúmplice de difamação das mães judias (mãe, eu sei que você está me lendo agora...). Se elas mantêm tanto a progenitura perto de si, é como o arqueiro com a flecha, para lançá-la mais longe. Se elas ampliam o casulo, como que nostálgicas da lagarta, é porque sua separação exige asas mais espessas. A razão dessa solicitude? Mais que outras, elas sentem que o Eterno reclama seu filho. Elas têm o exemplo da mãe de Moisés. É uma história assustadora. Os hebreus são forçados a trabalhar no grande campo do Egito. Os machos que nascem são lançados no rio. Quem aceitaria ter um filho nessas condições? Quem teria esperança e crueldade suficientes? A filha de Levi já tem seu pequeno Aarão e não tem medo de parir um caçula no universo do campo de concentração. Ela o esconde por três meses. Depois disso, ela é quem o deixa na corrente do Rio, numa pequena embarcação de papiro. Ora, a coisa mais louca, nessa aventura, é que seu filho é adotado pela filha do Faraó, isto é, do *Führer*. E esta lhe dá o nome de Moisés: "tirado das águas", aquele que escapou do fluxo do extermínio. O prometido à morte certa se tornará o libertador de seu povo. O mundo mortífero e velho será renovado graças a esse pequeno que passou pela grade. Caso a mãe preferisse não tê-lo, para poupar-lhe o horror, o horror causado por essa recusa só teria durado ainda mais.

A mãe do segundo livro de Macabeus não é menos inquietante. Como todas as mães judias, ela se preocupou com a alimentação de seus filhos. Mas isso para que, no dia da perseguição, quando Antíoco Epífanes pergunta a um deles: "Queres comer [carne de porco], antes que teu corpo seja torturado membro por membro?" (2Macabeus 7,7), ele possa responder com coragem: "Não", recordando os pratos que lhe preparava sua mãe, e cuja fé ele seria o último a renegar.

"Filho", diz ela ao último, "tem compaixão de mim, que por nove meses te trouxe em meu seio e por três anos te amamentei, alimentei-te e te eduquei até esta idade, provendo sempre ao teu sustento. Eu te suplico, meu filho, contempla o céu e a terra e observa tudo o que neles existe. Reconhece que não foi de coisas existentes que Deus os fez, e que também o gênero humano surgiu da mesma forma. Não temas este carrasco. Ao contrário, tornando-te digno dos teus irmãos, aceita a morte, a fim de que eu torne a receber-te com eles na Misericórdia" (2Macabeus 7,27-29). Na hora do martírio, essa mãe não exorta seu caçula a desprezar o mundo para dirigir-se para um além melhor. Ela lhe ordena que admire o céu e a terra, que se lembre de seus seios e das almôndegas com molho que lhe preparava com amor. Essa Providência das pequenas coisas que o conquistador despreza, a tortura dessa hora a obscurece, claro, mas é para que o filho dê testemunho dela. Essa é a importância do "Coma, meu filho". Ele permite mais tarde consentir à ordem que poderia vir da mais judia das mães: "Meu filho, seja comido".

O Evangelho retoma essa tradição. Nada demonstra mais, debaixo da casca grega, a seiva hebraica. A mãe de Tiago e de João quer que eles sejam um e outro como que o primeiro-ministro e o ministro da Justiça: "Dize que estes meus dois filhos", diz ela a Jesus, "se assentem um à tua direita e o outro à tua esquerda, no teu Reino" (Mateus, 20,21). Que sejam "campeões do mundo", como se diz hoje em dia. Ora, o Messias não indefere sua petição. Ele não acolhe com rudeza sua ambição desmesurada (há muitas outras mães judias, que cobiçam para seus filhos os mesmos lugares). Ele tão somente leva o pedido dela às últimas consequências: "Não sabeis o que pedis. Podeis beber o cálice que hei de beber?". Você quer que ele seja ministro, muito bem!, mas que seja então um ministro da Misericórdia. Quer que ele seja advogado, ótimo!, mas que seja então advogado da Verdade. O que só vai atrair para ele os raios da mentira. A mãe judia tem o instinto desse destino. Assim, ela se esforça para impedi-lo. Reduz suas ambições a varejista ou a radiologista. Acaba tolerando o presunto.

Porém, sua preocupação não a engana. Ela sabe que "Iahweh repreende os que ele ama" (Provérbios 3,12). Ela sente que o servidor do Nome é "como cordeiro conduzido ao matadouro" (Isaías 53,7).

Uma canção de ninar de Teresinha

Dar à luz não basta. É preciso dar para a luz. Mas como ter a bondade de uma Branca de Castilha, que afirma a seu pequeno Luís: "Eu preferiria mil vezes, querido filho, vê-lo morrer diante dos meus olhos a vê-lo cometer um único pecado mortal"? Como atingir a perseverança de uma Santa Mônica, perseguindo seu Agostinho mar afora, e "que, tendo-o seguido por mar e por terra, o tornou mais felizmente filho de suas lágrimas, pela conversão da sua alma do que o tinha sido do sangue pela geração de seu corpo"?[34] Os pais raramente têm essa força. É preciso virgens para continuar o parto. Teresinha de Lisieux canta: "Minha alegria é lutar sem parar / para parir os eleitos".[35]

Aqueles que não engendraram pelo corpo podem concentrar-se nessa fecundidade pela alma. "Nem diga o eunuco: 'Não há dúvida, eu não passo de árvore seca', pois assim diz Iahweh aos eunucos que guardam meus sábados [...]: Eu lhes darei, na minha casa e dentro dos meus muros, monumento e nome mais preciosos do que teriam com filhos e filhas" (Isaías 56,3-5). O eunuco pode semear espíritos. Alguns entram no "seminário", que literalmente designa o lugar onde são cultivadas as sementes. Quanto ao útero da virgem, ele pode dilatar-se até o tamanho do mundo, e contrair-se por expulsões que o ultrapassam. Teresa de Ávila entendia assim. Ela compôs uma canção de ninar forte o bastante para impedir os pais de dormir. A grande carmelita já ressuscitou, dizem, o jovem Gonzalo Ovalle. Sua mãe, Doña Juana, é-lhe infinitamente grata. No mês de setembro seguinte, quando ela dá à luz outro menino, batiza-o José, em homenagem ao

---

[34] Francisco de Sales, *Filoteia, ou Introdução à Vida Devota*. Trad. Frei João José P. de Castro, O.F.M. Petrópolis, Vozes, 1958. 3ª parte, Cap. XXXVIII, p. 280.

[35] Thérèse de Lisieux, *Œuvres complètes*, Cerf-DDB, 1992, p. 734.

santo patrono do Carmelo reformado. Teresa tem por ele uma afeição tão profunda que muitas vezes coloca-o entre os braços cantando estas palavras:

> Se não fores um homem justo,
> Rogo a Deus, meu filho, rogo a Deus,
> Que te leve assim, meu anjinho,
> Antes que vás ofendê-lo...

> Três semanas depois, a criança morreria. Teresa tomou-o nos joelhos, cobriu-o com seu véu – o véu da consagração ao Senhor e de despedida do mundo – e, com o rosto iluminado, caiu em êxtase. Houve um silêncio muito longo. Doña Juana não ousava mover-se. Quando Teresa saiu de seu rapto, levantou-se sem dizer uma palavra, lentamente, e, levando o pequeno corpo, saiu do recinto.
> – Aonde vai você? – gritou Juana. – Por que não me diz que meu filho está morto?
> Teresa voltou para ela um rosto alegre, maravilhado:
> – Vamos juntas dar graças a Deus. Podemos louvá-lo, pois vimos a alma de uma dessas crianças subir ao céu, e a multidão dos anjos vir buscá-lo.[36]

Não sei se alguns não teriam mais medo de uma santa assim do que de um padre pedófilo. Este último nós podemos chamar de abominável e manter nossas referências. Ele é fácil de classificar na categoria dos criminosos. Porém, essa carmelita puríssima e seu "dorme, neném" radical, de que podemos acusá-la? Ela parece pior que a fada má e é melhor que a boa. Sua varinha de condão é um crucifixo.

Teríamos nos preocupado menos se nosso pequeno José tivesse podido escapar a seus braços, tornar-se homem feito, pronto para

---

[36] Marcelle Auclair, *La Vie de Sainte Thérèse d'Avila*. Seuil, 1950, p. 142-43.

passar em seguida pelas pernas de várias cortesãs. E não teríamos errado de todo. Além das mães, e ao contrário das virgens, as meretrizes também servem o impenetrável. Elas são as intermediárias de uma via mais obscura, para chegar a um fim semelhante, ainda que mais duro e mais perigoso. José teria o tempo de ofender Deus mil vezes, mas, após ter sido a ovelha perdida, e até o lobo disfarçado de ovelha, viria aquela última hora – sua última chance – em que ele teria de balir seu abandono.

O sexo da cortesã é largo: ele acolhe um vasto número, mas não recolhe a semente de cada passageiro para devolvê-la num rosto. O que ela ganha em amplitude, perde em penetração. O sexo da mãe é profundo: só acolhe um esposo, mas recolhe um homem inteiro no ventre. O que ela ganha em penetração, perde em amplitude. Somente o sexo da religiosa é elevado o bastante para ser ao mesmo tempo mais largo e mais profundo. Ele esconde todos os homens numa matriz escavada pelo infinito. Ela realiza tanto aquilo que a prostituta generosa busca de maneira superficial quanto aquilo que a mãe amorosa carrega de maneira estreita. Ela é a parteira do Reino. É a autêntica filha da alegria.

São figuras, claro. A mesma pessoa pode representar as três ou, ainda, realizá-las sucessivamente. A Idade Média conhecia bem a prostituta que virava mãe e depois monja, e a Renascença, a monja que virava prostituta e depois mãe, o que pode ser um desvio para reencontrar o ciclo medieval. O fato é que essas três figuras concorrem para engendrar o homem. Do ponto de vista de uma moral estrita, a primeira é condenável. Do ponto de vista dramático, cada qual desempenha seu papel inegável. A mãe dá à luz. A prostituta tira luz. A santa traz mais luz ainda. A primeira serve a justiça; a segunda, a miséria; a terceira, a misericórdia. Aquela que está no centro é uma peça tão mestra e tão misteriosa quanto o *felix culpa* salmodiado no *Exsultet* da Páscoa. Ela supera o moralismo. Porém, só o supera para ser mais superada ainda pela santidade que converte o excesso do vício em excesso da virtude. Essas três figuras da mulher estão sempre escondidas atrás de um véu: o da esposa, o da dançarina, o da monja. Elas desdobram juntas essa maternidade que, na retirada, carrega dolorosamente a história.

Uma criança que não quero

É muito difícil ser um filho desejado. Sua vida fica toda em suspenso, dependendo da decisão dos pais. Os desejos deles são ordens. Se você se permitir algum distanciamento, cuidado: vão chover tabefes, as sobremesas serão cortadas, as recriminações lacrimosas vão culpá-lo até os ossos, até a medula, até os gametas que lhe deram a vida. Afinal, você existe para permitir o desenvolvimento da feminilidade da senhora sua mãe, e, com seu sucesso, precisa compensar as frustrações do papai. Sua mãe precisa recuperar a forma de antes da gravidez. Seu pai precisa recuperar a ambição anterior ao fracasso. O chocalho que eles lhe oferecem é apenas um adiantamento para sua entrada na faculdade de engenharia. Você precisa sobretudo não decepcionar. Não chorar demais à noite. E depois brilhar de dia. Todas as esperanças estão com você, esmagadoramente, porque são também desesperanças inconfessadas.

As crianças que devem responder ao desejo de seus progenitores talvez não sejam derrotadas, mas mil pequenas feridas psicológicas vão arroxear sua alma. O plano quinquenal tinha o Gulag. O "projeto parental" também tem seu depósito escuro. Quando um mongolzinho é abortado, a criança que vem depois não está a fim de bancar a imbecil. Quando um nascimento é recusado para que outro seja mais bem acolhido, esse outro, se faltar à gratidão, merecerá ser afogado. Tenho bons motivos para pensar que infanticídios e parricídios crescerão com o eugenismo. Assim que a criança começar a crescer, a mãe poderá dizer-lhe na cara – cara essa que foi desenhada por ela, com o geneticista: "Fui eu que quis assim, não louro de olhos azuis, como os fascistas, mas mestiço de olhos claros, com o pênis do negro, o gene do médico judeu, o cromossomo do sistema imunológico jamais deficiente... Fui eu que concebi você, não apenas como mãe, às cegas, mas como concebe o engenheiro, traçando seu modelo com a régua, eliminando todos os protótipos defeituosos, adaptando você às demandas, garantindo para você desde o zigoto um futuro profissional e sentimental... E você faz isso comigo, sua mãe, e também sua criadora!".

Será esse o pecado original. A maldição recairá, forçosamente menos misericordiosa do que a de um deus. O filho utilizará seu maravilhoso sistema imunológico para jogar-se no rio com mais força ainda. Ou para estrangular os pais, para poder respirar um pouco. Não se trata mais do drama da maternidade recebida, mas do drama tenebroso da maternidade escolhida. Teria sido possível aceitar deixar-se surpreender por um ser tão novo que rasga a trama de nossos projetos. Preferimos inscrevê-lo nela, em nome de uma previdência cheia de piedade, claro, como uma despesa útil. Porém, logo chega o momento em que o filho nos mostra que ele não é um ingrediente na receita da nossa felicidade. Ele parece irredutível. Torna-se indesejável. Ora, já faz mais de quinze anos que ele ultrapassou o prazo da eliminação legal. É por isso que, caso se pretenda outorgar ao projeto parental todas as garantias, aconselho ao legislador estender esse prazo muito além das doze semanas – até uns quarenta anos, talvez.

Conheço solteiros libertinos que são menos preocupantes que esses pais totalitários. Melhor que estes, eles sentem que uma criança é por definição rebelde a qualquer planejamento. Têm medo de ficar muito transtornados. Também se perguntam como, diante da morte certa, uma criança poderia "trazer felicidade para os pais" sem tornar-se o material de uma experiência cruel. Eles podem retomar as palavras de Imre Kerstesz: "Para mim, Auschwitz representa a imagem do pai".[37] A prática do aborto talvez não lhes seja alheia. Porém, a espiritualidade do aborto se encontra mais nesse familiarismo beato

---

[37] Imre Kertesz, *Kaddish pour l'Enfant qui ne Naîtra pas*. Arles. Actes Sud, 1995, p. 133. (Coleção Babel)

que ambiciona uma pequena maravilha que lisonjeie sua autossatisfação. Esse familiarismo extermina tudo aquilo que incomoda o bem-estar do lar ideal.

O Gênesis aponta esse mal desde a origem. No nascimento de seu primeiro filho, Eva declara: "Adquiri um homem com a ajuda de Iahweh" (Gênesis 4,1). Ela reconhece que se trata de um homem, e não de uma emanação de suas entranhas. Porém, ela diz, de maneira fatal: *adquiri*, do verbo *qânah*, que designa uma transferência de propriedade (outras traduções usam o verbo "comprar"[38]). Desse verbo deriva o nome do primeiríssimo filho da criação: Caim. É razoável pensar que Caim – "eu comprei, é meu" – é o filho da possessividade: o preferido, o reizinho, mas também aquele que deve realizar o projeto de sucesso dos pais depois da queda, aquele sobre o qual pesa o encargo de compensar sua falta. Como ele não se tornaria o assassino de seu irmão, se este é mais bem recebido por Deus? Por outro lado, no nascimento de Seth, o filho que vai nascer mais tarde como para remir o fratricídio, Eva não ousa mais dizer "adquiri", mas: "ele me concedeu" (Gênesis 4,25). Imediatamente, é-nos precisado que não é Seth, o queridinho da mamãe, mas Enoch, filho de Seth, "o primeiro a invocar o nome". O quarto capítulo do Gênesis é, portanto, emoldurado por duas concepções da maternidade, uma possessiva, outra oblativa – a primeira comprando a criança como um bem que deve satisfazer seu desejo, a segunda recebendo-a como um dom que o excede.

Sara, Rebeca, Raquel, as três matriarcas do povo eleito, exibem uma maternidade desse segundo tipo. Todas as três começam estéreis: é Deus que lhes abre a matriz, para além de sua simples vontade. Em seguida, seus diversos filhos se enfrentam, e o mais novo sempre suplanta o mais velho: os filhos não vivem na fraternidade

---

[38] É um contrassenso da *Traduction Œcuménique de la Bible* (TOB) traduzir esse trecho decisivo como *J'ai procréé* ["Procriei"]. Essa tradução impossibilita a interpretação.

com que os pais sonham, e a herança do pai, entregue ao que nasce primeiro, vale menos que a bênção de Deus, que vem suspender a ordem preestabelecida. Enfim, o filho da promessa é sempre a fonte de uma renovação. Isaac chama-se "do que rir" não apenas porque Sara começa a rir quando fica sabendo que, nonagenária, vai conceber: "Agora que estou velha, vou conhecer o prazer?", mas também porque Abraão, crendo que vai ter de imolar seu filho segundo os antigos ritos idólatras, recebe-o de novo do anjo que detém seu braço. Jacó, por sua vez, detém o braço do anjo, luta, engalfinha-se com ele, até receber seu nome de Israel, "forte contra Deus", revelando uma esperança no coração daquela angústia em que o Eterno assume a figura do adversário. José, após ter sido vendido pelos irmãos, torna-se o ministro do Faraó, e logo salva da fome aqueles mesmos irmãos que quiseram matá-lo.

Esses três excessos – passagem do inesperado – demolem a noção de projeto parental. Eles manifestam a graça de ter um filho que supera nossos votos mundanos. Eles nos levam mais longe que nossa lojinha familiar. De acordo com o primeiro excesso, a criancinha não é produto do nosso desejo, nossa propriedade humana, mas um depósito divino, que nos ensina a desapropriação. De acordo com o segundo, ela não se insere como uma engrenagem numa máquina de fazer nossa felicidade, mas chega como um personagem desconhecido que nos leva adiante no drama. De acordo com o terceiro, é esse recém-chegado que, por sua radical ignorância, permite fissurar o mundo fechado dos adultos, suas poses de salão, suas especulações avaras, sua seriedade mortal. Ele nem sabe o que é o Prêmio Goncourt. Ignora a Shoah. Não entende Kant nem Heidegger. Pede atenção "numa hora que não pensais" (Mateus 24,44). Afinal, se ele perturba a agenda, é para introduzir nela momentos que horário nenhum pode medir. Se bagunça o programa, é para recordar uma exigência como de antes do espaço e do tempo.

Um mundo perfeito onde os bebês viriam sem turbulência, em conformidade com o manual do fabricante, seria pior do que um inverno nuclear. As crianças seriam congeladas desde o núcleo de sua primeira célula. Nasceriam velhas com todos os nossos rancores e com todas as nossas preocupações. Sua primavera não conseguiria mais perfurar a crosta de nossas preocupações. Teríamos perdido definitivamente o espírito da infância... Assim, cabe-nos agora de fato chegar àquela conclusão com que gostaria de fechar e de concluir no lugar do outro: em vez de um super-homem conforme aos estudos de administração do velho homem, mais vale uma pequena Flor, polichinelo que pula da caixinha, deficiente mental, sem dúvida, dolorosamente incapaz de entrar na maturidade consciente, porém mais apta a nos tirar de nosso triste horizonte produtivista, mais dotada para nos recordar a surpresa de ser e a alegria de amar.

CAPÍTULO QUINTO

A cidade vista por seu fundamento
ou: como o filho do país vira turista sexual

> *– Qual é a lição desta tarde? – perguntou [o diretor].*
> *– Demos Sexo Elementar durante os primeiros quarenta minutos – respondeu ela [a governanta].*
> *– Mas agora, o aparelho foi regulado para o curso elementar de Noção das Classes Sociais.*
>
> Aldous Huxley, *Admirável Mundo Novo*

Do sexo ao solo: A Origem do Mundo *e* Um Enterro em Ornans

Courbet, pintor da nudez forte. Sem medo de pelos nem de bundas celulitosas. Produziu aquela *Origem do Mundo* que escancara o sexo de uma mulher no ambiente trinitário do busto e das duas coxas abertas. Também é responsável pelo *Enterro em Ornans*, que prende o visitante do museu para lançá-lo num cortejo fúnebre, em torno da cova. Duas telas que colocam você na beira do buraco, o da origem e o do fim. Duas telas tecidas juntas no mesmo realismo provocante. É sempre a carne que se expõe aos extremos – o ato sexual que inaugura uma vida e o amortalhamento que a termina. Um chama o outro, não apenas como duas coisas que se escondem, mas também como aquilo que se supõe mutuamente. Viemos ao mundo por essa porta pilosa, não exatamente ao mundo, para bem dizer, mas a Ornans, não muito longe de Besançon, onde, em 10 de junho de 1819 o ventre da sra. Courbet abriu o caminho de Jean Désiré Gustave, e para onde, por essa mesma razão, os restos mortais do mencionado Jean Désiré Gustave seriam transferidos em 10 de junho de 1919. Entre sexo e solo, o nascimento faz o laço: eis-nos com uma genealogia, uma língua materna, um país natal.

Sobre Courbet, Péguy conta uma anedota que insiste nesse sentido sensual. Um pintor bem jovem declarou seu gosto pelo orientalismo: "Ao ouvir falar em Oriente, o velho pintor despertou de súbito, não se sabe por quê. [...] E, com seu forte sotaque do Franco-Condado: '– Ah!' (diz ele, como se voltasse de muito longe). '– Ah! Você vai aos Orientes', diz. 'ENTÃO VOCÊ NÃO TEM PAÍS.'".[1] O erotismo de Courbet dirige-o então, no mesmo movimento, para a *Mulher Nua com Cachorro* e para *Os Camponeses de Flagey Voltando de uma Feira*. Ser de carne e osso é ter um país de nascimento. Ter ancestrais. E uma fala local. Aqui, isso se faz notar no "forte sotaque do Franco-Condado".

Um anjo, por sua vez, não tem sotaque. Nunca é judeu, bávaro, parisiense. Nem mestiço é. É que ele não foi concebido na união de uma fêmea e de um macho, nem expelido numa região delimitada no céu, mas saiu diretamente, todo armado, de Deus. Ele corresponde muito bem ao indivíduo abstrato da Declaração dos Direitos do Homem. Mas para o homem, precisamente, a questão é bem diversa. Em seu espírito, capaz do universal, entremeiam-se as qualidades singulares e as taras obscuras de toda uma ascendência. Sua condição carnal confere-lhe um pertencimento anterior a toda adesão, uma aliança anterior a todo contrato. No que diz respeito à sua herança, a natureza não quis que ele partisse de uma atitude crítica, mas de um estado de abertura sem reservas. Ele ama espontaneamente seus pais com "um amor e um respeito alheios a toda *preferência*".[2] Ele se apega a eles sem os ter escolhido, assim como se apega à língua e à cultura que, através deles, formam a pátria concreta de que ele é devedor. Fosse ele um anjo, e todas as suas associações seriam livres e contratuais. Porém, como ele brotou do sexo num determinado solo, é solidário de alguns que não quis, tendo ali, mais que alhures, sua missão, ainda que seja a do fogo purificador.

---

[1] Charles Péguy, *Clio. Dialogue de l'Histoire et de l'Âme Païenne*. In: *Œuvres en Prose Complètes*. Gallimard, 1992, t. III, p. 1170. (Coleção Bibl. de la Pléiade)

[2] Pierre Boutang, "Une Espèce Impérieuse de la Bonté", *Les Provinciales*, nº 50, 1 nov. 1996, p. 2.

A crise é efetivamente necessária. Se não somos anjos, também não somos bichos. O avestruz jamais questionaria o reflexo de colocar a cabeça num buraco quando o perigo se aproxima. Se esse questionamento lhe passasse pela cabeça, ele a colocaria no buraco com mais força ainda. Para nós, é exatamente o contrário: aquilo a que nos submetemos sem crítica nos aperta menos do que aquilo que atravessou essa provação. Precisamos interiorizar os hábitos seculares para que eles permaneçam vivos – devemos também julgá-los. Nossa hereditariedade não é só um capital de instintos, como não precisássemos retomar nada; e nosso pai não é aquele do pai-nosso, como se não precisássemos redizer nada. Assim, é forte a tentação de partir para os Orientes. Katmandu parece mais livre que Ornans, às margens do Doubs. Lá, todas as amarras parecem soltar-se; as determinações do nascimento, apagar-se. Graças ao desterro, sentimo-nos como que na imponderabilidade. Porém, um belo dia, perto de um *ashram*, o nepalês que nos acolhe tira de um cofre precioso a reprodução amarelada de um Courbet. Ele nos confia seu sonho de partir para Ornans, a cidade no fim do mundo. A odisseia é o percurso obrigatório dos reencontros. Sobretudo quando o país natal é ignorado, coberto pela monotonia da indústria.

Muitas vezes, aqueles que acreditam mais exaltar a carne desprezam as atribuições de seu nascimento carnal; e aqueles que julgam mais exaltar a nação desprezam o erótico que é sua raiz. Os primeiros estão de acordo com *A Origem do Mundo*, mas não com *Um Enterro em Ornans*; os segundos, o inverso. Estes não querem ver a fenda na origem da família francesa, e fabricam para si um patriotismo sem fundamento. Aqueles têm medo da ancoragem reacionária dos sexos, e inventam um erotismo sem entranhas. Tanto uns quanto outros dissociam nascimento e ato sexual e fazem deles abstrações. Não conseguem admitir a relação essencial entre o estado civil e o êxtase genital. Sua reticência é compreensível. Como não seríamos tomados de estupor diante da ideia de que o corpo social funda-se no amor dos corpos? Como não ficar surpreso porque a matriz se abre sobre uma pátria que certamente não é a construção do "brinquedo patriotismo",³ mas o dado, próprio a cada um, por mais díspar que seja, daquilo de que concretamente "recebeu a vida e a educação".⁴ O nacionalismo denuncia com justa razão a irrealidade do individualismo apátrida, mas recua diante da realidade de que um nascimento em Le Havre possa vir da paixão entre um dono de bistrô vindo de Auvergne e uma costureira haitiana. O existencialista rejeita com pleno direito o jogo de palavras grego: *soma-sema* (o corpo-túmulo), mas permanece convencido de que o indivíduo só se desenvolve rompendo com suas raízes.

Quando São Odo de Cluny declara: "Se os homens, dotados como os linces da Beócia de penetração visual interior, conseguissem enxergar o que está sob a pele, a mera visão das mulheres lhes seria nauseabunda", o autor de *A Náusea* fica indignado com essa suposta náusea diante do corpo transparente: "Não se ama nada quando se ama tudo", afirma ele com Jean Genet, "o verdadeiro amor é salvação e salvaguarda do homem todo na pessoa de *um* homem". Ele venera até os "movimentos de algas e de vagas de seus órgãos", até seus "intestinos onde se formam os excrementos".⁵ Jean-Paul Sartre aqui leva bem longe seu senso da encarnação. Porém, eis que, em outra parte, ele confia: "Nunca tive muita simpatia pela criança parida por um sexo".⁶ É a confissão que perpassa seu livro *As Palavras*, no qual ele se pretende uma "criança imaginária", desligada das cadeias do parto: "Quando eu via de novo a minha vida, de seis a nove anos, ficava chocado com a continuidade de meus exercícios espirituais. Eles muitas vezes mudavam de conteúdo, mas o programa não variava; eu entrava em falso, me retirava para trás de um biombo e *recomeçava*

---

³ Referência a "Le Joujou Patriotisme", célebre artigo de Rémy de Gourmont publicado em abril de 1891. (N. T.)

⁴ Tomás de Aquino, *Suma Teológica*, II-II, qu. 101, art. 1.

⁵ Jean-Paul Sartre, *Saint Genet, Comédien et Martyr*. Gallimard, 1952, livro IV, cap. III, p. 491-92.

⁶ Citado por Benny Lévy, *Le Nom de l'Homme*. Lagrasse, Verdier, 1984, p. 179.

meu nascimento na hora certa, no instante mesmo em que *o universo* me reclamava silenciosamente".⁷

Aquele que ainda há pouco tanto exaltava os órgãos internos cai num subjetivismo descarnado. As determinações impostas pela vinda ao mundo a partir do sexo lhe parecem sufocantes. Em vez de ser um apoio, esses laços do corpo seriam para ele um túmulo. O pequeno Sartre gostaria de se lançar ao mundo a partir do próprio pensamento, fora das penumbras das particularidades de uma concepção física, de suas desigualdades escandalosas, a fim de estar à altura do universo, isto é, do universal. Ter nascido de Anne-Marie Schweitzer e Jean-Baptiste Sartre não deve pesar em nada. O que conta, a partir daquela copulação fortuita, é nascer a cada instante das próprias escolhas, *ex nihilo*. A existência procede a partir de então menos da carne do que do nada.

É certamente incontestável que não somos os simples efeitos de um clima natal e de um cruzamento de linhagens. Porém, seria preciso muito para que fôssemos causa de todo o nosso ser. Essa crença, no entanto, é cada vez mais disseminada. Do existencialista ao *self-made man*, ela gostaria de estender a cada um o mito de Kefry, divindade egípcia do sol nascente:

Fui eu meu marido com meu punho, forniquei em minha sombra.
Saí de minha própria boca,
Vomitei-me sob a forma do céu e gotejei água.⁸

Assim, o enraizamento sexual é recusado por uns em nome da raça, por outros em nome do indivíduo, por todos em razão de sua resistência à cidade perfeita e também à subjetividade ideal. Política da desencarnação: ora os sexos são fiscalizados por um mito

---

⁷ Jean-Paul Sartre, *Les Mots*. Gallimard, 1964, p. 92. Grifos do autor. Ver também p. 197.
⁸ Hino a Kefry, em *Payrus d'Ani*, cap. LXXXV.

nacional, ora são remetidos à pequena bolha privada. É essa última alternativa que caracteriza nossa época, em reação à época precedente, marcada pela primeira alternativa até a hecatombe. O púbico em nossos dias não está mais associado ao público. Pubicamente, só existem prazeres sensuais. Publicamente, só há indivíduos assexuados. Os cidadãos sem peso histórico têm a alternativa de aderir ao contrato social ou de fazer a revolução. Porém, sua liberdade abre o campo para uma tirania mais insidiosa. O homem numérico, sem religião nem tradição, não pode mais descansar debaixo da árvore da genealogia, nem agarrar-se à escala de uma transcendência. Ele se torna presa das modas e das propagandas do momento. Suas asas de mosquito agradam-no: ele não se dá conta de que elas vêm de uma gentileza da aranha.

O animal político é em primeiro lugar um animal conjugal

É famosa a definição de Aristóteles: "O homem é por natureza um animal político".[9] Menos famosa é sua fundamentação do matrimônio: "O homem é um ser naturalmente inclinado a formar um casal, mais até do que a formar uma cidade".[10] Se a vida política é necessária para viver bem, a vida conjugal é necessária para simplesmente viver. Até nova ordem, o cidadão surge da união dos sexos e só atinge a maturidade no seio de uma família, mesmo que adotiva. Esse é o fundamento do político. As famílias, associando-se, formam uma aldeia, e as aldeias, em coalizão, formam uma cidade, que se caracteriza pela "autarquia", isto é, o poder de oferecer a seus membros bens suficientes para seu desenvolvimento. A família não existe então apenas para si mesma, ao contrário do que julga a ideologia familialista. Ela existe com vistas à cidade. Aliás, ela a recolhe em si, por meio dos livros, das músicas, das imagens, dos debates em volta da mesa, de modo que a cidade a trabalha desde seu interior. Porém, ao contrário

---

[9] Aristóteles, *Política*, I, 2, 1253a.
[10] Idem, *Ética a Nicômaco*, VIII, 14, 1162ª. Trad. J. Tricot. Vrin, 1990, p. 420.

daquilo que crê a ideologia contratualista, ela não é uma formação secundária, como se tivesse menos consistência do que o indivíduo como origem do tecido social.

Aristóteles insiste no fato de que uma cidade é a imagem de suas famílias, e vice-versa. Comunidades elementares, elas fornecem o modelo potencial da comunidade mais elevada: "Podemos encontrar semelhanças com as constituições das organizações domésticas".[11] O laço existente entre o pai e seus filhos é do tipo monárquico; e, quando esse pai vira feitor, e trata os filhos como escravos, como entre os persas, temos a tirania típica. A comunidade de marido e mulher é de tipo aristocrático, pois as tarefas são repartidas em função da excelência de cada um; porém, quando o marido estende seu domínio sobre todas as coisas, por motivos de riqueza ou de poder, a relação vira uma oligarquia. A república encontra sua imagem na comunidade dos irmãos, em que a igualdade não impede o senso do bem comum; porém, quando a morada não tem senhor, ou quando o chefe é tão fraco que cada qual tem licença para fazer o que lhe apraz, ela se torna a imagem da democracia, no sentido antigo do termo. Esse jogo de espelhos ampliadores entre *oikos* e *polis* supõe uma influência mútua. Ele pode também acontecer em outro sentido, o da redução. Numa região que se compraz em ter decapitado seu rei, a autoridade do pai só pode ser contestada. Se o poder financeiro ou técnico prevalece sobre os dons naturais, a diferença entre o homem e a mulher fica encoberta, em proveito de uma concorrência laboriosa. Enfim, se é o individualismo democrático que domina, é impossível que a família não seja submetida a forças centrífugas que a decompõem sem fim. O animal político e o animal conjugal andam juntos; as esferas pública e privada, ainda que se distingam, não podem ser separadas. A derrubada dos muros é sentida nas fundações. O enfraquecimento das fundações vai aparecendo em fendas nos muros.

---

[11] Ibidem, VIII, 12, 1160b, p. 413.

Considerar a união dos sexos o fundamento da cidade permite ir além tanto da teoria parcial do Contrato Social quanto daquela, contrária, da Física Política. O Contrato Social liga indivíduos sem relações, mas essa falta de naturalidade fragiliza a associação e a torna vulnerável aos caprichos. A Física Política explica que os indivíduos são em primeiro lugar filhos de uma sociedade à qual devem tudo, mas essa falta de liberdade fossiliza a comunidade e a impermeabiliza quanto às reformas. O primeiro joga fora a herança, a segunda fecha-se para a modernidade. De um lado, Rousseau; de outro, Maurras – ou melhor, vários de seus discípulos. Por mais adversários que sejam, uns aferrando-se ao passado, outros correndo atrás do futuro, todos se entendem na recusa da história em sua dinâmica de continuidade na ruptura, ou, melhor dizendo: de novidade na tradição. Todos estão de acordo quanto a não tomar o casamento como momento fundamental. A Física Política escolhe antes o recém-nascido em sua família, ao passo que o Contrato Social toma o noivo sempre capaz de romper. Maurras começa pelo pequeno homem, inicialmente um "pequeno cidadão", recebido por um grupo do qual depende, beneficiando-se assim de uma "desigualdade protetora";[12] Rousseau começa com o selvagem solitário que busca uma associação por meio da qual, unindo-se aos outros, ele "no entanto só obedeça a si próprio, e permaneça tão livre quanto antes".[13] Um situa-se a jusante, e o outro, a montante do casamento. Porém, concentrando-se neste último, pode-se, como Aristóteles, colar de volta os cacos de verdade separados e reconciliar os dois adversários pelo alto (ou pela profundeza).

O casamento é ao mesmo tempo um contrato e mais que um contrato. Tendo como fim excessivo a comunhão de pessoas e o nascimento de crianças, ele apresenta a estranha propriedade de não

---

[12] Charles Maurras, *Mes Idées Politiques*. Lausanne, L'Âge d'Homme, 2002, p. 17-22.

[13] Jean-Jacques Rousseau, *Sobre o Contrato Social*, livro I, cap. VI.

poder ser rompido sem uma violência íntima, mesmo quando as duas partes gostariam de se separar amigavelmente. A comunhão pressuposta pelo "eu te amo" proíbe toda ruptura: seu termo é o outro, e não essa ou aquela qualidade sua. Se eu tivesse dito apenas "amo sua bunda" ou "amo seu sucesso", poderia ter pedido para sair quando meu cônjuge se deparasse com o fracasso ou quando sua bunda caísse. Porém, eu disse: "eu te amo, a ti", isto é, tua pessoa em sua totalidade sucessiva, aquilo que ela é hoje, mas também aquilo que será amanhã, e que ainda não conheço. Não é como um contrato com uma empresa, que posso cancelar quando me decepcionar ou quando o objetivo for atingido.

No mais, essa união amadurece um fruto natural. A criança não é só um ato de papel. Ela é inrasgável. Mesmo que eu não queira mais estar com sua mãe, sou forçado a nos ver juntos, sua mãe e eu, em sua figura. Esse estranho contrato produz assim uma realidade que excede as liberdades que o estabeleceram, tanto que elas não podem desfazê-lo da mesma maneira que o concluíram. O casamento é ao mesmo tempo natural e livre: é uma escolha sobre o fundo natural da ordenação recíproca dos sexos; é uma naturalização da liberdade pelo cumprimento dessa escolha na criança.

Enfim, longe de negar a história, ele prolonga a herança de duas famílias. Porém, ele a assume num consentimento apaixonado. Os pais e as mães veem na união de seus filhos um desenvolvimento de sua aventura. E ao mesmo tempo os filhos dessa união deixam seus pais e mães, e formam uma única carne nova, que acrescenta um canto novo e como que autônomo à epopeia.

Aristóteles encontra aí um modo de ir além do problema judicial. Segundo o filósofo, para a coerência da cidade, a justiça não basta.[14] Ao pretender resolver tudo por si própria, por meio do império de seu foro exterior, ela acaba impedindo a si mesma com a proliferação dos litígios. Por mais justas que sejam as leis, sem certo espírito de família

---

[14] Ver Aristóteles, *Ética a Nicômaco*, VIII, 1, 1155a, op. cit., p. 383.

é inevitável que elas se fatiem sem cessar para resolver conflitos de interesse. Por mais que nosso senso de justiça possa indignar-se com o nepotismo dos príncipes primitivos, este último demonstra uma certa sabedoria: desde que a competência seja igual, ou mesmo um pouco menor, mais vale dar um cargo a um amigo ou um próximo, alguém de confiança, com quem a concordância é mais garantida. No mais, todo mundo age assim. E quanto mais o individualismo se espalhar, mais o nepotismo vai se desenvolver. A única maneira de sair dessa seria estabelecer uma amizade que não seja um civismo quimérico, mas o sentimento de uma fraternidade profunda. Nossa querida República pressente isso, colocando essa relação no fim de sua divisa. Porém, ao executar o rei e ao tomar por princípio o pacto social, será que ela não se tornou incapaz de produzir uma fraternidade que, por definição, exige um pai comum e caracteriza um laço anterior a todo contrato? O resultado foi o inverso do que se esperava. A *polis* que queria fundar-se independentemente do *oikos* foi pouco a pouco devorada por uma economia fora dela própria. Os indivíduos puseram-se a exigir do Estado aquilo que a família deveria dar-lhe: a felicidade privada, em vez de uma liberdade pública; o conforto da sala de estar, em vez de uma palavra na ágora; a assistência social do sexo, em vez de um combate pelo bem comum.

Do casamento real ao divórcio revolucionário

Antigamente, o casamento não ficava só na base da vida política, mas era obrigatório no topo. Joana, a Louca, rainha de Castela, casa-se com Filipe, o Belo, arquiduque da Áustria. Aliança muito mais forte do que nossos tratados europeus. A ratificação aqui é consumida no ato sexual. Os povos se unem por meio da união ardente de seus soberanos, união essa tão ardente que Joana, não admitindo a morte de Filipe dois anos mais tarde, continuará a levar seu cadáver na liteira, a vesti-lo de manhã, a tirar sua roupa à noite, a deitá-lo em seu leito nupcial. Como esses cuidados delirantes não teriam ligado profundamente súditos tão distantes quanto Viena e Madri? Porém, houve também o filho no rosto do qual as duas nações se fundiam: o futuro Carlos V, rei das Espanhas e das Duas Sicílias, soberano das Américas e imperador da Alemanha. Pode-se objetar que essas uniões só podiam ser bilaterais. Isso seria esquecer os irmãos, as irmãs, os primos em primeiro grau, todos duques e condes casáveis com as eminências de outros países. Naqueles tempos, a política era carnal. A união dos sexos monárquicos podia mais que uma declaração de guerra e que uma conferência pela paz. Instrumentalização do casamento? Não, erotização do Estado. Não se tratava apenas de poderio industrial ou militar, mas de uma comunidade de destino que devia ser selada no útero da rainha.

Ainda que nos bastidores, as mulheres tinham um poder enorme. Podiam no travesseiro mais que na tribuna hoje em dia. Maintenon manda na alma de Luís XIV. Pompadour, favorita de Luís XV, induz a inversão das alianças internacionais. O quarto lhes conferia uma força sem concorrência, o que não é exatamente o caso da Câmara dos Deputados. Os acordos obtidos tinham uma profundidade tangível. Nossos representantes em Bruxelas não se beijam tão fogosamente. Mesmo que se entregassem todos juntos, em seu plenário, a uma formidável orgia, estariam longe de atingir semelhante consistência. Eles praticamente não têm outra possibilidade além de serem bons tecnocratas.

Voltaire observava isso em seu *Ensaio sobre a História Geral*: "Os casamentos dos príncipes fazem o destino dos povos na Europa. Nunca houve uma corte inteiramente entregue à devassidão sem que houvesse revoluções e até sedições". Com sua profundidade sexual, a superioridade radical desses casamentos sobre os tratados relaciona-se sobretudo com o respeito de sua indissolubilidade sacramental. Conteste-se essa, e todo um país pode ver-se obrigado a mudar de religião. Henrique VIII quer se livrar de Catarina de Aragão, que não lhe deu filho homem, e que, além desse defeito, possui uma dama de honra muito bela e ambiciosa. O adultério poderia ter bastado. Muitos reis tiveram suas favoritas, e seu homólogo Francisco

I, de Anne de Pisseuleu à "Belle Ferronière", tem fama de galanteador. Henrique, porém, escreveu contra os protestantes uma defesa do casamento indissolúvel: o papa Leão X concedeu-lhe o título de "defensor da fé". Sua consciência é mais pura que a do rei da França. Assim, ela o ameaça com o pior. Diante dela, ele fica tentado a justificar-se e a acrescentar ao pecado da carne um crime espiritual, sob outros aspectos, muito mais grave: saciar sua paixão afirmando oficialmente que ela está em conformidade com o Evangelho. Se ele simplesmente aceitasse perder sua auréola terrestre e passar por calça-frouxa apesar de sua grande cultura musical e teológica! Em vez disso, por meio das lisonjas de um cardeal e de um arcebispo, ele faz a Inglaterra inteira cair na heresia outrora combatida. Lutero já acolhia com complacência a bigamia do *landegrave* Filipe de Hesse. A pequena convulsão desses príncipes propaga-se como um sismo por toda a Europa.

Com a Reforma, a indissolubilidade das uniões reais restringe-se ao círculo do mundo católico. O estabelecimento de um tratado volta a ser mais forte do que a consumação de um casamento. A política se desencarna. A Revolução Francesa, em três anos, torná-la-ia inteiramente teórica. Ela começa com a lei Le Chapelier (1791), que abole os corpos intermediários: corporações e confrarias parecem-lhe *lobbies* conservadores. Ela prossegue, instituindo o divórcio (1792): o casamento indissolúvel é contrário aos direitos e à liberdade do cidadão. Ela termina guilhotinando o rei (1793): a figura dinástica recorda demais as desigualdades do nascimento. O governo tem liberdade total para produzir a sociedade regenerada graças a suas abstrações virtuosas. Dali em diante, perante ele, não há mais famílias, sejam elas de carne ou de ofício, de nobreza ou de artesanato, mas cidadãos isolados uns dos outros, prontos para amalgamar-se numa Vontade Geral.

Balzac estima que a instituição do divórcio levou ao desaparecimento dos contrapoderes naturais: "Com a solidariedade da família, a sociedade perdeu aquela força elementar que Montesquieu definira com o nome de honra. A sociedade isolou seus membros para melhor governá-los, e dividiu-os para enfraquecê-los".[15] O cidadão libertado do jugo carnal das solidariedades familiares está apenas mais submetido às operações sutis do Estado ou do Dinheiro. De um lado, ele perde a força da "honra", palavra outrora tão decisiva, e que hoje faz rir: o que significa hoje em dia permanecer fiel a um juramento ou limpar a afronta feita a seu nome? Obstinação, algo antiquado. "A natureza da honra", explica Montesquieu, "é exigir preferências e distinções."[16] Ela tem a ver com uma lei natural que pode resistir à lei positiva. Crillon se recusa a assassinar o duque de Guise, mas certamente deseja lutar com ele. Antígona enterra Polinices apesar do decreto de Creonte contra o traidor. Aqui está em questão uma lei em que as particularidades da carne e as exigências da razão unem-se e podem insurgir-se contra a ordem abstrata de uma legislação incerta. Desmembrando-se a família, essa resistência desaparece: só há relações contratuais, sempre discutíveis, e, como o contrato que nos liga à sociedade permanece o mais elevado, não há mais meios de opor-se a ele sem parecer egoísta.

Por outro lado, certamente nos sentimos mais livres para nos divorciar sem dores na consciência, mas eis que ficamos mais frágeis, mais maleáveis, sem ter um lar onde nos recolhermos. O indivíduo logo se transforma em divíduo. Em sua relação com sua esposa, por meio dos laços carnais de sua tribo, ele podia encontrar a unidade mais exigente de uma história comum. Hoje, quando está só, ele se dispersa, se desperdiça, seu coração é fragmentário, isso se não é heterogêneo. A mulher do poeta podia dizer-lhe: "Eis que você não está mais abandonado ao acaso, que está constituído entre os homens, e não depende mais dos outros".[17] Agora que ele está divorciado, eis que vaga sem moradia, exceto a de seus pais. Aliás, por que permanecer

---

[15] Citado por G. K. Chesterton, *Divorce*. Trad. J. Fournier-Pargoire. Éd. Saint-Michel, 1931.

[16] Montesquieu, *De l'Esprit des Lois*, Livro III, cap. VII.

[17] Paul Claudel, "La Maison Fermée", *Cinq Grandes Odes*. In: *Œuvre Poétique*. Gallimard, 1967, p. 279. (Coleção Bibl. de la Pléiade)

com a esposa quando a casa já está fatiada por um divórcio íntimo? A televisão entrega cada cômodo à pilhagem, a proximidade se apaga diante da exibição das estrelas, os casais do folhetim americano tornam-se os verdadeiros modelos das crianças. E o mais irônico é que, para manter em seu lar essas forças centrífugas – tela de plasma, conexão de alta velocidade, produtos derivados da rebelião para todos –, a família precisa endividar-se além da conta, isto é, ficar ainda mais escrava do trabalho exterior, proibir-se ainda mais o recolhimento.

Não se trata de acusar as pobres almas que sofrem uma separação dolorosa, mas o espírito do divórcio. Espírito que seria encontrado até na interpretação romântica de *Romeu e Julieta*. Ela só quer enxergar dois jovens tomados pela paixão amorosa, e a infelicidade de uma liberdade individual ignorada pelo domínio sufocante dos Montéquio e dos Capuleto. Ela ignora o drama político, esse "esperma fatal" que, pela indissolubilidade da morte e do casamento, acaba reconciliando as duas famílias que dilaceram Verona. Essa reconciliação não é mais importante do que as efusões sentimentais de nossos adolescentes? Não é ela o fruto mais alto de seu amor? Não são eles, assim, figuras conjugais do Cristo? Mais que nos darmos conta dessa vocação trágica, inventamos dois pombinhos que se escolhem e que desse modo rompem todos os laços. Porém, conceber o casamento apenas no plano de uma paixão reclusa ou de um hímen contratado fora da história é desde já apresentá-lo como divórcio potencial: a paixão efetivamente passa, e o contrato sempre pode ser anulado. Essa união de um homem e de uma mulher apaixonados, que pode ser rompida a qualquer momento da maneira mais legítima, seria igualmente conveniente, e até mais, a um homem e um homem. A partir do momento que só empenha dois seres sem pertencimento, mesmo que sejam macho e fêmea, o casamento já é "homossexual". A prioridade é a liberdade dos indivíduos, isto é, o poder de divorciar-se.

Esse ácido é agradável quando começa derretendo nossas correntes, mas ele não para por aí. Ele precisa nos dissolver na multidão. Como um fulano qualquer solto por aí eu me apego aos corpos das revistas, desejo segundo a oferta e a demanda. Por mais que minha liberdade se queira individual, mesmo assim é a união que faz a força. A liberdade individual é uma liberdade sem força, sujeita a todas as manipulações. Ela nega o fundamento de suas determinações carnais. Ela é levada pelo espírito de época. Solta do galho que erguia para o sol, a folha pode achar-se liberta por um instante: ela rodopia entre os comerciais, o que parece uma dança, mas não passa de uma morte distraída. No entanto a dona de casa isolada, após um dia estafante, para diante das bancas de revistas: ela ainda sonha com casamentos principescos.

Sobre o rei como pai nos seios de Marianne

Stálin recebia o epíteto de "Paizinho dos Povos" – apelação abusiva, ligada ao culto da personalidade. Ela pretendia equilibrar-se no duplo absurdo do ingênuo diminutivo infligido a "pai" e do plural megalomaníaco de "povos" no genitivo. A um poder ideológico, o título de *"Führer"* ainda é mais conveniente. O nome "Stálin", felizmente, ofereceria um contrapeso: tratar-se-ia menos de ser "paizinho" do que um grande metalúrgico, pois o apelido deriva de *stal*, que significa "aço". Por outro lado, La Bruyère afirma que "dar a um rei o nome de PAI DO POVO é menos fazer seu elogio do que chamá-lo por seu nome, ou defini-lo".[18] Sem dúvida, é dizer que o rei precisa estar à altura de uma dedicação e de uma beneficência paterna, e sugerir também que o povo pode ter caprichos, revoltar-se, até censurá-lo, como um filho legítimo. Porém, isso é sobretudo recordar algo estranho a nossos ouvidos democráticos, isto é, que sua autoridade está relacionada a uma ascendência carnal: "A essência da realeza não reside em sua eficiência, mas no fato de que ela escapa totalmente à escolha, e aquilo que escapa à escolha é, antes de tudo, o corpo. Na república, o corpo do chefe de estado não importa. Sua saúde, talvez, suas qualidades telegênicas, com certeza, seu corpo como tal, não".[19]

---

[18] La Bruyère, *Les Caractères*, "Du Souverain ou de la République", 27.
[19] Vladimir Volkoff, *Du Roi*. Juilliard-L'Âge d'Homme, 1987, p. 31-32.

O reino como corpo é alheio a essa eficiência que pensa o Estado em termos de rendimento, e a carne em termos de números de audiência. Isso porque ele pretende assumir os homens em sua mais íntima tessitura, na gordura ancestral e na graça sobrenatural que excedem e suportam a vontade deles: "A realeza hereditária começa onde começa o homem: na cintura de um senhor e no ventre de uma senhora. O que nasce é um corpo que é a garantia da realeza. Mesmo que eu não goste, que talvez ele próprio não goste, esse indivíduo é o rei".[20]

Com excessiva frequência, esquecemos esse último ponto: o rei, assim como seu povo, não escolheu seu ônus. Ele deve "suportar ter nascido rei".[21] Assim, ele é como um pai não apenas porque o povo deve amá-lo em nome de uma afinidade histórica e não eletiva, mas também porque ele recorda a cada um, assim como ela recorda a si própria, a densidade de sua filiação. Essa recordação impede o poder monárquico de julgar-se todo-poderoso ou de investir-se da missão de refazer o mundo: "Não será possível jogar jogos ideológicos com os homens, conduzi-los a futuros radiantes fundados em abstrações-panaceias, nem mesmo fazer-lhes crer que são iguais, e portanto intercambiáveis, na medida em que eles se recordarem de sua origem e da ordem em que saíram dela. Os mais velhos, os do meio, os caçulas formam uma estrutura orgânica que a Revolução precipitadamente jogou fora: ela precisava dos alinhamentos indeterminados de gêmeos saídos direto da incubadora".[22]

Também costuma ser esquecida esta outra evidência: a realeza se opõe à ideologia, especialmente a do nacionalismo. Nunca houve tanta diversidade regional e linguística quanto sob o Antigo Regime. O Rei, como Pai, faz a unidade do Reino. Como a Revolução o decapita, precisa inventar uma ficção centralizadora: a Nação abstrata,

---

[20] Ibidem, p. 33.

[21] La Bruyère, *Les Caractères*, 34.

[22] V. Volkoff, *Du Roi*, op. cit., p. 56-57.

concebida como gênio da raça que leva a olhar de cima os outros povos. Antigamente, rei e nobres faziam a guerra longe das populações, que não precisavam alimentar ódios mútuos. Em 1793, a Convenção inventou o "recrutamento em massa". O cidadão faz parte da "Nação", precisa combater por ela e dar uma de soldado. Para tirá-lo dos seus, instila-se nele, portanto, o ódio à "nação"combatida: "Vamos atracar onde estão os filhos da puta da pátria número 2, vamos meter-lhes bala nos peitos! Andem! [...] Todos em coro! Comecem a se esgoelar, a plenos pulmões, vamos ver só, e que tudo estremeça: *Viva a Pátria número 1!*"[23]. Mobilização geral. Tendência para os extremos. Guerra de extermínio. "Que um sangue impuro inunde nossas trincheiras!". Essas invenções modernas saem diretamente da perda do carnalíssimo rei pai em prol de uma evanescente mãe pátria que incuba seus cidadãos armados.

Sem dúvida, a monarquia sempre corre o duplo risco de corromper-se em tirania e de sufocar cada um em seu *pedigree* local. A República nos preserva desses males: cada qual é convidado a participar do poder, os homens são livres e iguais em direito. Porém, como conseguiria ela não entregá-los ao mimetismo concorrencial? Se ela pretende fazer tábula rasa do passado da carne, ela só pode abandoná-los a perigos maiores, em nome de amanhãs sublimes. Para dissimular essa perigosa abstração, o Diretório quis para a República um nome mais atraente, algo que a fizesse parecer mãe, assim como o rei era pai. Durante uma noitada, Barras pergunta o prenome da Sra. Jean-François Rewbell: "Marie-Anne", diz ela. "Perfeito", responde ele, "é simples, é curto, ele cabe na República assim como cabe na senhora." Nossa deusa municipal sai desse encontro. Fortuito? Não de todo. Se a Sra. Rewbell se chamasse Hildegarde, o nome não teria sido tão conveniente. Era preciso apesar de tudo uma memória carnal, ainda que esquecida, para que o nome pegasse: o de Maria, a Santa Virgem,

---

[23] Louis-Ferdinand Céline, *Viagem ao Fundo da Noite*. Trad. Rosa Freire d'Aguiar. São Paulo, Companhia das Letras.

padroeira da França (a Assunção foi a festa nacional até 1880, ano da invenção do 14 de julho), e o de Ana, sua mãe, ligada também à Bretanha – dois nomes judaicos afrancesados por essa deusa da fortuna, ora madona sem Cristo, ora mãe da nação, ora filha do povo, segundo as necessidades. O símbolo não se baseia mais numa realidade corporal como o sexo do rei, mas num gênero gramatical, o feminino da palavra "república". Assim, como não pensar que o feminino não passa de uma construção social? A teoria de gênero já está aí.

O corpo de nossa centaura é o prédio da prefeitura. Ela pode adaptar-se a todas as metamorfoses do poder. O busto de Marianne, por isso, passa por várias operações estéticas. Ele foi primeiro um peito largo, de robustez rústica. Depois, as mamas desincharam, o sinal do leite desapareceu, e Marianne virou algo entre a virgem jacobina e a "meretriz que solicita, / nessa terra conquistada, todos os cérebros pequenos".[24] Porém, os contornos voltam pouco a pouco, modelando-se numa Bardot, numa Deneuve, numa Casta... O decote não é mais o de uma mãe que amamenta, mas da vedete sedutora. Não estamos mais na época da nação orgulhosa, nem do jacobinismo austero, mas na do divertimento comercial.

Assim, passamos de uma Marianne nacionalista-natalista a uma Marianne liberal-malthusiana. A primeira é a figura de um patriotismo abstrato, a segunda é a imagem de um consumismo espetaculoso. Aquela condena à morte a mulher que aborta, pois contra os prussianos é preciso repovoar o país. Esta é favorável ao aborto, pois cada mulher deve poder dispor de seu corpo para melhor entregar-se ao emprego e à mercadoria. Porém, a leiteria anônima e o balão de silicone têm em comum ignorar o que pode ser verdadeiramente o peito de uma mulher. O natalismo da primeira certamente provocou, como reação, o abortismo da segunda: meu ventre não é a antessala da caserna. Porém, uma e outra concordam em ver na criança apenas

---

[24] Paul Verlaine, "Buste pour Mairies" ["Busto para Prefeituras"], citado por Damien Baldin, *Histoire du Sein*. Éd. du Sandre, 2005, p. 89.

um meio – de força nacional ou de bem-estar individual. Uma e outra inserem sua pessoa num planejamento. O dado dos sexos não possui mais sua misteriosa ordem própria. Ele se torna um material submetido aos projetos do indivíduo ou do Estado, controlável pela técnica, monetizável pelo mercado.

A era do turismo

A prostituição aumenta, mas a profissão mais antiga do mundo desaparece. As antigas prostitutas francesas, herdeiras das casas toleradas por São Luís, reclamam das estrangeiras que são jogadas na calçada como produtos em promoção. A miséria, o estupro e o tráfico de pessoas não poderiam constituir uma verdadeira vida profissional. Para isso era preciso todo o patrimônio da cristandade, daquelas vagabundas voluntárias, que não tratam o cliente como mera bomba de dinheiro, e que sabem levar uma vela para Santa Rita por seu pecado comum. A tia de Édith Piaf era uma cafetina de grande coração: um dia levou as filhas em peregrinação a Lisieux para pedir a Teresinha a cura da *môme*.[25] Como a santa, do seu céu de misericórdia, não teria se comovido com esse bordel refeito em *Ave Maria*? Ela obteve o milagre. Foi pela intercessão dessas almas que podemos cantar *Padam*. Porém, a puta respeitosa foi hoje substituída pelo escravo drogado. Onde Irma la Douce recebia hoje está Boonchu, o garotinho tailandês. É que a caridade católica foi substituída pelo humanitarismo mundial.

Logo após o *tsunami* de 26 de dezembro de 2004 (domingo da Sagrada Família), muitos turistas cancelaram sua viagem para o Sudeste Asiático. Na rádio France-Culture, ouvimos o dono belga de um bar do litoral que lamentava a falta de trabalho de suas moças: "É tão triste vê-las assim, sem fazer nada... Vocês não entendem, a melhor ajuda, depois desses desastre, é colocar essas moças para trabalhar.

---

[25] *Môme* significa criança; porém, Piaf até o fim da vida foi conhecida como La Môme. (N. T.)

Saindo com uma delas, você ajuda sua família, você alimenta a avó, você reconstrói o país!". Houve pessoas generosas que não cancelaram suas férias. Ao deitar-se com crianças, permitiram a construção de escolas. A renda da prostituição, em 1995, constituía 60% do orçamento do Estado tailandês.[26] Essa porcentagem apenas cresceu, para a felicidade do PIB. O Banco Mundial e o Fundo Monetário Internacional regozijam-se. Para o pagamento de sua dívida, eles incentivam vários países a desenvolver suas atividades de turismo e de lazer. Sua política de ajuste estrutural encontra nos lupanares toda a austeridade necessária. Sabe-se que durante os anos 1990, só na região do Sudeste Asiático, o tráfico com fins de proxenetismo gerou três vezes mais deportados que o de escravos africanos durante vários séculos. Porém, estamos tão ocupados nos arrependendo de nosso passado colonial que podemos agradavelmente esquecer nosso presente comercial. Assim, em 2004, havia quase dois milhões de crianças utilizadas pela indústria dita "sexual", cada qual vendendo seus serviços a cerca de dois mil homens por ano, de modo que se pode estimar em 1260 o número de serviços tarifados prestados por menores de quinze anos apenas durante a leitura desta frase.

Ah! Claro, nós não frequentamos esses recintos, nós não somos pedófilos e nunca vamos a Bangcoc, a Manila ou ao Rio de Janeiro, exceto por motivos castos. Porém, como temos certeza de que não somos turistas sexuais? Afinal, podemos sê-lo em nossas casas. O turista por definição não saberia criar raízes: ele visita pedras antigas, mas é diante dos cartões-postais que ele respira, entre as reproduções que pode comprar, segurar, rever em sua sala. Se ele encontra a menor resistência, as reclamações se voltam contra a operadora de turismo. Ela só está lá para o prazer dele, e por isso não está ali verdadeiramente. Estar ali verdadeiramente significa empenhar sua presença, experimentar-se contra aquilo que resiste. Vamos além das relações

---

[26] Todos os números vêm de Richard Poulin (org.), *Prostitution, la Mondialisation Incarnée. Alternatives-Sud*, vol. XII, 2005, 3.

anônimas de dinheiro para entrar em laços de obrigação com as pessoas. Saímos de um folclore de hotel para penetrar nas sombras do cotidiano. Porém, o turista imuniza-se contra a carne e contra a história por uma redução técnica e mercantil. No lugar da terra, ele prefere o desterro. No lugar de sua prece, ele se preocupa com os preços. Seu turismo é abjeto na medida em que é antissexual: uma tentativa desesperada de desencarnação.

Como poderia ser diferente para nós, que passamos nosso tempo com as imagens de um mundo ao alcance de um clique? A pulsão sexual, como já sugeri, é um produto tardio da indústria moderna. A máquina a vapor apareceria e se tornaria modelo da fisiologia, dando-nos a imagem do sexo como válvula de escape ou do coito-pistão. Esse tipo de recorte não poderia ocorrer ao homem para o qual o corpo era um cruzamento de mistérios. No primitivo, nada mais ritualizado do que o ato sexual. Era preciso um acordo dos clãs, uma bênção dos deuses, um compromisso com os espíritos sombrios da floresta. O que acontece com o consumidor? Ele vive no século horizontal da produção em série e da entrega em domicílio. Toda vez ele precisa do novo e do rápido, que não resiste: *fast-food* e *slim-fast*, pronto para levar e pronto para gozar, o comprimido gravado bem rápido no disco rígido.

A *sex-shop* não tem mais culpa que um sintoma: o princípio é o shopping em si mesmo, erigido como relação fundamental com as coisas. O *peep-show* não é mais condenável que um efeito: a causa é o show em si mesmo, proibindo a inscrição no cotidiano. Alguns cliques no *mouse*, e eis na minha tela plana uma atriz perfeita que abre as pernas em alta definição. Meu sexo não é mais essa masculinidade que me tira de mim mesmo e me leva a uma mulher para o êxtase total de nossas sementes, mas o órgão excitável, o *"joystick"* cuja comichão precisa ser apaziguada imediatamente. Como, assim, eu não seria um turista da minha própria carne? Se nessas condições eu não pago um Boonchuzinho, é menos por moral que por falta de oportunidade, e talvez por certa falta de coragem. O consumidor pudico pode perfeitamente denunciar o tráfico de crianças. Sua relação compulsiva com os seres, organizada pela distribuição em massa, é seu fundamento notório. Seu apelo aos direitos do homem no mais das vezes não passa de um efeito de sua fé nos deveres do consumidor. Aliás, ele defende o "direito à criança" para qualquer adulto desejoso de adquirir um pequeno. Seja com sua esposa, na frente da posta-restante, ou debaixo de seu edredom de penas, protegido da tragédia, ele permanece um turista sexual.

Martírio de Pasolini

Acreditamos numa libertação. Só obtivemos o liberalismo. O cofre-forte puritano deu lugar à caixa automática. Pasolini (cujos prenomes eram Pedro e Paulo – como Rubens –, as duas colunas da Igreja) começou lutando por uma "liberalização sexual". Sua *Trilogia da Vida* ergue uma sinfonia dos corpos, com a "violência arcaica, sombria, vital de seus órgãos" como um baluarte contra a "irrealidade da subcultura dos meios de comunicação de massa".[27] Em vez de desdobrar-se numa utopia futurista, ela vai beber nos grandes textos da Idade Média: *Decamerão* (1971), *Contos da Cantuária* (1972), *As Mil e Uma Noites* (1974). Porém, em junho de 1975, algumas semanas antes de sua morte, Pasolini desdiz-se duramente: "Abjuro a *Trilogia da Vida*, ainda que não lamente a ter produzido".[28] Os pequenos hedonistas acreditavam ter encontrado seu cineasta, e de repente estão diante de um perigoso inimigo. O filme daquele ano, *Salò ou os 120 Dias de Sodoma*, apresenta-lhes sua querida liberação sexual, aquela que eles supunham na vanguarda do antifascismo, como um instrumento importante do novo fascismo.

"A luta progressista pela democratização da expressão e pela liberalização sexual foi superada e tornada vã pela decisão do poder

---

[27] Pier Paolo Pasolini, *Écrits Corsaires*. Trad. P. Guilhon. Le Livre de Poche, 1979, p. 21-22.
[28] Ibidem.

'consumista' de conceder uma tolerância ampla (ainda que falsa)." É que essa tolerância rende. Sem dúvida ela permite a fabricação de toda uma gama de produtos cuja forte carga libidinal dispensa um grande esforço publicitário. Porém, ela leva principalmente os indivíduos a desfazer-se de todos os seus laços carnais para só encontrar sua felicidade nas revistas. "Quem aceita o divórcio é um bom consumidor."[29] Parece que estamos lendo Balzac. O autor de *Esplendores e Misérias das Cortesãs* estabelece a mesma relação entre liberdade sexual e despesa orçamentária: "O leitor concorda que um amante deve colocar mais vezes camisas brancas do que coloca um marido ou um solteiro ocioso? [...] Uma paixão consome uma quantidade prodigiosa de casacos, de gravatas, de robes que o coquetismo exige".[30] A licenciosidade e o sentimentalismo são mantidos pela sociedade liberal para que a demanda seja sempre cada vez mais forte e voltada para o supérfluo. A fidelidade familiar levaria à bancarrota: sexo gratuito, comida em casa, jogos sem dinheiro, resistência ao terrorismo cosmético, prevenção contra o fanatismo da magreza... E se, além de tudo, eles respeitam o descanso do sábado ou do domingo, então está garantido o crescimento negativo! Os prelados da rentabilidade viriam a lamentar o anarcossindicalismo. À consumação do casamento, eles ainda preferem o casamento de consumo. Porém, o estado mais perfeito, aos olhos deles, continua a ser o celibato consagrado ao Santíssimo Shopping.

Segundo Pasolini, o fascismo de Mussolini foi menos destruidor do que o fascismo mercantil. Ele tinha subjugado os homens, mas não tinha "atingido o fundo das almas": "Naquela época, os jovens, mal tiravam os uniformes e pegavam a estrada para suas terras e seus campos, voltavam a ser os italianos de cinquenta ou de cem anos antes, como antes do fascismo. [...] Por outro lado, o novo fascismo, a

---

[29] Ibidem, p. 299.
[30] Honoré de Balzac, *Physiologie du Mariage*. In: *La Comédie Humaine*, 1950, t. X, p. 886-87. (Coleção Bibl. de la Pléiade)

sociedade de consumo, transformou profundamente os jovens; eles os tocaram naquilo que têm de mais íntimo, eles lhes deram outros sentimentos [...]. Não se trata mais, como na época de Mussolini, de uma arregimentação superficial, cenográfica, mas de uma arregimentação real, que roubou e mudou suas almas".[31] Pasolini insiste na "perda de capacidade linguística", sobretudo na destruição dos dialetos enraizados na vida concreta dos corpos e que geravam contínuas invenções. A assustadora pobreza do vocabulário erótico, entre outros, é um sinal dessa uniformidade produzida pela pulsão consumidora. Diante dela, a *Vita Nova* de Dante parece de uma mediocridade ridícula: por que todo esse falatório por sua *Bice*, para não dizer por sua *bitch*, quando a questão é só "pegá-la"? Aqui se acredita ter a última palavra de todo amor. A perda da capacidade linguística é comparável à perda da capacidade carnal. "Aquilo que, nas fantasias sexuais, era dor e alegria tornou-se decepção suicida, letargia informe.[32] [...] O resultado de uma liberdade sexual 'oferecida' pelo poder é uma verdadeira neurose generalizada. A facilidade criou a obsessão."[33]

Em 3 de novembro de 1975, Pasolini foi encontrado morto, assassinado, numa praia nos arredores de Roma. Foi obra de um gigolô de dezessete anos, Pino, a Rã, com seu bando embriagado. A autópsia fala de um corpo enegrecido pelos hematomas e vermelho de sangue. É o caso de crer que foi demorado. O rosto emaciado está inchado pelos golpes. A mandíbula está quebrada na esquerda. A orelha direita está pendurada, e a outra foi completamente arrancada. Na garganta, um corte escancarado. "Nos testículos, um hematoma grande e profundo. Dez costelas quebradas, assim como o esterno, o fígado lacerado em dois pontos, o coração igualmente lacerado..."[34]. Aquilo que o braço secular da Inquisição não teria conseguido fazer, as mãozinhas do consumo realizaram com a maior facilidade.

---

[31] Pier Paolo Pasolini, *Écrits Corsaires*, op. cit., p. 304.

[32] Ibidem, p. 22.

[33] Ibidem, p. 163.

[34] Ibidem, p. 11.

A recusa do nascimento (Hannah Arendt)
Eis aqui divorciados que formam um casal admirável em espírito. Após ter comentado a uma voz as *Elegias de Duíno*, eles se separaram, cada qual grávido de uma obra considerável, seguindo divergências que reforçavam, sem que eles soubessem, uma complementaridade profunda. Günther e Hannah tinham fugido da Alemanha nazista. Moravam num quarto de empregada no Quartier Latin antes de partir separadamente para os Estados Unidos. Não tiveram filhos juntos. Porém, suas reflexões sobre o totalitarismo permitem pensar o nascimento de maneira insuperável. Sem dúvida porque eram filho e filha de Israel e porque tinham eles mesmos tentado colocar em segundo plano essa marca congênita, que lhes será recordada. O Saber abstrato e totalizante em que haviam acreditado para serem assimilados, esse Saber um dia lhes diria que eles tinham nascido judeus, e que, como judeus, tinham de desaparecer.

Hannah Arendt destaca a novidade do fenômeno totalitário. Na tipologia aristotélica dos regimes políticos, não sabemos onde encaixá-lo. Ele pertence ao gênero dos regimes "corrompidos" e no entanto não constitui uma espécie da tirania. Esta última, junto dele, parece um folclore de república de bananas. O poder constituído para o bem comum ali é confiscado em prol de um só: se ele se espalha apesar de tudo por uma multidão, é de próximo em próximo, desde a família e a guarda pretoriana até os milicianos e os aliados. Na medida em que nazismo e sovietismo associam-se às figuras de Hitler e de Stálin, é com certa rapidez que se imagina que essas doutrinas são apenas as estruturas da propaganda necessária a dois tiranos. Porém, é exatamente o inverso. O tirano não é essencial para o totalitarismo. É possível imaginar um nazismo sem Hitler e até sem nada de nacional (é com mais reserva que eu diria sem nada de socialista).

Aquilo que define essencialmente o regime totalitário é a ideologia do poder. Ela governa os próprios governantes. Seus representantes mais eminentes são apenas seus peões. Aliás, eles são triturados pouco a pouco pelas engrenagens, pois o fracasso deve recair sobre Fulano ou sicrano, e não sobre um erro da Doutrina. Hannah Arendt afirma por conseguinte que o militante convencido não é necessário para ele. Este seria até um ser perigoso, capaz de mudar de ideia. Como interioriza a ideologia, acaba por pensá-la e corre o risco de perceber suas falhas. É mais conveniente aquele que a deixa agir, que fala mal dela um pouco quando é preciso, mas que não reconhece nenhuma realidade que possa enfrentá-la: "O sujeito ideal do reino totalitário não é nem o nazista convencido, nem o comunista convencido, mas o homem para quem a distinção entre fato e ficção (isto é, a realidade da experiência) e a distinção entre verdadeiro e falso (isto é, as regras do pensamento) não existem mais".[35]

O homem do virtual corresponde a ele muito bem, sendo mais apolítico e fácil, se não de arregimentar, ao menos de tornar cúmplice. O individualismo é assim a base do totalitarismo, e não seu principal inimigo, como tantas vezes se pensa. É preciso seres isolados, "desolados", sem fortes laços familiares ou religiosos, e por isso prontos para fundir-se numa massa: "O isolamento é pré-totalitário. Homens isolados não têm por definição poder nenhum. [...] Ser desenraizado significa não ter mais lugar no mundo, reconhecido e garantido por outros. [...] O desenraizamento pode ser a condição preliminar da superfluidade".[36] A perda dos laços carnais se encontra no princípio dos expurgos. Em *1984*, é normal vaporizar os avôs. Todo vovozinho, naturalmente, resiste. Ele constitui uma autoridade histórica e memorial que perturba o monopólio da Doutrina. Ele pretende opor-lhe as aproximações de uma sabedoria de experiência. Experiência, que arcaísmo! A ideologia possui o Saber absoluto. Ela tem nas mãos a Lei da Natureza ou da História. Ela é a Providência do mundo. Por essa razão, ela pode antecipar as eliminações que o curso previsto das

---

[35] Hannah Arendt, *Le Système Totalitaire*, cap. IV. Trad. Bourget-Davreau-Lévy. Seuil, 1995, p. 224. (Coleção Points)

[36] Ibidem, p. 225 e 227.

coisas teria trazido. Afinal, ela não seria capaz de patrocinar crime algum, mas apenas *"uma morte dulcíssima"*.[37]

Como caracterizar em poucas palavras a essência dessa ideologia? O pensamento de Arendt a resume a uma fórmula muitas vezes negligenciada: a recusa do nascimento. Nascer é sempre nascer, de certo modo, pela operação do Espírito Santo. O novo homem é tramado no seio de alguma mulher, assim, após um ato carnal, sem que ela entenda nada. Dessa forma, ele não depende inteiramente do sistema. Ele está relacionado à comunidade sexual de seus pais e de seus ancestrais; e como essa comunidade não o criou, porque o processo de geração lhe escapa, ele também está relacionado a uma transcendência que não poderia ser reduzida ao jogo das vontades humanas. Isso é demais para a ideologia. Ela não quer esse sujeito que nasce de uma história obscura, misturando Deus, pênis, útero, mas um indivíduo maleável e produtivo, que consta do planejamento: "O terror, como servo obediente do movimento histórico ou natural, tem assim o dever de eliminar não apenas a liberdade, qualquer que seja o sentido particular dado a esse termo, mas também a origem mesma da liberdade que *o fato do nascimento* confere ao homem e que reside na capacidade que este possui de ser um novo começo".[38]

O mito progressista do Homem regenerado ignora a verdadeira novidade.[39] Afinal, é cada homem, pela impenetrável via dos sexos, que é absolutamente novo, de modo que querer criar um homem novo, conforme à ideologia, é entrar na caducidade mesma daquilo que está na moda. É significativo que Hannah Arendt termine sua obra-prima por uma citação de *A Cidade de Deus*: *"Initium ut esset homo creatus est*, o homem foi criado para que houvesse um começo", diz

---

[37] Uma autoridade nazista citada por Hannah Arendt, em *Eichmann à Jérusalem. Rapport sur la Banalité du Mal*, VI. Trad. A. Guérin. Gallimard, 2002, p. 216. (Coleção Folio Histoire)

[38] H. Arendt, *Le Système Totalitaire*, op. cit., p. 212.

[39] Ver o artigo "Régéneration", em Mona Ozouf e François Furet (org.), *Dictionnaire Critique de la Révolution Française*. Flammarion, 1988.

Santo Agostinho. "Esse começo é garantido por cada nascimento."[40] O nascimento de um homem não é apenas, como nos outros animais, o nascimento de um indivíduo por meio do qual a espécie se propaga. É um acontecimento radical. Ele não poderia ser um elemento de um plano, seja de uma política natalista, seja de uma licença abortiva. Ele é mais profundo que qualquer ideologia.

A recusa do nascimento (Günther Anders)

Cinco anos depois, segundo uma comunhão espiritual a distância, Günther Anders parece responder a sua ex-mulher e levar mais longe sua perspectiva. As ideologias caducaram, observa ele. Entramos numa era pós-ideológica. Hoje, ninguém mais pretende produzir um pensamento que determine as leis da Natureza ou da História. Falta ter certeza? Lembremos que o totalitarismo não tinha necessidade de convencidos: o tirano, nele, era apenas uma persistência antiga, o militante, uma necessidade passageira. No limite, a ideologia pode desaparecer ou dar lugar a uma ideologia negativa: a suposta luta contra toda ideologia. Sem senhores, sem doutrina oficial, sem nada que possa dissipar a ilusão de uma liberdade individual, a maquinação funciona ainda melhor.

O súdito do regime totalitário não deve *nascer*: ele fugiria à totalização completa. O que é preciso, portanto, é que ele seja *produzido*. A mentalidade produtivista basta para realizar o totalitarismo perfeito. Anders desenvolve na sequência o conceito de "vergonha prometeica", com o qual entende o sentimento que toma o homem diante da "humilhante qualidade das coisas que ele mesmo fabricou".[41] De imediato, isso parece absurdo: que vergonha poderia eu sentir diante de uma colheitadeira, de um computador portátil, da última van Mercedes? Tenho antes um sentimento de orgulho diante da grandeza

---

[40] H. Arendt, *Le Système Totalitaire*, op. cit., p. 232.

[41] Günther Anders, *L'Obsolence de l'Homme.Sur l'Âme à l'Époque de la Deuxième Révolution Industrielle* [1956]. Trad. C. David. Ivrea/Éd. de l'Encyclopédie des Nuisances, 2002, p. 37.

humana. Precisamente. Esse orgulho diante de nossas proezas de engenharia é medido pela performance técnica. Ela só faz confirmar a vergonha de nossa proveniência carnal, *inter fesces et urinam*. O hino "Às Engrenagens" entoa-a para o futuro:

> Ninguém jamais deveria saber
> quem, no sombrio começo,
> foram meus pais,
> que outrora, pequenino, no ventre de minha mãe,
> nadei como um peixe
> e que vim ao mundo,
> bolota de terra sanguinolenta,
> em vez de surgir entre vós,
> com o coração blindado. [...]
> Não temos chance de manter a cabeça erguida
> na sociedade das coisas bem adaptadas.
> só às coisas é permitida a confiança em si,
> só aos instrumentos é permitido o orgulho.[42]

A maioria de nós canta essas estrofes mais ou menos conscientemente. Qual o sonho dessa moça? A saúde e as medidas que permitem "aparecer na capa". A maquiagem que deixa a pele tão lisa quanto a de uma bela carroceria. O sucesso, numa palavra, consiste em tornar-se marca registrada, vender-se em produtos derivados, entregar-se em artigos nas prateleiras ou em fotos nos sites. Sua maior esperança é aparecer na imprensa. Sua glória seria tornar-se uma figura da indústria, que o nome de sua linhagem virasse *jingle*. Fabricada em série, levada por uma transmissão para milhões de pessoas num momento de grande audiência, ela sentirá que verdadeiramente existe. Ela se tornará um autêntico "divíduo" cujas imagens são compradas em hipermercados.

---

[42] Ibidem, p. 37 e 41.

O trirregno de rentabilidade, técnica e espetáculo, ou, digamos numa palavra, da performance, implica portanto "a rejeição do 'nascer'", "a vergonha de ter-se *tornado* em vez de ter sido *fabricado*",[43] isto é, a desolação de não ser inteiramente adaptado a este mundo, de não poder ser infinitamente reproduzido, de ter em si o obscuro magma de terra e céu que, como uma bola de chumbo e um balão, afastam você de cima a baixo. Anders atribui essa rejeição ao idealismo moderno e a seu desejo de fundar o sujeito em si mesmo, independentemente de toda proveniência. Ele faz uma crítica justa de Sartre e do primeiro Heidegger, para quem o conceito de "ser lançado" (a tese de um abandono fundamental em meio ao mundo) permitiria evitar pensar o "ser nascido" e especialmente o "ser acolhido" no seio da mulher. Para ser um homem "autofundado", é preciso libertar-se da origem sexual. Como na antiga gnose, essa origem torna-se o "pecado original" em si. Precisamos desfazer-nos desse fardo servil para sermos nossos próprios criadores, e portanto nosso próprio material. Aí também convém livrar-se de todos os pais e avós. O progresso rápido consegue isso sem dor. Na medida em que a inteligência passa a sancionar-se pela capacidade de manejar o último grito tecnológico, os velhos são imediatamente postos de lado. Eles não têm nada a ensinar-nos. Cabe aos jovens explicar-lhes a vida. Mostrar-lhes como funciona a última *Playbox*. Esse universo em que o essencial está no domínio das últimas engenhocas só quer como reis os adolescentes. A experiência não vale o modo de usar. As tradições não são nada diante do último catálogo.

Nesse mundo da performance, somos todos "transexuais", pois mesmo que sejamos "héteros", isso deve vir de uma decisão; somos todos desencarnados, pois, mesmo que exibamos nossa carne, é como objeto acetinado, congelado em sua juventude, digno de aplausos ("Quanto ao destino seguido pela verdadeira carne, trata-se de um processo oculto, sem o menor interesse, e o melhor

---

[43] Ibidem, p. 38.

ainda é ter vergonha dele");[44] enfim, somos todos eugenistas, pois mesmo que sejamos contra a eugenia nazista, claro, é preciso que os acasos do nascimento cedam lugar às certezas da fabricação: um bebê sem taras, sem máculas, que, graças ao útero eletrônico, não causou estrias nem provocou sofrimento algum na mamãe (ela até pôde fazer as últimas compras durante sua expulsão), perfeitamente adaptado ao mercado de trabalho, tão maravilhosamente no vigor da moda atual que não corre nenhum risco além de ficar obsoleto no ano que vem.

Alguns gostariam de distinguir um eugenismo de Estado e um eugenismo de liberdade: eles agem "como se a pressão social e econômica, e a da mídia, não fossem tão constrangedoras quanto a lei, e tão duras quanto a 'ditadura da seleção natural'".[45] Outros criticam o eugenismo positivo, que consiste em querer produzir super-homens, e elogiam o eugenismo negativo, que consiste em suprimir embriões defeituosos. Porém, onde começa a deficiência? Ela não está, antes de tudo, nessa visão tecnicista do mundo? Essas pessoas que colocam tudo na eficiência mundana não estão na maior deficiência espiritual? Como farão para suprimir-se antes de nascer? Como, sobretudo, farão para não eliminar os judeus?

Os judeus como judeus são um escândalo para a performance mundial. Eles acreditam numa eleição que passa pela carne. Acham que o estudo do Pentateuco vale mais que a *human engineering*. Usam barbas de velho, casacos pretos e puídos, chapéus com cheiro de naftalina, nada *fashion*. Cosmopolitas no momento dos nacionalismos, nacionalistas na hora da globalização, estão sempre atravessados em nosso caminho, como para nos levar a olhar em outra direção, mais vertical, talvez. Seu *eretz Israel* perturba a paz universal. Seu Messias despreza o homem que se salva por seus próprios meios. O rabino

---

[44] Ibidem, p. 77.
[45] André Pichot, *La Société Pure, de Darwin à Hitler*. Flammarion, 2000, p. 294. (Coleção Champs)

Abraão Yeshaya Karelitz sempre ficava solenemente de pé diante de uma pessoa com síndrome de Down: se o Eterno privou-a da capacidade de estudar a fundo a Torá, dizia ele, é porque ela já é perfeita o bastante a seus olhos. Impossível inventar o judeu. Polichinelo irredutível, ele brota do sexo e da graça, esses dois extremos que vão além de uma produção controlada. Um mundo transparente terá de abortar um monstro desses.

Contra Big Brother, ou: ter uma mulher como quem tem um refúgio

"O enraizamento sexual do pensamento, que garante sua força e sua continuidade, constitui o mais eficaz baluarte contra todas as formas de puritanismo e de moralismo que alimentaram, ao longo dos séculos, as religiões, as filosofias, as ideologias, e as políticas de verniz totalitário."[46] As reflexões precedentes eram para conduzir-nos a esse enraizamento sexual. Ele se opõe ao mesmo tempo ao turismo sexual e ao enraizamento ctônico, ao totalitarismo do mercado e ao totalitarismo de Estado. Contra a pilhagem deles, ergue uma fortaleza, que é também um muro das lamentações. O livro do Eclesiástico apresenta esta metáfora: "Faltando cerca, a propriedade é devastada; faltando a mulher, o homem geme e vaga" (Eclesiástico 36,27).

A resistência não pertence, de fato, a uma "sexualidade" qualquer. O domínio totalitário sempre organizou ao mesmo tempo o natalismo como recurso e a esbórnia como válvula de escape. Lazer e bordel são nele tão recuperados quanto trabalho, família e pátria. O exército mais bem adestrado marcha com o lenocínio: para uma obediência cega, o comandante tem tanta necessidade do cabo que berra quanto da moça do regimento.

Em *Admirável Mundo Novo*, as crianças são iniciadas em "jogos eróticos" desde a mais tenra idade. Aquele que enrubesce provoca preocupação. Se repele uma traquinagem, é imediatamente levado ao supervisor adjunto de Psicologia. Um estudante queixa-se ao diretor

---

[46] Jacques Henric, *Quand le Sexe Fait Signe à Pensée*. Cécile Défaut, 2004, p. 10.

de Incubação e Condicionamento: "Uma vez, precisei esperar quatro semanas até que uma moça que eu desejava permitisse que eu a possuísse. – E você sentiu, por causa disso, uma emoção forte? – Foi horrível! – Horrível... precisamente – diz o administrador. – Nossos ancestrais eram tão burros e tinham a visão tão curta que, quando os primeiros reformadores vieram oferecer-se para libertá-los daquelas emoções horríveis, eles se recusaram a ter algum laço com eles".[47] As emoções excessivamente pessoais prejudicam a performance. Os "Ofícios de Solidariedade" remedeiam-nas. Neles, praticam-se o "Doze-em-Um". Neles se concretiza esse dogma maior inculcado durante o sono: "Todo mundo é de todo mundo".

"Anos de hipnopedia intensiva e, dos doze aos dezessete anos, exercícios malthusianos três vezes por semana" impedem a senhorita, mesmo ébria, de esquecer "as precauções anticoncepcionais".[48] As crianças não devem mais ser filhos de... Agora elas são fabricadas em série, graças ao procedimento Bokanovsky. Os funcionários da Predestinação Social exprimem suas necessidades aos Fecundadores, que em seguida enviam seus frascos ao Depósito de Embriões. As palavras mais obscenas, mais "sujas", aquelas diante das quais os jovens gritam ou ficam perturbados, são "pai" e "mãe". Quanto à palavra "lar", eles jamais a ouviram. É preciso que um dos Dez Administradores Mundiais lhes recorde o quanto "o lar era sujo fisicamente e também psiquicamente... Intimidades sufocantes, relações perigosas!... Por toda parte, a sensação de exclusividade, uma canalização estreita dos impulsos e da energia".[49]

Em *1984*, os membros do Partido Exterior podem ter filhos. Porém, quando Winston a toca, Catherine fica tensa, e "ela parece repeli-lo com todas as forças mesmo quando seus braços estão

---

[47] Aldous Huxley, *Le Meilleur des Mondes*, 3. Trad. J. Castier. Plon, Presses-Pocket, 1977, p. 62.
[48] Ibidem, 5, p. 98.
[49] Ibidem, 3, p. 55 e 58.

estreitamente cerrados em volta dele".⁵⁰ Essa "cerimônia frígida" da sexta à noite é referida por ela como "Nosso dever para com o Partido". O bebê que poderia nascer deles é logo alistado nos *Espiões*, em que aprende a vigiar a ortodoxia de seus pais e a denunciar seus menores desvios. As jovens militantes usam o cinto vermelho da Liga Antissexo. As mais puritanas dentre elas podem trabalhar na "Pornosec" do Comissariado dos Romances: *Histórias Incômodas, Uma Noite numa Escola de Mulheres*, etc. são produzidos mecanicamente, como um caleidoscópio, segundo seis modelos de intriga devassa, e distribuídos baratinho entre os proletários, junto com as canções sentimentais fabricadas pelo Versificador.

Nós, obra de Evgueni Zamiatine que teve notória influência sobre Orwell e Huxley, também fala da indignação do Estado Único e do Benfeitor diante dos casais de antigamente: "Não é absurdo que o governo de então, pois ele tinha a audácia de adotar esse nome, tenha podido deixar a vida sexual sem controle? Qualquer um, quando queria... Era uma vida absolutamente acientífica e bestial. As pessoas produziam crianças às cegas, como animais. Não é extraordinário que, praticando a jardinagem, a criação de aves, a piscicultura (temos certeza de que conheciam essas ciências), eles não tenham sabido elevar-se logicamente até o último degrau dessa escada: a puericultura? Eles nunca pensaram naquilo que chamamos de Normas Materna e Paterna".⁵¹ O Estado Único atualmente programa os nascimentos selecionando as mulheres, preocupando-se escrupulosamente com a qualidade do produto. Porém, seu Benfeitor não esquece a "saúde sexual" de seus cidadãos. Todos podem obter um tíquete rosa no Comitê dos Guardiães para deitar-se com um "número feminino" durante uma das duas Horas Pessoais regulamentares.

---

⁵⁰ George Orwell, *1984*. Trad. A. Audiberti. Gallimard, 1972, p. 189. (Coleção Folio)

⁵¹ Evgueni Zamiatine, *Nous Autres*. Trad. B. Cauvet-Duhamel. Gallimard, 1979, p. 26. (Coleção L'Imaginaire)

É notável que esses três grandes romances de antecipação, *Nós* (1923), *Admirável Mundo Novo* (1932) e *1984* (1950), tenham por motivo central o esforço do poder para negar à união dos sexos toda profundidade. Em cada um dos totalitarismos imaginados, a utopia do progresso opera uma desconexão radical da relação sexual com a fidelidade amorosa e a procriação: o primeiro é reduzido a uma higiene, a segunda aparece como um perigo diante da adesão exclusiva ao Partido, a terceira é o apanágio dos geneticistas. E em cada uma dessas intrigas romanescas, é sempre o desejo incalculável de um homem por uma beldade que reforma a arca capaz de tirá-los da submersão. Aqui, o franco-atirador chega ao refúgio ao chegar a uma mulher. Por meio do enraizamento sexual, ele entra numa resistência quádrupla:

Resistência da carne à ideologia. – Esta supõe indivíduos programáveis, e não a pessoa de carne, sexuada, nascida em Ornans na família Courbet. No lugar do amor do próximo, que implica uma dimensão física, ela coloca o Direito do Homem, e torna-se capitalista filantropa, comunista humanitária, concedendo ou negando esse direito a quem não atende a sua definição teórica do humano. Não se pode acusá-la de más intenções. Também não se pode denunciar seus erros. Sua falsidade não vem nem de um erro moral nem de uma falha lógica, mas de um ponto de vista que se pretende total, soberano, transparente – o de um espírito absoluto e, portanto, desencarnado. Diante de seu olhar sem pupila, pior do que o de uma Medusa, as existências podem caber em equações. Ela deduz delas este teorema maior: "Mais vale destruir alguns rapidamente do que permitir que muitos se destruam. Assim, evita-se a degenerescência, etc. Essa é uma verdade indecente".

Essa indecência é a de uma perspectiva puramente demográfica, muito mais obscena do que a pornografia. Ela passa sistematicamente ao largo do nascimento e da morte. Esses dois acontecimentos radicais perdem toda consistência sob o olhar da teletela, no nível de anonimato quantitativo que reclama a benfeitoria do Big Brother. Eles só possuem verdade na intimidade de uma família. O casal de dez anos, que anda na rua, "abertamente e sem medo, e que fala de coisas ordinárias enquanto compra pequenas coisas para a faxina",[52] em sua amorosa espessura corporal, sabe mais da vida do que todos os utopistas e estatísticos. Eles tocam o mistério do outro insubstituível.

Resistência do desejo do outro à vontade de domínio absoluto. – O desejo sexual leva para fora de si. Ele obscurece a razão e supera a vontade. A organização totalitária pode sem dúvida manipulá-lo, mas ele tende sempre a revelar a fraqueza do *apparatchik*, e portanto a impostura de sua onisciência divina.

Em *Nós*, D-503, matemático construtor da *Integral*, fica transtornado ao conhecer I-330. Ela lhe aparece entre os uniformes acinzentados que caminham ordenadamente na avenida: "Na esquina, na névoa branca, apareceu sangue: uma ferida à faca, eram seus lábios".[53] Os lábios da mulher rasgam sua agenda. Ela ousa chamá-lo de você. Ela o leva do outro lado do "Muro Verde". Ele se torna um dissidente que não acredita mais na felicidade de Estado. Bernard Marx, em *Admirável Mundo Novo*, sendo um Alfa-Mais em cujo frasco, no momento de sua fabricação, foi colocado álcool em vez de Gama-Menos, de súbito sente por Lenina Crowne uma paixão exclusiva. Eles tendem ao crime de monogamia. Esse desejo não detém os amantes em si mesmos. O ato sexual só é uma esfera que os contém na medida em que é uma cruz que os abre. Eles sentiram que o Todo-Outro os demanda. Isso pode acontecer até mesmo no coração de um desejo transviado.

Resistência de uma comunidade natural aos artifícios sociais. – "Ela tirou a roupa, e, quando a jogou de lado, foi com um gesto magnífico

---

[52] G. Orwell, *1984*, op. cit., p. 200.
[53] E. Zamiatine, *Nós*, op. cit., p. 75.

que pareceu aniquilar toda uma civilização."⁵⁴ Nessa clareira em que a mulher fica nua diante do homem, o Partido desaba, a porta do Éden parece por um instante reatravessada.

A comunidade de homem e mulher não tem sua raiz num contrato arbitrário, mas numa vocação carnal. É por isso que ela forma uma base para a história. Se afirmamos que se trata de uma "heterossexualidade" de convenção, isto é, ela própria contratual e histórica, a sociedade não constrói sobre nada mais de sólido. Com os sexos, ela perde a base. Os indivíduos podem ficar entregues às ficções mais tirânicas.

Resistência do drama à utopia do mundo perfeito. – Sua Forderia Mustafá Mond declara que o *soma*, a pílula da felicidade, é a hóstia de um "cristianismo sem lágrimas".⁵⁵ Winston entende que "o trágico era um elemento de tempos antigos, dos dias em que ainda existiam a intimidade, o amor e a amizade, em que os membros de uma família se ajudavam entre si sem perguntar em nome de quê".⁵⁶

Renunciar à utopia da sociedade perfeita é necessariamente aceitar o drama, com suas alegrias surpreendentes e sua tragicidade espatifadora. Se a China comunista não tivesse imposto o infanticídio em massa, mas deixado ao casal chinês o cuidado de regular naturalmente os nascimentos, talvez houvesse ocorrido um excesso de população que teria levado a guerras ou a fomes, segundo as previsões dos demógrafos. Drama atroz, sem a menor dúvida, mas essas fomes e essas guerras são preferíveis a uma prevenção por meio do crime organizado. Meu filho talvez morra em meus braços, talvez ele tenha uma vida dolorosa, mas essa cruz da história vale mais que a calma assustadora de tê-lo suprimido sem remorsos – em nome de uma compaixão altaneira, que não se deixa surpreender por nada.

---

⁵⁴ G. Orwell, *1984*, op. cit., p. 179.
⁵⁵ A. Huxley, *Le Meilleur des Mondes*, 17, op. cit., p. 263.
⁵⁶ G. Orwell, *1984*, op. cit., p. 48.

É essa a lição de Elsa Morante em *La Storia*. Iduzza Ramundo é uma professora judia, viúva, não muito inteligente nem muito bonita (Comencini, tendo escolhido Claudia Cardinale para o papel, transigiu com os contrassensos do grande espetáculo). Em 1941, um jovem soldado alemão a estupra em sua casa. Com seu bafo quente de álcool, ele sussurra ritmadamente: *"Carina... carina..."*, uma das raras palavras em italiano que aprendeu. No ventre de Iduzza começa a crescer um bastardo. Ela fica com ele, menos por heroísmo que por impotência. E o romance a mostra atravessando a conflagração de totalitarismos com o pequeno Useppe, que sofre de epilepsia. Sua viva vulnerabilidade constitui a resistência mais profunda. Seu sexo é o lugar em que a violência mesma é convertida em inocência. Ele assume o som e a fúria da História no silêncio de uma ternura tão natural quanto imprevisível.

CAPÍTULO SEXTO

Sobre a glória dos corpos
ou: os Caminhos do Senhor são misteriosos

> *Juras de amor, perfumes, beijos infinitos,*
> *De um fundo abismo aonde não chegam nossas sondas*
> *Voltareis, como o sol retorna aos céus benditos*
> *Depois de mergulhar nas mais profundas ondas?*
> Charles Baudelaire, "A Varanda",
> As Flores do Mal, XXXVI (trad. Ivan Junqueira)

Mistério e publicidade

Nada parece mais hostil ao mistério do que a publicidade: vitrines vulgares, *jingles* grudentos, anzóis grosseiros que são o contrário do invisível e do íntimo. E, mesmo assim, porque sua finalidade é provocar um desejo irresistível, a publicidade precisa, sem saber, jogar com nossas aspirações mais profundas. Aquilo que queremos naturalmente é a beatitude: "Todos os homens procuram ser felizes. Não há exceção para isso, por mais que sejam diferentes os meios empregados para tal".[1] Se o bem soberano se encontrasse diante de nossos olhos, não conseguiríamos não escolhê-lo. Porém, à nossa frente, só há coisas limitadas, que só captam dele um reflexo fugaz, e é por isso que nenhuma delas pode nos atrair a ponto de nos retirar nosso livre-arbítrio. Para forçá-lo um pouco, porém, é preciso como que enfeitar o objeto no balcão de uma bondade absoluta. A linguiça Saint-Justin devolve o Gosto do Verdadeiro; o creme Eternal apaga suas rugas; o celular X-Tremity permite estar Em Todo Lugar ao Mesmo Tempo... A oferta é tão rica em absolutos diversos que você não sabe onde passar o cartão. Porém, você entra

---

[1] Blaise Pascal, *Pensées*, 138. Ed. M. Le Guern. Gallimard, 1977.

na Simplicidade graças ao pronto para consumo Pax-Plus e, mediante a Providência dos seguros Immut, é sondado em suas menores necessidades. Do púlpito, nunca saíram tantas promessas religiosas. O marketing mais agnóstico precisa recorrer sem cessar à teologia. Os anúncios esforçam para igualar-se à Anunciação. Nossas prateleiras foram invadidas pelos deuses.

Entre todos os artigos de fé reciclados para embelezar artigos de loja, aquele que o comercial toma para si com mais facilidade é a crença na ressurreição. Fosse o catecismo, haveria, sobre esse ponto, muitos incréus. Sendo uma página publicitária, encontramos apenas crentes. Uma moça maravilhosa está quase sempre presente para elogiar os méritos de um carro, de uma comida de gato, de uma manteiga sem colesterol. Poderíamos pensar, antes de tudo, que o procedimento consiste apenas em colar o desejo sexual a uma embalagem. E teríamos razão, mesmo que raramente se admita que esse desejo vai além da sexualidade. Tomás de Aquino observa que "os bens exteriores foram feitos para o corpo, e que portanto é natural que os bens do corpo (a saúde, a beleza, o vigor...) sejam preferidos aos bens exteriores".[2] Os encantos comerciais jogam com essa preferência. Eles utilizam os esplendores do corpo para que eles passem para as mercadorias e as tornem mais atrativas. Afinal, eles não usam nenhuma carniça. Suas silhuetas recordam as propriedades clássicas dos corpos gloriosos: clareza, agilidade, incapacidade de sofrer, perfeição em todos os aspectos de sua natureza.[3] A engenharia da pós-produção alivia a atriz de seu peso mortal. Pus nenhum, tumor nenhum parecem jamais ameaçar sua pele. Mas isso ao custo de uma radical desencarnação. Enquanto os corpos gloriosos são de carne e osso, iluminados pelo *logos*, esses corpos fantasmáticos são de catodos e de bytes, reconfigurados por computador. Enquanto aqueles brilham por terem carregado com suplicante paciência as

---

[2] Tomás de Aquino, *Suma Teológica*, I-II, qu. 2, art. 5, ad. 1.
[3] Idem, *Suma Contra os Gentios*, IV, 86.

obscuridades da história, estes só brilham por esquecer-se de todo martírio e de toda miséria.

O desejo do corpo glorioso pode ser encontrado naquilo que lhe parece mais adverso. Acontece que o pântano reflete melhor o céu do que a rústica escada que lentamente leva a ele. *A Vida Sexual de Catherine M.* traz o perturbador testemunho disso. Nas primeiras páginas de seu capítulo intitulado "O número", a narradora evoca um sonho de sua infância, o de ser ao mesmo tempo mãe de família e missionária católica: "Eu queria me tornar religiosa, 'casar-me com Deus', e virar missionária na África, onde pululavam tribos paupérrimas, mas também queria ter marido e filhos". No final desse mesmo capítulo, após ter exposto seu passado extremamente libertino, ela confessa seu sentido "compreendido progressiva e obscuramente": "A ilusão de abrir em mim possibilidades oceânicas".[4] O sonho de sua infância parece sepultado embaixo das "surubas", e, no entanto, o ímpeto é o mesmo que a leva a entregar-se às multidões. Aquilo que ela persegue de maneira ilusória, como ela atesta com rigor, é a qualidade mais sublime do corpo glorioso: sua abertura universal, acolhendo de maneira íntima toda a criação, e mais especialmente todos os membros do Corpo Místico de Cristo. Sua devassidão não nasce de comprazer-se na lama, mas de uma impaciência do Céu.

Assim, Catherine M. fala de seus enlaces físicos como se fossem a busca de uma comunhão eletiva: "Os primeiríssimos homens que conheci fizeram de mim a emissária de uma rede cujos membros não podem ser todos conhecidos, a malha inconsciente de uma família que se declina *em modo bíblico*". Ela interpreta carnalmente a vocação espiritual do apóstolo que gostaria de ser "tudo para todos" (1Coríntios 9,22): "Toda vez eu precisava adaptar-me a outra epiderme, a outra pele, outros pelos, outra musculatura... Eu estava em todas as circunstâncias, sem hesitação, sem segundas intenções, por todas as

---

[4] Catherine Millet, *La Vie Sexuelle de Catherine M.* Seuil, 2001, p. 11 e 65. (Coleção Fiction & Cie)

aberturas de meu corpo, e em toda a extensão da minha consciência, disponível".⁵ Essa utopia de uma disponibilidade integral no amor corresponde muito exatamente à fé numa carne ressuscitada que, no infinito, dilata e une às outras carnes a visão única de Deus.

A maneira como Catherine M. acredita realizá-la é sem dúvida repreensível, porque se dissipa numa miragem: nela, a disponibilidade é apenas superficial, o concílio das carnes não chega aos corações. Porém, essa miragem tem sua origem na sede por uma realidade mística. Sob esse aspecto, a mulher pública oferece uma imagem mais forte que a velhota acanhada, e nossa libertina surge como uma guia mais segura do que essa hipócrita cuja "monotonogamia" não passa de uma avareza confortável. Ainda que o empregue sob uma modalidade enganosa, ela pelo menos não despreza a extensão celeste de seu corpo.

A fé na carne

Com frequência se dizia que a Igreja Católica reunia em seu seio Atenas e Jerusalém. Será, então, que nesse seio, como no de Rebeca, os dois gêmeos se enfrentam? A revelação judaica traz em si a glória da carne. O pensamento grego, inicialmente, só pode opor-lhe uma grande resistência. Para os epicuristas, o corpo é antes de tudo lugar de deleite, mas a morte o decompõe para sempre. Para os platonizantes, o corpo é antes de tudo um túmulo, mas a morte opera a libertação da alma. Que dificuldade não teriam tido os apóstolos, se tivessem sido filósofos, para proclamar essa boa-nova tão ampla que não pode ser classificada numa ou noutra dessas posições contrárias. Eles precisam anunciar o Espírito que liberta e ao mesmo tempo pregar o Verbo feito carne, ou pior: o Messias crucificado, que ressuscita depois de três dias sem que seus ferimentos se apaguem. Diante de uma doutrina como essa, o materialista hedonista e o espiritualista etéreo, normalmente adversários entre si, subitamente ficam lado a

---

⁵ Ibidem, p. 43-44.

lado numa zombaria comum. Quando o judeu Paulo fala diante do Areópago, todos o escutam até o momento em que ele fala da ressurreição: "Ao ouvirem falar da ressurreição dos mortos, alguns começaram a zombar, enquanto outros diziam: 'A respeito disto *te ouviremos outra vez*'" (Atos dos Apóstolos 17,32). Estão resistindo ao discurso de Paulo? Não estão presos em suas oposições mútuas? A pregação do apóstolo presume, de um lado, a exaltação do corpo e, de outro, a exigência do espírito. Ela teria podido reconciliá-los. Mas, para aqueles que estão instalados nos reflexos de uma antiga polêmica, o anúncio de uma concórdia mais alta é incompreensível.

O mistério da Encarnação sem dúvida entra em ressonância com o fundo de nosso coração. Porém, à primeira vista ele parece absurdo à nossa razão. Os espiritualistas acham-no material demais, os materialistas, espiritual demais, cada qual projetando nele o erro de seu inimigo congênito. A Igreja, entretanto, mantém a tensão extrema da fórmula joanina: "E o Verbo se fez carne' (João 1,14). Por que "carne" e não "homem"? Pode-se perfeitamente observar que, por sinédoque, "carne" designa o homem inteiro, corpo e alma, mas mesmo assim foi o termo *Incarnatio* que prevaleceu, e não *Inhumatio*, que o esquecido Facundo de Hermiana tentou aclimatar à teologia latina. Escolha ainda mais difícil porque a palavra "carne" tem outras ocorrências que estranhamente conotam a fórmula. É a mesma palavra quando se fala dos esposos que fazem "uma só carne" (Marcos 10,8); a mesma quando São Paulo nomeia aquilo que se revolta contra Deus: "a carne tem aspirações contrárias ao Espírito" (Gálatas 5,17). Santo Agostinho ressalta, contra os espiritualistas, que essa última acepção é equívoca. Quando Paulo usa "carne" para designar aquilo que nos conduz ao mal, é preciso entender "orgulho", "pois é na medida em que vive segundo ele próprio, e não em que vive na carne, onde o diabo não se encontra, que o homem se torna semelhante ao diabo".[6]

---

[6]Augustin, *La Cité de Dieu*, XIV, 3. Trad. L. Moreau. Seuil, 1994, p. 148-49. (Coleção Points)

Não obstante, o Novo Testamento, em vez de empregar termos diversos, usa apenas um só, correndo o risco de mergulhar os leitores na confusão e de abrir espaço para uma interpretação equivocada que leva o cristianismo a um desprezo pelo corpo. O texto então é mal escrito? Não teria sido melhor distinguir com três palavras diferentes a carne assumida pelo Verbo, a carne formada pelo homem e pela mulher no ato sexual, e essa carne que não passa de tendência à ignomínia? Não teriam sido evitadas lastimáveis confusões? Sem dúvida. Porém, nesse caso as Santas Escrituras teriam sido apenas um texto especulativo, e não, antes de tudo, um local de provação. Seus usos diversos do termo "carne" têm menos a ver com uma aproximação linguística do que com um questionamento decisivo: o Verbo feito carne é também o Eterno fazendo uma só carne, casando-se com a humanidade, e é também o santo assumindo nossa carne de concupiscência, reduzindo-se à condição do malfeitor... Uma equação tão transtornadora que exige do leitor mais um ato de fé do que uma interpretação teórica.

Observemos de passagem que, ao longo da Bíblia, o verbo "conhecer" recebe uma ambiguidade semelhante, pois significa especialmente "uso do leito". Seu primeiríssimo emprego encontra-se no Gênesis: "O homem conheceu Eva, sua mulher" (Gênesis 4,1). Porém, ele volta singularmente na vocação de Moisés, quando o Senhor diz: "Conhecereis que sou Iahweh, vosso Deus" (Êxodo 6,7).[7] Pobreza do vocabulário hebraico? Profundidade da ironia divina. Que o encontro com Deus possa ser designado com as mesmas letras que a união sexual com seu vaivém, seus fluidos, sua decomposição final, eis algo que há de nos intrigar sem fim. O rabino Joseph Gikatila, cabalista do século XIII, tira daí uma consequência antropológica: "Não é preciso dizer que, se não comportasse grande santidade, a relação não teria sido chamada de 'conhecimento'. [...] Os órgãos sexuais

---

[7] Na Bíblia de Jerusalém, usada nesta tradução: "E vós sabereis que eu sou Iahweh vosso Deus". (N. T.)

seriam órgãos repugnantes, mas foi o Nome que os criou".⁸ Eis algo a ser abraçado com um entusiasmo ignorado tanto pelo platonizante quanto pelo epicurista: nossos genitais são dons do Criador tanto quanto nossos rostos. Esse otimismo do rabino Joseph é teoricamente justo e vem, aliás, compensar o pessimismo de um Maimônides. Porém, ele relega o drama ao plano de fundo. A finalidade primária da ironia do léxico sagrado não é produzir conclusões filosóficas, mas fazer entrar no drama da existência.

É a recusa desse "conhecimento" intrigante que comanda o ensinamento gnóstico. Em sua *Moral*, Isidoro, filho e discípulo de Basilides, ordena ao fiel sacudido pelo desejo: "Leve consigo uma moça pouco tímida, para não perder a graça de Deus: despeje sobre ela o fogo da sua paixão, e depois vá rezar – com a consciência plenamente segura".⁹ Essa ordem de deitar-se assim que bate a vontade esconde o maior desprezo pelo ato, que fica reduzido a uma lavagem. A questão é desconstipar-se para passar a atividades mais sérias. O "conhecimento" de Deus (a gnose) não tem nada a ver com o "conhecimento" da mulher (os sexos). O espírito é estrangeiro à carne. Esta é só uma carcaça pela qual se passa ao longo de sucessivas reencarnações, que domamos com o cilício, que esgotamos sobre a prostituta, mas que não poderia ter parte no Reino. O gnóstico Valentino afirma que o Verbo só pode tomar uma aparência de corpo: como, objeta ele, poderia um deus ter feito suas necessidades? A ideia parece blasfematória. E no entanto...

Georges Bataille, revisitando um de seus pseudônimos – "Lord Auch" (contração de Senhor *aux chiottes* [das latrinas (N.T.)]) –, parece assinalar essa inconveniência como a zombaria que funda sua "ateologia". O ex-seminarista faz-se valentiniano. Porém, subitamente, sua tese se inverte e eis que ele reconhece, num clarão: "Lord Auch é Deus aliviando-se. A vivacidade da história proíbe o peso... Deus,

---

⁸ Joseph Gikatila, *Lettre sur la Sainteté*. Trad. Ch. Mopsik. Lagrasse, Verdier, 1987, p. 229-30.

⁹ Clemente de Alexandria, *Stromata*, III, 1-8.

permanecendo no céu, o rejuvenesce". Bataille passa num relance da gnose à doutrina católica. Aquilo que parecia contrário ao céu manifesta-se como aquilo que o rejuvenesce. O verdadeiro Deus-verdadeiro Homem uniu-se a nossa condição a ponto não apenas de sofrer, o que ainda denota sua nobreza, mas também de enfrentar nossas servidões fisiológicas, da ereção matinal à necessária excreção. A aparência, sozinha, é um sacrilégio. Atrás dela, à sua maneira inaudita, esconde-se a juventude da misericórdia divina.

Sobre a importância dos anjos na antropologia: a espécie humana

Se a Igreja dá testemunho em favor da carne, é antes de tudo por causa do mistério da Encarnação. Mas também graças à angelologia. Os anjos são incontornáveis para pensar o homem. Sem eles, sou obrigado a defini-los apenas em relação aos bichos: o homem é um animal dotado de razão. Concentro-me nessa diferença específica, canto a dignidade de sua consciência, mostro a excelência de sua subjetividade. Porém, se preciso distingui-lo de outras criaturas intelectuais, essa definição se inverte. O secundário de repente vira o essencial: o homem, preciso explicar, é um espírito dotado de carne. Não é mais tanto o animal superior quanto o espírito mais fraco. Tão fraco que não pode executar por si próprio atos de conhecimento e de amor. Porém, a carne vem em seu apoio. Ela aparece como aquilo que, maravilhosamente, o especifica. Sua inteligência e sua vontade podem desenvolver-se graças à suplência desta última, pela força das sensações e das paixões que ela lhes traz em seu contato com o mundo material:

Os anjos seriam bem puros, mas são puros espíritos, não são carnais.
Eles não sabem o que é ter um corpo, o que é *ser* um corpo.
Não sabem nada do que é ser essa pobre criatura.
Carnal.[10]

---

[10] Charles Péguy, *Le Porche dy Mystère de la Deuxième Verty*. In: *Œuvres Poétiques Complètes*. Gallimard, 1957, p. 579. (Coleção Bibl. de la Pléiade)

Aquilo de que os anjos desconhecem por completo não é ser inteligente (nesse aspecto, eles nos superam), mas ser forjado com o barro desta terra, ou, mais precisamente, sair da união dos sexos. Os teólogos nos explicam que "é impossível que dois anjos sejam da mesma espécie".[11] Cada um deles é criado diretamente por Deus. Cada qual forma um todo à parte, sem que sua natureza dependa dos outros. Por outro lado, estamos entremeados uns com os outros graças a nossa fecundidade carnal. Sem dúvida, Deus cria toda vez a alma espiritual que vem juntar-se ao corpo resultante da conjunção dos pais, mas ele responde a sua causalidade dispositiva, ele obedece, de certo modo, aos prosseguimentos obscuros do ato sexual. Em relação aos outros espíritos, somos mais distinguidos pelo *coitus* do que pelo *cogito*. *Cogito ergo sum*, poderia dizer um anjo. Porém, o que ele não pode dizer absolutamente é: *Coeo ergo erit* – copulo, logo ele existirá, ou ainda: *Coiverunt ergo sum*, eles copularam, logo existo.

Essa origem sexual nos associa a todos, a partir de um casal originário, numa comunidade de espécie. Mesmo que as mais fortes divergências espirituais nos separem, essa comunidade carnal permanece, infrangível. Um anjo bom e um anjo mau não têm mais nenhuma solidariedade entre si: suas determinações morais separam-nos por um abismo, e nenhum arrependimento é possível. Por causa de nossa origem sexual, permanecemos ainda solidários quando o desamor torna estrangeiros nossos espíritos. O laço físico persiste apesar da ruptura mental. Ele abre a possibilidade do retorno. O pródigo pode efetivamente dizer ao pai: "Já não sou digno de ser chamado teu filho" (Lucas 15,21). Porém, ele não poderia dizer: "Não sou mais teu filho" sem proferir uma mentira. É porque permanece seu filho quando não merece mais esse título que ele pode voltar a ele e pedir seu perdão.

Robert Antelme reencontra esse pensamento no momento em que os homens querem separar-se para sempre de todos os outros. Sua "experiência limite" de Buchenwald dá testemunho desse último

---

[11] Tomás de Aquino, *Suma Teológica*, 1, qu. 50, art. 4.

bastião de uma comunidade carnal quando os espíritos dilaceram-se entre si: "Não existem espécies humanas, existe uma espécie humana. É porque somos homens como eles que as SS em última instância serão impotentes contra nós. É porque terão tentado questionar a unidade da espécie que eles serão enfim derrotados".[12]

Esse pensamento tão profundo, logo esquecemos, é um pensamento sobre o enraizamento sexual. O nazismo o contestava não apenas por meio de uma concepção das raças que rompia a unidade da espécie, mas sobretudo em função de uma teoria da evolução para a qual a espécie não tem consistência, sendo vagos seus contornos, sempre transponíveis por cima ou por baixo, por fracasso ou por mutação. Uma lei de Nurembergue declara que existe "uma distância maior entre as formas mais baixas ainda chamadas de humanas e nossas raças superiores do que entre o homem mais inferior e os macacos mais elevados". A ideia de que existem raças é aqui menos fundamental do que a tese segundo a qual existem indivíduos superiores, tão mais bem adaptados ao *struggle for life* que se destacam como uma espécie nova. O darwinismo, mais que o racismo, é essencial para a doutrina nazista. E sua noção central de adaptação, ao impor uma relação técnica com o mundo, leva essa doutrina a preferir a engenharia genética à geração natural, sempre capaz de contraperformance. Um grave erro de nossa época é ter branqueado o darwinismo para crer que o nazismo se fundava num certo enraizamento sexual. Ora, não há nada que ele deteste mais que este último, por causa daquilo que ele contém de indominável, porque ele atesta a unidade da espécie e permite até a copulação de uma judia e de um negro, o que é o cúmulo.

Afirmar essa solidariedade que procede de nossa geração pelos sexos é apontar uma ligação fundamental e misteriosa entre nós, a da espécie, como Antelme revela, e que não tem mais a ver com a zoologia. Essa ligação primeira não é primariamente psicológica, nem

---

[12] Robert Antelme, *L'Espèce Humaine*. Gallimard, 1957, p. 228. (Coleção Tel)

sentimental, nem refletida. É uma ligação carnal. O que não significa que ela só nos diz respeito superficialmente. A alma espiritual, recorda São Tomás, é a forma mesma do corpo, ao passo que nossas faculdades racionais decorrem dela e só se desdobram num segundo momento.[13] Prova disso é que essa alma espiritual permanece no corpo mesmo quando suas faculdades racionais estão entravadas por alguma deficiência. O corpo é de certo modo mais interior à alma do que sua ciência ou seus raciocínios. O que nos atinge em nossa carne pode assim tocar-nos mais profundamente do que aquilo que só apreendemos por meio da reflexão. Posso refletir sobre a morte, mas a proximidade física de um moribundo me penetra até o indizível. Posso meditar sobre o belo, mas a presença sensível da beldade penetra a treva de meu espírito. Aquilo que toca minha carne toca profundamente minha alma, e pode assim ter uma ressonância espiritual maior do que as conclusões de meu discurso. Porém, essa ressonância é operada de maneira obscura, ao passo que aquilo que se articula por minha reflexão mantém-se numa certa claridade. Ela permite recolher na luz aquilo que já me encontrou na noite.

Porfírio, em seu tratado das *Categorias*, afirma que "a participação de uma multidão de homens numa mesma espécie de certo modo os reúne num único homem". Ora, essa participação carnal se opera pelo nascimento de um homem a partir de dois outros, nessa vinda ao mundo que não se faz apenas, como no caso do anjo, do espírito divino, mas também do útero da mulher. Aqui não estão mais em questão a hereditariedade corporal, nem a herança familiar, nem o patrimônio nacional, mas um destino universal. Não se trata mais da transmissão de uma geração a outra, mas de uma comunhão de todas as gerações como que num só corpo. Como se fôssemos os membros uns dos outros. E na medida em que aquilo que se repercute através do corpo toca nosso ser em suas reentrâncias mais invisíveis, pode-se pensar que uma certa compaixão não

---

[13] Tomás de Aquino, *Suma Teológica*, I, qu. 76, art. 1; qu. 77, art. 1.

psicológica constitui a textura mesma da nossa carne: o sofrimento ou a alegria de um membro reflete-se secretamente no outro, antes de qualquer tomada de consciência.

Da massa perditionis *ao Corpo Místico*

Essa mística da carne, que nos torna radicalmente estrangeiros à transparência angélica, Tomás de Aquino a desdobra por meio de sua doutrina da incorporação.[14] Ele mostra, seguindo São Paulo, que ela subjaz a todo o mistério do pecado original e da Igreja como Sacramento da Salvação. Se, pela geração, formamos como que um só corpo, é preciso conceder um lugar ao primeiro da espécie, Adão, que aparece como o genitor que não foi engendrado por outro homem, e que constitui também a cabeça da humanidade na ordem da natureza. Ora, aquilo que acontece com a cabeça se espalha para os outros membros. O pecado capital de Adão passa para todos os seus descendentes pela via dos sexos. A graça capital de Cristo, novo Adão, comunica-se a todos os pecadores pela ferida em seu lado. É este o sentido profundamente carnal e dramático das palavras de São Paulo: "Se pela falta de um só todos morreram, com quanto maior profusão a graça de Deus e o dom gratuito de um só homem, Jesus Cristo, se derramaram sobre todos. […] onde avultou o pecado, a graça superabundou" (Romanos 5,15;20).

A possibilidade de uma queda e de uma redenção comuns repousa portanto em nossa comunhão no seio de uma mesma espécie, graças à geração. O pecado de um anjo é estritamente pessoal: a pena que ele sofre não poderia ser transmitida naturalmente a outro. Satanás leva os outros espíritos em sua queda não como um corpo que arrasta outro com seu peso, mas segundo uma sedução inteiramente intelectual, "pela influência do exemplo ou da excitação". Do lado da redenção, se o Verbo se tivesse feito anjo, sua graça não poderia ter-se comunicado a outro anjo, uma vez que cada um

---

[14] Ibidem, I-II, qu. 81.

pertence a uma espécie separada e não possui com nenhum outro esse obscuro laço de argila. A Encarnação é o mistério de um Deus que nos atinge primeiro não por uma pregação de sabedoria ou por um exemplo de virtude, mas pela carne, pelo ato sexual, fazendo conosco um único corpo através do qual quer circular o sangue de sua vida divina. A *massa perditionis* (massa de perdição) que formamos em Adão transforma-se em Corpo Místico de Cristo. A legião dos pecadores torna-se comunhão dos santos. Pois somos todos nós aqui embaixo que acabamos dilatados pela ampla respiração da cabeça – seu sopro e seu grito – e não apenas os cristãos admiráveis: "É preciso considerar membros do Corpo Místico [isto é, da Igreja], não apenas aqueles que o são atualmente, mas também aqueles que o são em potência".[15]

Essa incorporação da humanidade ao Verbo feito carne, que se exprime pela relação dos membros com a cabeça, manifesta-se também pela união do homem e da mulher. O primeiro milagre de Cristo – a água mudada em vinho – acontece durante as bodas de Caná. A degolação de João Batista, o precursor, é consecutiva a seu testemunho pelo casamento indissolúvel: "Não te é lícito possuir a mulher de teu irmão", diz ele a Herodes, provocando a raiva de Herodíades (Marcos 6, 18). A vinda do Messias e a união dos sexos parecem trocar alianças. O carnalíssimo São Paulo explicita isso nesta esplêndida passagem: "Ninguém jamais quis mal à sua própria carne, antes alimenta-a e dela cuida, como também faz Cristo com a Igreja, porque somos membros do seu Corpo. Por isso deixará o homem o seu pai e a sua mãe e se ligará à sua mulher, e serão ambos uma só carne. É grande este mistério: refiro-me à relação entre Cristo e a sua Igreja" (Efésios 5,29-32). Paulo passa sem transição do Corpo Místico à união nupcial. Ser apenas um só corpo, fazer uma só carne, os dois se unindo. A teologia descobre o erotismo supremo. Poder-se-ia falar em pornografia divina. Pela Encarnação, o Verbo entra dentro de nós.

---

[15] Ibidem, III, qu. 8, art. 3.

Ele consome suas núpcias com todos os homens, penetra neles como o homem penetra na virgem, e, se possível, como o santo na prostituta. Ele os investe a fundo e ainda mais baixo que sua miséria mais vil, na familiaridade dos leprosos, no fedor do Gólgota. Não estou forçando a comparação. O pornógrafo divino, é ele que adota o sobrenome de Abortado (como se os abortados devessem um dia tornar-se nossos apóstolos). Nisso ele segue uma longa tradição dos profetas: "Iahweh terá prazer em ti e se desposará com tua terra. Como o jovem desposa uma virgem" (Isaías 62,4-5).

Os Evangelhos dão testemunho do contato carnal com a Palavra. Sua escritura não para de criticar a escrita e até mesmo a simples oralidade. Nela os lábios são conduzidos da leitura ao beijo. A missão de Jesus consiste em realizar pelo toque o dom que Deus já fez pela Torá. Ele impõe as mãos aos doentes, deixa-se tocar pela hemorroíssa, aplica lama aos olhos do cego, cospe na boca do surdo-mudo. Com certeza, não ficaria um minuto numa família decente: para curar o gago, precisa colocar saliva em sua língua. Quem não mandaria embora um charlatão desses? Porém, com o Verbo feito carne, o que está em causa não é uma relação intelectual, uma opção moral ou um ímpeto afetivo, mas sim o laço corporal, como uma efusão de sua semente que cresce, desde que se a deixe agir, como o neonato nas trevas do seio. Daí os sacramentos que continuam na terra os toques do Verbo após sua ascensão. Daí, sobretudo, o sacramento da eucaristia: o mais espiritual se entrega por meio da operação mais primitiva do viver. Nada mais contrário a todo dualismo: "Coma, meu filho" já é a mais alta espiritualidade. Nosso laço vivo com a Palavra é agora um laço carnal; convém, portanto, que a Palavra nos alimente carnalmente: "Alimentamos nossa própria carne", dizia São Paulo, "é isso que Cristo faz pela Igreja". Aqui, porém, não é aquele que come que assimila a hóstia, é a hóstia que se assimila a ele, que se lhe incorpora. "Que me beije com beijos de sua boca", começava dizendo o esposo do Cântico. Essa manducação é um beijo do Criador, que, por meio dela, beija toda a criação, "num rio de força e de sangue", para além de todas as esperanças de Pasífae. O padre Journet recorda a violência contida nessa união: "Cada comunhão é um ato sexual, um ato sexual sangrento, é a Cruz que se abre, e dizemos: 'Não, não é possível... Eu não, Jesus'".[16] Pois ele vem desposar seu próprio carrasco. Foi o modo que ele encontrou para dilacerar seu coração.

Que contrassenso, portanto, pulverizar a revelação cristã numa espécie de tentativa de sempre ser mais moral do que os outros. Os jesuítas da Contrarreforma sabem algo a respeito disso. Eles lançam os excessos de um Rubens bem na cara dos tagarelas puritanos de propósito, para fazê-los ficar ainda mais encolerizados. Paul Claudel ecoa isso em seu *Soulier de Satin*. O vice-rei de Nápoles afirma que apenas o grande pintor da carne crua pode libertar Flandres da heresia protestante. Seu capelão imediatamente exclama: "Eu jamais teria acreditado que Rubens fosse pregador do Evangelho!". E o vice-rei o devolve à mais rigorosa ortodoxia:

> Que quiseram esses tristes reformadores além de fazer o papel de Deus, reduzindo a química da salvação entre Deus e o homem a um movimento de fé, a uma transação pessoal e clandestina num gabinete apertado,
> Separando o crente de seu corpo secularizado...
> E quem melhor do que Rubens glorificou a Carne e o Sangue; essa carne e esse sangue mesmos que um Deus desejou assumir e que são o instrumento de nossa redenção?
> Dizem que até as pedras gritarão! É só ao corpo humano que recusareis sua linguagem?
> É Rubens que muda a água insípida e fugidia em vinho eterno e generoso.[17]

---

[16] Charles Journet, *Entreties sur l'Eucharistie*. Parole et Silence, 2000, p. 77.
[17] Paul Claudel, *Le Soulier de Satin*, Segundo Dia, cena 5. In: *Théâtre*. Gallimard, 1965, t. II, p. 748-49. (Coleção Bibl. de la Pléiade)

O milagre de Caná se realiza sob os pincéis do "Ateliê de Ouro". Aqueles para quem o cristianismo é apenas *sola scriptura* só podem gritar que é uma obscenidade: a Madona parece uma Vênus cujo seio pula muito alegremente do corpete para oferecer-se à sucção de Deus, o Cristo do *Sepultamento* se apresenta com postura e nudez semelhantes às de *Suzana* surpreendida pelos velhos... Porém, essa obscenidade é apenas o outro lado da misericórdia. Pela massa luminosa de seus personagens, pelo grão perolado de suas epidermes, pela generosidade tão fascinante quanto maternal dessas banhas que se sulcam em falhas vertiginosas, dessas celulites que rivalizam com os astros, Rubens recorda a glória de nossa carne desde que o Verbo entrou nela como numa esposa. As Santas Escrituras são a declaração de amor, sem dúvida, mas o que seria essa declaração sem a aproximação dos corpos? Os sacramentos são o ato sexual.

Israel carnal

O mais espiritual pode dar-se por meio da carne, e a união dos sexos pode ser o grande sinal disso: eis o mistério de Israel. Uma eleição puramente espiritual pode ser compreendida: o asceta piedoso de repente se destaca da massa de seus compatriotas. Uma eleição também puramente carnal: o homem geneticamente modificado, de raça superior, domina os *Untermenschen*. Porém, o que permanece insondável é que uma eleição espiritual possa comunicar-se por intermédio da carne, sem mérito nenhum, sem aguardar a maioria das vozes, ainda que se tenha o nariz curvado e o cabelo crespo. Encontrar-se, pela intervenção de um sexo, à mercê de uma eleição coletiva que dispensaríamos de bom grado, se possível, de tanto que ela nos mergulha num terrível embaraço. Porém, nada se pode fazer, como no caso da realeza hereditária: "Cada judeu sabe até que ponto ele é completamente ordinário; porém, considerando-nos todos em conjunto, parecemos atravessados por acontecimentos imensos e inexplicáveis".[18]

---

[18] Milton Himmelfarb, *The Jews of Modernity*. Nova York, 1973, p. 359.

Esses acontecimentos caem por cima de você desde o ventre. Quer se seja ateu, budista, neokantiano, ou até mesmo católico, quer se abrace a nacionalidade francesa, bávara, ou mesmo israelense, quer se peça chucrute na sexta à noite num restaurante na Perche, permanece-se judeu, desde que nossa primeira moradia tenha sido o útero de uma judia.

Mesmo que sejam incontáveis as infidelidades de Israel, São Paulo recorda que "os dons e o chamado de Deus são sem arrependimento" (Romanos 11,29). A Aliança é um casamento indissolúvel, para o melhor e para o pior. Ora perfeita dona de casa, ora prostituta oferecida ao olhar dos passantes, ela continua sendo minha mulher, diz o Eterno. Ele escolheu entrar em pessoa no drama primordial. A eleição não é outra coisa além dessa conjugalidade divina. O livro de Ezequiel, no capítulo 16, conta os amores dolorosos de Yahweh com Jerusalém: "Estendi a aba de minha capa sobre ti e ocultei a tua nudez; comprometi-me contigo por juramento e fiz aliança contigo – oráculo do Senhor Iahweh – e te tornaste minha. [...] Puseste tua confiança na tua beleza e, segura de tua fama, te prostituíste, prodigalizando as tuas prostituições a todos os que apareciam. [...] Por minha vida – oráculo do Senhor Iahweh – Sodoma, tua irmã, e suas filhas, não agiram como tu e tuas filhas" (Ezequiel 16,8.15.48)... E esse Esposo bate, castiga, mas nunca repudia. Ele acaba mendigando um pouco de amor e termina com esta promessa que transtorna: "Contudo, lembrar-me-ei da aliança que fiz contigo na tua juventude e estabelecerei contigo uma aliança eterna. E tu te lembrarás do teu comportamento e ficarás envergonhada, ao receberes tuas irmãs mais velhas, juntamente com as mais jovens"[19] (Ezequiel 16,60-61).

Franz Rosenzweig joga com as palavras *Bezeugen* e *Erzeugen*: "A atestação", diz ele, "produz-se na geração".[20] Aí estão em potência

---

[19] No texto original, Hadjadj cita a Bíblia como se o texto fosse: *tuas irmãs, Sodoma e Samaria* (N. T.).

[20] Franz Rosenzweig, *L'Étoile de la Rédemption*. Trad. A. Derczanski e J.-L Schlegel. Seuil, 2003, p. 416.

as testemunhas do futuro, aqueles que levarão nosso nome. Porém, no caso dos judeus, leva-se também o Nome impronunciável do Eterno. Os testículos, e mais ainda a matriz, remetem ao Testamento – aquilo que a circuncisão recorda como um anel de carne trocado por um anel de espírito. O elo da geração é também um anel de testemunho dado *apesar de si próprio* a alguma coisa que vai além deste mundo. Se em princípio só nos abrimos ao universal saindo do particular, aqui o universal está em mergulhar nele ainda mais profundamente. Se os outros povos estão enraizados numa terra e por isso suscetíveis de perecer com as conquistas, o enraizamento nesse caso é primeiramente sexual. O antissemita tem o instinto dessa aberração. Seu racionalismo o obriga a reduzi-la. Nacionalista, acusa o judeu de ser cosmopolita. Universalista, acusa o judeu de ser nacional demais. Espiritualista, acha-o excessivamente carnal. Epicurista, considera-o demasiado legalista. Ele não suporta o mistério do Espírito preso como um fardo às vísceras mesmas de uma judia. Ele não admite esse favor do Céu, seja o relâmpago ou a possessão, à carne que não tem outro mérito além de ser essa carne específica: "Saibas, portanto: não é por causa da tua justiça que Iahweh teu Deus te concede possuir esta boa terra, pois tu és um povo de cerviz dura!" (Deuteronômio 9,6). Ainda que se seja fraco, digno de pena, retardado mental, basta ter saído das coxas de uma judia para beneficiar-se dessa distinção! É insustentável. O antissemita racial fica tão indignado quanto o antissemita republicano. Os gnósticos não suportam o Antigo Testamento: a escolha do Céu que passa pela peripécia do sexo só pode lhes causar repulsa.

Não há muito mais que a fé em Cristo para suportar esse escândalo. Ela floresce a partir do ramo de Jessé. Somente ela reconhece a incomparável particularidade do caule de que provém, ao mesmo tempo que espalha o perfume da flor por todo o universo. Afinal, ela julga saber a origem do privilégio: o Verbo assumiu carne judaica. A eleição destinada a todo homem passou pela escolha de entranhas singulares, as de uma filha de Sião. Tomás de Aquino ressalta: "Todas as nações teriam acesso à salvação operada pelo Messias, mas este só poderia ter nascido num povo específico, e disso decorrem, para esse povo, prerrogativas exclusivas, segundo a epístola aos Romanos (9, 4): os israelitas, aos quais pertencem a adoção filial, a glória, as alianças, a legislação, o culto, as promessas, aos quais pertencem os patriarcas, e dos quais descende o Cristo, segundo a carne".[21] O doutor da Igreja diz aquilo que Levinas afirma de outra maneira: "A questão é de ordem universal, a resposta é judaica".[22] Porém, é tanto pelo sexual quanto pelo textual que se opera essa universidade no judaico singular. A Luz das Nações foi primeiro recolhida na descendência de Israel, o povo preparado para ser o berço do Altíssimo. Mesmo que esse berço esteja vazio, ele merece um apego mais forte por causa do Santo Sepulcro. O solo de Israel pode estar maculado pela violência, mas continua sendo a Terra Santa. O corpo do judeu pode ser o de um canalha, mas continua sendo a carne santa. Quando outros de todos os povos colhem seu fruto, ele não deixa de possuir a dignidade de lado, graças à sua árvore genealógica, de fazer parte dos galhos.

Essa presença judia recorda ao cristão a realidade da Encarnação. A afirmação é paradoxal: o judeu não acredita que o Verbo fez-se carne e é o judeu quem garante isso para a fé católica. No entanto, ela é sustentada por Rozenzweig com inspirado rigor: "Como bem mostra o combate sempre recomeçado contra os gnósticos, é o Antigo Testamento que permite ao cristianismo resistir a esse perigo que lhe é inerente. E é unicamente o Antigo Testamento, porque ele é mais que um simples livro. Se fosse apenas um simples livro, os artifícios da interpretação logo dariam cabo dele. Assim como Cristo significaria a ideia de homem, também os judeus do Antigo Testamento, se, como Cristo, tivessem desaparecido da terra, significariam a ideia do povo, e Sião, a ideia do centro do mundo. Porém, a uma 'idealização' como essa opõe-se a vitalidade tenaz e irrefutável do povo judeu, aquela testemunhada pelo ódio aos judeus.

---

[21] Tomás de Aquino, *Suma Teológica*, I-II, que. 98, art. 4, ad 1.
[22] Emmanuel Levinas, *Hors Sujet*. Le Livre de Poche, 1997, p. 70.

Cristo é mais que uma ideia? Cristão nenhum pode saber. Porém, ele sabe e vê que Israel é mais que uma ideia".[23] O cristão sabe que Cristo é mais que uma ideia porque o judeu é algo concreto, sexuado, e por crer que uma judia fisiologicamente constituída como sua mãe ficou grávida do Altíssimo. O mistério de Israel não é exterior à Igreja, mas está incluído nela como sua parte menos tangível. Ele impede que ela se torne totalitária, confundindo sua catolicidade com um universalismo uniformizante. Ele a protege contra o marcionismo que separa o Novo do Antigo. Ele lhe proíbe o humanismo que propõe um cristianismo ideal, angélico, a bem da verdade ressequido, esquecido da raça histórica e carnal daquele judeu que é também o Salvador do mundo, sem exceção.

Naquilo que o padre Journet chama de Igreja da Espera, o povo de Deus antes da vinda do Messias, todos os santos são casados, e às vezes até com várias mulheres: Jacó mesmo é esposo de Raquel e de Lia. Aqui também encontramos uma prevenção contra a gnose. Se os sábios do Oriente seriam celibatários, os patriarcas não têm medo do leito conjugal. O espírito se eleva por meio de uma relação bastante física. A liturgia da Páscoa se desdobra na sala de jantar. A vida familiar, e não a seita esotérica, contém em si o drama mais divino: o sacrifício de Abraão, Rebeca com Abimelec, José vendido pelos irmãos, Moisés opondo-se ao Faraó, sua família adotiva, Davi suportando a guerra de Absalão, seu filho... O que acontece com o catolicismo e com sua exaltação da virgindade religiosa? Seria um retorno da gnose? Pelo contrário: uma consagração do hebraísmo. O Verbo se fez carne. Ele se entrega na eucaristia. Ir para Deus supõe ir para o concreto: abrir a boca, mastigar o infinito. Conhecer a união mais mística é conhecer a Carne santíssima e o preciosíssimo Sangue. Agora é possível que o amor monástico permaneça encarnado: "O amor do coração (o mais espiritual) é de certo modo carnal, pois orienta o coração humano sobretudo para a carne de Cristo e para aquilo que Cristo realizou ou

---

[23] F. Rozenzweig, *L'Etoile de la Rédemption*, op. cit., p. 576.

ordenou em sua carne".[24] A virgem cristã não tem nada a ver com a perfeita cátara. Ela não seria capaz de um desprezo pelo corpo. Sua fé a volta para o homem em quem *habita* corporalmente *a plenitude da divindade* (Colossenses 2,9). O único sentido de sua vida é unir-se a esse judeu absoluto.

Criação I e II: a imagem corporal da Trindade

O Heptamerão – Que o mistério de Deus se desvele por símbolos abstrusos, reservados a iniciados, não é algo tão misterioso. Porém, que ele se comunique por meio da prosaica união de homem e mulher faz com que se aprofunde indefinidamente. Uma metáfora como essa não pode ser vazia. Ela perderia toda a eficiência poética. Aristóteles e o calão nos ensinaram o quanto ela era central na hierarquia dos seres. É preciso ter a audácia de concluir: a união dos sexos deve ser à imagem de Deus. O Gênesis começa por essa licenciosa afirmação. É esse o motivo pelo qual poucos percebem.

Qual é então o primeiro mandamento? Ele consiste em prestar um culto austero a um senhor tirânico? O Deus do Paraíso Terrestre criou tudo por bondade. Suas ordens são desejos: "Sede fecundos, multiplicai-vos, enchei a terra e submetei-a" (Gênesis 1,28). Como era fácil ser devoto então! Como tenho raiva de Adão e Eva por terem provado o fruto de um conhecimento venenoso e por nos terem lançado nas complicações do Decálogo e nas insanidades do Sermão da Montanha! *Sede fecundos*, essa é a primeira palavra do Criador à sua criatura. Nenhuma mortificação, nenhuma cruz, nem sacrifício nenhum a fazer para mim: antes, agarrem-se na abundância. Literalmente, vocês são *culs-bénits*.[25] A libertinagem é impossível. Ela corresponde à mais perfeita obediência. A nudez nunca é obscena. Ela serve de modelo ao mais estrito hábito religioso. Os ascetas são amantes.

---

[24] Saint Bernard de Clairvaux, *Sermons sur le Cantique*, 20, 6, Cerf, 1998, p. 136. (Coleção Sources Chrétiennes)

[25] A expressão significa "beatos", mas pode ser literalmente traduzida como "cus-bentos". (N.T)

Sua carne coincide sem falhas com o Espírito. Nós começamos sobre os escombros do mundo.

No sexto dia, logo antes de criar o homem, Deus debate consigo mesmo, o que ele não tinha feito por nenhuma outra criatura. Uma simples palavra é suficiente para fazer jarras a luz, separar as águas, criar o Sol e a Lua, semear as plantas e modelar os animais. Dessa vez, pressentimos, o que sairá de suas mãos não será tão dócil quanto a lagarta-do-pinheiro ou como a Estrela-d'Alva. Há tempo para a reflexão que precede: "Deus disse: façamos o Adão[26] à nossa imagem, como nossa semelhança, e que eles dominem sobre os peixes do mar, as aves do céu, os animais domésticos, todas as feras e todos os répteis que rastejam sobre a terra" (Gênesis 1,26). Versículos desconcertantes: neles se opera uma dupla passagem do singular ao plural e da terra ao Espírito. Deus diz "nós" (é verdade que aquilo que traduzimos como "Deus", *Elohim*, já é um plural, que a Bíblia usa gramaticalmente como singular), e o Adão vira "eles". Mas, também, o que é à imagem e à semelhança do Altíssimo não é o Homem, o vertical, o aéreo, mas exatamente o Adão, o de argila, o feito de pó, o forjado em barro vermelho. Os versículos que seguem retomam essa mudança: "Deus criou o De Argila à sua imagem, à imagem de Deus ele o criou, homem e mulher ele os criou"(Gênesis 1,27). À dupla passagem precedente – da argila à graça, e do singular ao plural –, acrescenta-se uma brusca pirueta de Adão aos animais. O homem, ainda que terreal, agora aparece como uma nobre criatura cheia de espírito, à semelhança de Elohim, e subitamente o ato de sua criação conclui-se como uma ironia, por uma distinção comum aos animais: aquela entre macho e fêmea.

Esse gracejo deve ser entendido em toda a sua força. É um evitamento infeliz – e certa falta de humor – atenuar esse "macho e fêmea" em "homem e mulher ele os criou". A expressão empregada remete a mesma que é usada quando Noé precisa carregar sua arca: "Farás

---

[26] Na Bíblia de Jerusalém, "o homem". (N. T.)

entrar na arca dois de cada espécie, um macho e uma fêmea" (Gênesis 6,19). E essas palavras dizem respeito tanto a galináceos quanto a gado. Será então que o homem é à imagem de Deus por causa daquilo que possui à moda do tatu-galinha e do abutre-barbudo? Os tradutores amortecem o ridículo. Os teólogos escamoteiam a incongruência. É por sua alma espiritual, insistem eles, que o homem é à imagem do Senhor. Ou por sua razão perscrutadora. Ou por sua inventiva liberdade. Gregório de Nissa eleva-se acima desses redutores dizendo que ser à imagem significa, sobretudo, que nisso não se enxerga nada: como Deus, o homem é incompreensível.[27] Mas e seu corpo? Pode ele ser à imagem do que é incorpóreo? Pode sê-lo, sobretudo, por aquilo que tem de mais vilmente carnal, pênis e vagina, útero e testículos, mamas formando o vale onde desaba a montanha viril? Essa ordenação recíproca dos sexos poderia ter alguma similitude com o Único?

O relato dos sete dias não interrompe aí o paradoxo. Aquilo em que somos à imagem de Deus ainda é colocado em questão mais adiante, por meio da tensão não mais entre o espírito e os sexos, mas entre a atividade e o repouso. Deus ordena: *Enchei a terra e submetei-a*. Ser à sua imagem seria portanto produzir, trabalhar, dominar como ele durante os seis primeiros dias da criação. Ora, vejamos que não são os seis dias de trabalho que são santificados, mas o sétimo, o do descanso, e os trabalhadores criados no sexto precisam começar seu primeiro dia pelas férias. Humor, sempre. O Adão recrutado para um ardoroso labor é obrigado a fazer o esforço de repousar. Digo de propósito o esforço: esse recém-nascido cheio de entusiasmo, com pressa de começar a tarefa, de obedecer ao primeiro mandamento, vê-se detido em seu ímpeto e precisa conter-se. Sem ainda ter trabalhado, seu primeiro repouso não é da ordem do relaxamento. É um repouso que o ocupa. Ele exige dele a escuta paciente, mais difícil que uma prática precipitada. Revela-lhe que sua salvação não está no trabalho de suas mãos, mas antes nas mãos sem trabalho, vazias para melhor unir-se,

---

[27] Grégoire de Nysse, *La Création de l'Homme*, cap. XI.

abertas para melhor abandonar-se ao inapreensível. Ser à imagem de Deus é então não tanto fazer, mas deixar-se fazer por Ele, passear cantando seus louvores?

Ainda não estamos aos pés da árvore do conhecimento e a provação já está presente. Por exercer suas capacidades, por ser à imagem de Deus, o homem pode orgulhar-se, *enfatuar-se de sua beleza*, não se reconhecer mais dependente do modelo. Essa imagem, nesse momento, é concebida apenas do lado do espírito soberano e do domínio do mundo. O repouso é só para roncar; a união sexual, para gozar. Os dois são reduzidos a giros da máquina que logo remete ao supremo caminho. Sexo e *shabbat* eram para voltar-nos para o Outro, para servir de obstáculo a nossa vontade de potência. Desviamos deles: o tempo reservado para abandonar-se à graça vira o fim de semana entregue ao consumo (aquilo que Anders chama de "trabalho a domicílio"), o macho e a fêmea à imagem de Elohim tornam-se acessórios para o prazer. Fechamo-nos em nós, sem deus nem mestre, sem carne nem amante, ainda mais à mercê de todas as manipulações.

O Éden – O segundo relato da criação, o do Éden, retoma esse risco e o precisa, invertendo-o. Adão primeiro aparece como um ser sabático: o jardim plantado para ele não é um terreno baldio difícil que se precisa dominar. No mais, seu corpo é apresentado desde o começo como diferente do corpo dos outros animais: diante do desfile de seus espécimes, os quais ele nomeia um após o outro, "ele não encontrou a auxiliar que lhe correspondesse" (Gênesis 2,20). A frase é clara: sua própria sexuação, ainda que assinale o gênero animal, é diferente daquela dos bichos. Não se trata de ter prazer com algum orifício. Seu ser de macho não é o mesmo do leão-marinho ou do morcego. Os mistérios do primeiro relato são entendidos. É justamente esse entendimento que é trazido de volta a fim de fixar melhor o prego.

Adão foi tirado da argila vermelha. Eva é feita de matéria bem mais nobre – sua própria costela, já formada: ela tem todas as afinidades de seu coração. Porém, o Criador só opera após fazer um torpor cair sobre Adão: ela também é aquela que lhe escapa. É a mulher de seus sonhos, por assim dizer, e a escala daquilo que desafia sua compreensão. Dada por Deus a partir do sono do homem, ela é como que forjada na matéria do *shabbat*: repouso de Adão, aquela que o tira do ativismo dominador, um auxílio nem tanto para o trabalho, mas para que ele se abra. "Esta, sim", exclama ele, "é osso de meus ossos e carne de minha carne!" Seguem-se estas palavras, que instituem a aliança primordial: "Por isso um homem deixa seu pai e sua mãe, se une à sua mulher, e eles se tornam uma só carne" (Gênesis 2, 23-24).

Essa frase é de uma ironia assustadora. O drama já está contido nela. Especialmente para Adão. Quem são de fato seu pai e sua mãe? Quem ele deve deixar? Não é seu Criador, que o adverte de que o sacramento pode ser usado sacrilegamente? O sinal sexual do mistério pode ser vertido num recipiente fechado. O sinal sabático também. Nesse segundo relato – segunda ironia, mais assustadora do que a primeira – apenas a Serpente fala de ser à imagem de Deus. Somente ela propõe a Eva – e, por meio dela, a Adão – ser *como Elohim* (termo que dessa vez é entendido no plural). Somente ela propõe aquilo que parece ser a função mesma do *shabbat*: tomar tempo para retirar-se do mundo e discernir o bem e o mal. Onde, então, está o erro? Parece que aí temos o exemplo mesmo do bom casal religioso: a mulher se abre ao discernimento e o transmite com amor a seu esposo. Porém, tudo não passa de uma paródia. A auxiliar da graça torna-se instrumento do orgulho. E Adão se justifica da maneira mais pérfida: "A mulher que puseste junto de mim me deu da árvore, e eu comi!" (Gênesis 2,12). Ainda sem ofício, ele já encontra um osso. Ele denuncia a carne de sua queda. O repouso torna-se lugar de autossatisfação. A conjugalidade se fecha em si mesma. O homem usa o amor recíproco como desculpa para tudo, sem abrir espaço para um amor mais elevado. É a sufocante promiscuidade desses deuseszinhos que dará à luz todas as perversões. Estupradores, sodomitas, zoófilos são seus filhinhos. Seu primogênito será aliás fratricida, o que é pior ainda.

Sexo e *shabbat* são dados originalmente como aquilo que revela a imagem de Deus. Eles abrem radicalmente para o outro, o sexo por meio daquilo que nos une à terra, o *shabbat* por meio daquilo que nos une ao céu (é significativo que o rabino Joseph Gikatila recomende aos esposos que se amem na noite de sexta para sábado).[28] Um e outra – um dentro da outra – marcam limites que são menos paradas que começos: posso apoiar-me no chão de minha argila, posso beber na fonte do Espírito. O fato de que sou macho, e por isso destinado à fêmea, me recorda de que não sou por mim mesmo o Homem inteiro, e que só me torno esse Homem voltando-me para o outro sexo para uma fecundidade comum. O fato de ficarmos um dia por semana consagrados ao repouso, e por isso voltados para o Eterno, nos obriga a reconhecer que, por si mesmos, nossos trabalhos são vãos, e que eles só ganham sentido por serem atravessados por uma contemplação amorosa. Porém, podemos abusar tanto de um quanto de outro. Possuímos o terrível poder de corromper o melhor em pior. A Serpente nos convida a isso: tornem-se deuses por si próprios, mordam a cauda. Aquilo que nos faz à imagem divina é trazido de volta em nome de complacências demasiado humanas.

O castigo que se abate na sequência vem para nos tirar delas. A cobiça que obceca, o fracasso que humilha, as penas da gravidez e o sangue da menstruação, que lembram o pecado da origem,[29] toda essa morte que entra na vida introduz a despossessão no interior da própria possessão, e obriga o casal a enxergar além. Uma prece do Missal Romano afirma que a união nupcial é "a única bênção que não foi suprimida nem pelo castigo do pecado original nem pela condenação pelo dilúvio". A ausência de morte, a santidade irradiante, a ciência mística, nenhum desses favores resta para os pobres mortais ignaros e impotentes. Só o sacramento pode fazer uma só carne. Essa bênção permanece por meio da própria maldição.

---

[28] *Lettre sur la Sainteté*, op. cit., p. 236.
[29] *Midrach Rabba*, I, *Genèse Rabba*, 17, 8. Lagrasse, Verdier, 1987, p. 204.

Sexo e Trindade – A estranha passagem em que o plural divino encontra o plural do homem, o do macho e da fêmea, ainda não foi elucidada. Sem dúvida, a alma é primeiramente à imagem de Deus, mas é preciso por consequência que o corpo também seja, pois ela é sua forma. Nosso espírito é fraco demais para desdobrar-se dispensando a carne, ou para erguer-se contra ela. Ele só ganha impulso quando mergulha no barro. Doravante, a distinção entre macho e fêmea que se encontra nos outros animais torna-se no homem um guia para sua inteligência e para sua vontade. Ela constitui as calhas materiais que o lançam e que o orientam na vida. Para falar mais exatamente, a união desse macho e dessa fêmea é um sacramento. O sacramento é por definição sinal sensível, senão eficaz, da graça. A ordenação mútua dos sexos é assim para nosso espírito sinal daquilo que vai além de nosso espírito e para o que ele deve tender. Ainda que seja mais baixa, e de origem animal, ela indica-lhe o que é mais elevado, e que tem profundidade divina – assim como um dedo, mesmo leproso, pode indicar o sol. Em sua navegação tumultuada, a inteligência encontra diretamente no corpo a bússola masculina e o polo feminino.

O que é esse divino mistério de Elohim, esse Deus único que contém um plural? O dogma lhe dá o nome de Trindade. A Unidade divina é unidade de amor, que superabunda na relação de três Pessoas. Os nomes usados para designá-las manifestam que sua substância única é relacional. O Pai remete ao Filho e o Filho ao Pai, pois um não poderia existir sem o outro. E todos os dois remetem ao Espírito, que é, segundo o termo de São Bernardo, seu Beijo comum. Ora! Terei eu piedade o bastante para crer que esse santíssimo mistério, que supera minha razão, mesmo assim deixou sua marca em meu baixo-ventre? Basta que eu olhe meu sexo. Descubro com estupor que meu órgão masculino foi feito para o órgão feminino, de modo que ele me pertence menos que à mulher: o que seria de uma chave sem sua fechadura? E vejo também que nossos sexos conjuntos existem para que seu beijo floresça numa terceira pessoa: o que seriam chave e fechadura sem uma porta que se abre? Isso de carne me revela uma dupla despossessão e me empenha numa terna comunhão. Meu sexo só encontra a si mesmo na outra. E os dois, encontrando-se, fazem brotar mais um (e em corpo).

Inteligências estrangeiras estão no interior de minha fortaleza para abrir seus portões não para o inimigo, mas para o Amigo ignorado. É preciso humildade para admitir. Desaparecendo essa humildade, as partes de oferenda tornam-se partes vergonhosas, e procuram retomar-se numa possessividade violenta. Se não tivéssemos perdido a inocência primeira, nossos olhos poderiam abrir-se sem rir: o ícone da Trindade se esconderia em nossas calças. Nossos primeiros pais só precisavam contemplar-se nus, cada qual olhando o corpo do outro, e eles entravam numa oração mais elevada do que a nossa diante do afresco de Andrei Rublev. Sua nudez valia mais que nossos mais ricos ornamentos. Seus espíritos pegavam em seu ventre a força de elevar-se para o mais inacessível dos artigos de fé. Como eram bons os velhos tempos. Atualmente, velhos somos nós. É difícil sermos abençoados. É difícil sair do beco sem saída. A bússola está um pouco tola e o polo está bem pálido. Essas partes que vão sem esperar por nós nos fazem corar. Porém, a imagem fica, apesar dos rasgões – e até graças a eles: o sinal da Criação pela Trindade agora aparece como o da Redenção pela Cruz.

Depois da Queda: presença sexual da cruz

A salvo do naufrágio edênico, as bodas da carne começam pelo sabor aperitivo do Paraíso Terrestre, mas deixam na boca o retrogosto amargo da Queda. Elas produzem a ilusão de um retorno sem arrependimento; quando a ilusão se desfaz, tem o ar de uma zombaria sem volta. A comunhão que lá teria sido pura alegria agora precisa passar por esse sofrimento. A partir de então, o sacramento supõe o sacrifício. É assim que Baudelaire conta sua perturbadora viagem a Citera. Sobre essa ilha lendária, os poemas tinham lhe falado da vegetação luxuriante, dos pássaros arrulhantes, dos amores despreocupados. O que ele descobre, assustado, é "um áspero deserto a ecoar gritos agudos", e depois, aproximando-se mais da costa, um enforcado apodrecendo, picado pelos corvos:

> Vênus, em tua ilha eu vi um só despojo
> Simbólico: uma forca, e nela a minha imagem...
> – Ah, Senhor, dai-me a força e insuflai-me a coragem
> De olhar meu coração e meu corpo sem nojo![30]

Essa é atualmente a imagem do homem voltado para a mulher. Como ela ainda seria à imagem de Deus? Nós a vislumbramos: pelo despojo simbólico, pelo enforcado cujo ventre é comido.

Há algo de terrível em o casamento permanecer sinal do mistério. Afinal, esse mistério, depois da Queda, é o da união do Messias e dos homens – por meio de sua Paixão na Cruz. Estamos longe dos pequenos artigos despretensiosos que encontramos em nossas delicadas revistas cristãs. A verdade, apesar de toda a ternura possível, é o desejo turvo de ver as partes pilosas, a respiração que brutalmente se abrevia, a bombação inconfessável, o desfalecimento com gemidos, a decomposição dos rostos... A oração afogada apesar das resoluções do confessionário. E depois são as escaramuças cotidianas, as broncas inúteis, ou pior – os rancores guardados que nos mergulham numa torpe indiferença. Enfim, há os filhos, a felicidade, a dor, a tragédia do rei Davi: "Meu filho Absalão! Absalão meu filho! meu filho!" (2Samuel 19,5). O lado de Adão tornou-se a chaga do Crucificado. Eva é nossa chaga viva. Porém, essa chaga também é a fonte das graças. A matriz da qual surge a humanidade renovada. Nossa condição não é mais aquela bem-aventurada, da justiça original, mas a da miséria que uma misericórdia ilumina.

Baudelaire deixa isso transparecer melhor que uma exortação moral. Em *Fusées* [*Foguetes*], ele conta as descobertas de dois seres

---

[30] Charles Baudelaire. Trad. Ivan Junqueira. "Uma Viagem a Citera". *As Flores do Mal*, CXVI.

caídos. Eles se possuem com raiva, mas depois do prazer começam a chorar: "É presumível que nunca para eles a volúpia tenha sido tão doce quanto naquela noite de melancolia e de caridade; – volúpia saturada de dor e de remorsos. Através do negrume da noite, ele tinha olhado atrás de si os anos profundos, lançando-se depois nos braços de sua amiga culpada para nela reencontrar o perdão que lhe concedia".[31] Essas últimas palavras são de uma precisão sublime. Só recebemos o perdão que concedemos, e esse perdão cheio de lágrimas traz mais alegria que todas as brilhantes volúpias. É que, ferindo e sendo feridos, nossa comunhão não vai além da epiderme se não une nossas feridas, e é apenas complacente se não mendiga uma mercê.

O moralismo, com seus casamentos semelhantes a teoremas, ignora essa profundidade. O imoralismo, com seus excessos sem aliança, imita-a sem poder atingi-la. Dessas duas vesguices, a moral sem mística e a mística sem moral, pergunto-me se não é o primeiro que enxerga menos. Ele propõe uma receita idílica que, ao esbarrar no drama, revela de súbito sua nulidade. Os cônjuges tão seguros de si próprios imediatamente resolvem-se pelo divórcio, mesmo que só interior. Eles deveriam ter sabido que, ao consentir um ao outro, não sabiam o que estavam consentindo. Quem é Micheline? A Igreja. Quem é Robert? O Cristo. Mas de novo, quem é Micheline? O povo de cerviz dura. Quem é Robert? O Faraó, Herodes, ou Pilatos. Pelo menos são símbolos apesar de si mesmos.

Hugo de São Vítor não tinha medo de ensinar que "todo casamento é um *sacramentum*", inclusive os dos não católicos. Não no sentido em que ele seria causa instrumental da graça (o que é reservado ao casamento propriamente sacramental), mas no sentido em que, instituído no princípio, sobrevivendo à Queda e ao Dilúvio, ele mesmo assim permanece o sinal da aliança de Deus com sua criatura. É preciso então esperar que a vida de Robert e de Micheline Tripied,

---

[31] Idem, *Fusées*, XV.

em seu apartamento de três cômodos na Rue des Sports, em Joué-en-
-Charnie, resuma as revoltas e os despertares dos hebreus no deserto.
Por mais que eles evitem, o padrão volta. O caminho que leva à sua
garagem é como os caminhos do Senhor. Micheline fica reclamando
dos pepinos, das alfaces e do alho do Egito. Robert quer destruir essa
casa de rebelde.[32] Mas logo se compromete com as filhas de Moab.
Ele se prosterna diante do Bezerro de Ouro. Ela grita para ele, infeliz:
"Por que me abandonaste?". Também, às vezes, ele lhe dá ternamente o maná. Ela faz brotar água da rocha. Eles constroem juntos a arca
de acácia. Porém, a trégua é curta: ainda é preciso combater Amalec.
A grande dificuldade nisso tudo é não reconhecer a grande História
que atravessa a pequena como que em miniatura. Na hora não se
entende nada, nem as dores divinas nem as alegrias dilacerantes. Ficamos desencorajados diante dessa fumaça ("núpcias" vem do latim
nubes, era de esperar). Achávamos que tínhamos uma mulher cuidando da casa, e os acontecimentos vêm para dizer, como ao jovem rico:
"Por que me perguntas sobre o que é bom? O Bom é um só" (Mateus
19,17). Esperávamos o monte de Vênus, e vem a sarça ardente. Como
suportar o sinal das núpcias? O Êxodo recorda: a coluna de fumaça é a
mesma, mas, enquanto guia os hebreus, despista os egípcios.

A vida conjugal dos profetas sempre se apresenta como uma
parábola viva da Aliança. Isaías dá a seu primeiro filho o nome de
Sear-Iasub, o que significa "um-resto-virá", e ao segundo, Maer-Salal
Has-Baz, "iminente é a devastação" (sugestão para os pais em busca de nomes diferentes). Quanto a Ezequiel: "Filho do homem, vê,
privar-te-ei daquilo que é o desejo dos teus olhos, mas não deves fazer lamentação, nem deves chorar, nem permitir que te corram as
lágrimas" (Ezequiel 24,16). O profeta fala dia e noite ao povo e sua
mulher morre à noite. Seu luto sem grito, ainda mais gritante por esse
silêncio, anuncia a profanação próxima do Templo: "Ezequiel vos servirá de presságio; agireis como ele agiu..." (Ezequiel 24,24). O mais

---

[32] Referência a Ezequiel 2,5. (N. T.)

ousado de todos é certamente o profeta Oseias. Ele se casa por ordem do Altíssimo. Não seria possível encontrar casamenteiro mais infalível: com certeza, ele vai encontrar sua metade, a pérola rara, a flor mais bela. Então o Altíssimo lhe diz: "Vai, toma para ti uma mulher que se entrega à prostituição e filhos da prostituição, porque a terra se prostituiu constantemente, afastando-se de Iahweh" (Oseias 1,2). A prostituta se chama Gomer e lhe dá dois filhos e uma filha (mais nomes lindos): Jezrael, cujo nome vem do campo em que Jezebel foi devorada pelos cães, Lo-Ruhamah, isto é, "não amada", e Lo-Ammi, isto é, "não meu povo". Gomer logo é infiel a ele, à imagem do povo idólatra, mas o Eterno, apesar de tudo, anuncia o retorno: "Eu te desposarei [...] no amor e na ternura. [...] Eu a [Jezrael] semearei para mim na terra, amarei a Lo-Ruhamah e direi a Lo-Ammi: 'Tu és meu povo', e ele dirá: 'Meu Deus'" (Oseias 2,21.25). Eis um casamento exemplar. Sem dúvida é mais difícil pregar isso. Porém, é a consequência do sacramento, em sua dimensão profética. Se ele é sinal da misericórdia, como não perdoaria o adultério? Como não acolheria a Madalena penitente? Como não suportaria a Gomer que tem uma recaída?

O sacramento em sua plenitude, diz Tomás de Aquino, realiza aquilo que figura (*efficit quod figurat*). No batismo, o neófito é realmente imerso na morte do Salvador para renascer para a vida de filho de Deus. Na consagração eucarística, o pão e o vinho realmente se tornam o corpo e o sangue do Verbo encarnado. Porém, o casamento, apenas nesse caso, não realiza a união do Cristo e da Igreja por ele significada. Isso porque ele significa mais que todos os outros sacramentos e, sob esse aspecto, é modelo deles: cada qual deles é nupcial, cada qual deriva da união de duas naturezas, humana e divina, na pessoa única do Verbo, cada qual vem assim unir um coitado ao Eterno. Aquilo que o casamento confere singularmente é a graça que permite ser até o fim uma pequena atualização terrestre e particular das núpcias de Deus e de todos os homens, do judeu ao grego, do letão ao tarahumara, passando pelo pigmeu, claro (cada qual reconhecerá os membros simbólicos de sua família). O lar assim aberto torna-se *ecclesiola*, "uma espécie de Igreja doméstica".[33] Trata-se de algo inquietante: o que acontece no seio da grande Igreja não vai acontecer dentro da pequena? Relaxamento de costumes, prevaricações, heresias... mas também reforma, missão no fim do mundo, martírio, comunhão divina... Quem não reconhece aí as tentações e as vitórias de Robert e Micheline com seus três pequeninos? Os esposos cristãos, portanto, precisam de muito dessa graça que permite suportar o drama inefável. Nisso está sua glória. Pois a verdadeira glória dos corpos não é ter brilhado no papel reluzente de uma revista, mas terem sido feridos por esse amor "forte como a morte", que deixa exaurir-se contra ele as infidelidades e os ultrajes: "As águas da torrente jamais poderão apagar o amor, nem os rios afogá-lo" (Cântico dos Cânticos 8,7).

A chaga aberta da ressurreição

A ressurreição da carne parece menos popular do que a imortalidade da alma ou a reencarnação. De um lado, a alma escapa aos tormentos do corpo, e, após um túnel escuro, diverte-se num mundo de luz (podemos ver isso na TV, segundo as pessoas que estiveram em coma). De outro, ela mete outro despojo, trocável como uma roupa, e o estilista de hoje sonha que era uma cortesã do século XVII (ainda na televisão, segundo Paco Rabanne, inventor da minissaia em cota de malha). A ressurreição poderia surgir como um justo meio-termo entre essas fugas espiritualista e mundana. Porém, ainda que ambos aspirem a ela, todos têm medo e fazem algum desvio de um lado ou de outro do caminho. Esse medo é dos mais legítimos. Em sua fala sobre o versículo "Está próxima a ressurreição dos mortos, a dos justos – e dos injustos", Kierkegaard convida sua plateia a tremer. Estamos prontos para gentilmente admitir nossa imortalidade ou nossa aniquilação (é parecido) desde que isso não envolva muito a nossa pessoa. Ora, essa ressurreição que atravessa o poder de nossa natureza e que

---

[33] Concílio Vaticano II, *Constituição Dogmática "Lumen Gentium"*, n. 11. Denzinger, n. 4128.

contém a separação dos justos e dos injustos toca-a no que tem de mais íntimo. Eu mesmo, num sentido muito radical, fico com a pele arrepiada. As apreensões da virgem diante do assalto de um esposo excessivamente viril não são nada diante desse chamado de um corpo pelo Todo-Poderoso.

Escreve Tomás de Aquino sobre a vida de ressuscitado: "O homem chegará a ela apenas pela ação de Deus, ao passo que a vida presente lhe é obtida com a cooperação da natureza".[34] Cá embaixo, Deus me dá vida por meio de uma natureza que me é devida na condição de homem. É ela que percebo inicialmente como aquilo que determina meu ser a uma existência razoável e mortal. Porém, o ressuscitado deve sua vida corporal àquilo que ultrapassa as forças naturais e que lhe vem portanto direta e manifestamente de Deus. Sua própria carne só se levanta do túmulo investida do Espírito Santo, como que por uma penetração íntima de cada uma de suas fibras. Como não tremer de antemão?

O justo que vive apaixonado pelo mistério o gozará como uma união com o Eterno que vai até a raiz de seu corpo. O injusto? Ele vive fechado em si mesmo, sem dúvida repetindo: "Senhor! Senhor!", como se fosse um complemento de seu conforto ou um meio de sua dominação. Essa união amorosa suprema será então vivenciada por ele como um estupro sem fim. Uma forma absoluta de assédio sexual. Um estupro do Todo-Poderoso. É que Deus só sabe amar. Ele não condena ninguém. Isso é que é atroz: aquele que não o ama é obrigado a suportar suas infinitas carícias sem poder censurá-lo em nada. Elas são para ele piores que golpes. O "fogo corporal" que atormenta os condenados não é diferente da chama física que dilata os bem-aventurados, mas suas disposições contrárias mudam esse ardor carnal em ternura para uns e em queimadura para outros. A seiva única brota do Cristo ressuscitado como uma cepa e vivifica os corpos como ramos. Porém, sentir a seiva de seu

---

[34] Tomás de Aquino, *Suma contra os Gentios*, IV, 83, 1.

inimigo inundar seu coração, correr através de suas veias, possuir os poros de sua pele, isso só pode provocar um ódio infernal. A partir da mesma fonte gratuita, o corpo do justo é claro e leve como o corpo da apaixonada que pula na festa, e o do injusto é opaco e pesado, como o do amargo que devora a si mesmo.[35]

E como, mais precisamente, é o corpo do justo? Em que estado radiante ele se deixará ver? Santo Agostinho medita longamente sobre sua pilosidade futura. A razão dessa atenção singular se encontra nas famosas palavras de Jesus: "Não tenhais medo dos que matam o corpo [...]. Até mesmo os cabelos da vossa cabeça estão todos contados" (Lucas 12,4.7). Os gnósticos se apropriaram delas para lançar objeções zombeteiras: se todos os cabelos estão contados, os ressuscitados serão portanto hirsutos, recobertos de todos os pelos que tiveram sucessivamente em sua vida terrestre... É admirável a seriedade com que Agostinho responde a esses zombeteiros. Ele dá testemunho do realismo da carne, que, por uma palavra de Cristo, interessa-se pela glória do pelo – ou do lírio do campo. A teologia de nosso tempo desdenha abaixar-se a concretudes como essa. Ela não tem mais a preocupação da calvície. Ela não se interroga sobre a salvação de Demis Roussos. Como não achá-la obscura? Vassili Rozanov é mais solidamente espiritual quando observa: "Dizer que Sperk 'agora não é mais deste mundo' é impossível... E isso não tanto porque 'a alma de Sperk é imortal', mas porque sua barbicha ruiva não podia morrer".[36] Uma barbicha ruiva de fato pode manifestar uma alma mais sensivelmente do que um tratado demasiado conceitual. Santo Agostinho não tem medo de ir na direção dessa metafísica cerrada, interrogando-se sobre o futuro do cavanhaque ou das suíças. Ele lhes dedica as últimas páginas de sua grande obra – *A Cidade de Deus* – e, para abordar esse mistério, apresenta um princípio simples: "Todo defeito

---

[35] Ibidem, IV, 89.
[36] Vassili Rozanov, *Feuilles Tombées*. Trad. J. Michaut. Lausanne, L'Âge d'Homme, 1984, p. 16.

será corrigido, tudo aquilo que falta em relação à medida conveniente será completado, e tudo aquilo que for excessivo será suprimido".[37] Cada um exibirá então a barba que melhor exprime seu caráter. Cada um terá o corte de cabelo que convém à sua perfeição e que parece inatingível, neste mundo, ao mais refinado cabeleireiro. Os corpos gloriosos estarão na força da idade, sem excesso nem falta.

Porém, Santo Agostinho logo se corrige. Será que ele estava pensando nos reflexos de uma calvície que já parece uma auréola e que ele ficaria chateado por perder lá? Ele se lembra do Ressuscitado que come com os apóstolos: "Vede minhas mãos e meus pés: sou eu! Apalpai-me e entendei que um espírito não tem carne, nem ossos, como estais vendo que eu tenho" (Lucas 24,39). Quem está falando aqui? Deus em pessoa. Quando ele diz "Apalpai-me", estamos diante de uma ordem. Tocai, Israel. Tu deves apalpar Deus, não apenas escutá-lo. Porém, o mais esquisito e o mais grave é aquele que aqui se dá a tocar para ser reconhecido. Quem diria, "Vejam! Sou eu!" e em vez de destacar sua figura, apresentaria as mãos e os pés? Quem tem neles traços mais pessoais do que os do rosto? Então nos lembramos de Tomé e de sua dúvida, que é um pedido. Ele não quer um Salvador que ressuscita sem suas chagas. A seus olhos, e mais ainda a seus dedos, essa abertura dos pregos e do golpe da lança é tão importante quanto aquela das pálpebras por onde passou seu olhar, do que aquela dos lábios dos quais surgiram essas palavras: por ali passou sua misericórdia, que quis desposar o fundo de nossa ruína. A ferida aberta por amor não pode ser fechada pela ressurreição.

"Não sei como", diz Agostinho, "nossa terna afeição pelos mártires faz-nos desejar ver em seus corpos, no reino celeste, as marcas dos ferimentos que receberam ao confessar o nome de Cristo." Após ter falado da integridade perfeita dos corpos gloriosos, Santo Agostinho reconsidera, ou melhor, precisa seu pensamento: as chagas, se são o

---

[37] Augustin, *La Cité de Dieu*, XXII, 19. Vale a pena ler o belo estudo de Jean--Louis Chrétien, "La Gloire du Corps", em *La Voix Nue*. Éd. de Minuit, 1990.

sinal carnal do testemunho da justiça, não poderiam ser estrangeiras à glória a vir. Uma integridade perfeita faltaria em relação à realidade de cada história: ela faria daquilo que foi sofrido aqui embaixo um velho infortúnio banal, sobre o qual é melhor passar a esponja. Sua harmonia de estátua grega viva reduziria a uma farsa todas as peregrinações esfoliantes do pobre judeu errante. Aquilo que foi carregado com amor paciente portanto brilhará lá. Aquilo que marcou a carne se tornará uma circuncisão luminosa. A verdadeira perfeição física não estará numa divina cirurgia reparadora, mas num escancaramento dessas chagas como esquadrias do Céu: "Não será deformidade, mas dignidade e, ainda que seja *por* seus corpos, não será a irradiação *de* seus corpos, mas de sua virtude".[38] A alma estará tanto dentro da carne que sua bondade histórica irradiará nela. São Paulo, decapitado em Roma, deixará ver em sua garganta o corte mais eloquente do que qualquer palavra. Máximo, o Confessor, com a mão direita cortada em Constantinopla, cumprimentará seu próximo com um aperto de mão que voa. Enfim, morta nas câmaras de gás de Auschwitz, Edith Stein dará a ouvir em sua voz algo de um sufoco cuja música arrancará lágrimas dos serafins.

Os arranhões mais triviais poderão assim brilhar com nova claridade. As rugas da boa velhinha que se estrelavam sob seus sorrisos e se afundavam no sofrimento virão, como caracteres hebraicos, assinalar sua juventude. O obeso que suportava seu ventre com humildade vai vê-lo diante de si resplandecer como um astro. O que dizer do impotente que não amaldiçoa a Providência? Um relâmpago duradouro aparecerá debaixo de sua cintura, assim como no caso do transexual que terá sofrido sem compreender, mas não sem chorar, sua aflição. O que é esse halo luminoso que cerca os quadris dessa mulher? Foi uma mãe que morreu no parto? A menos que seja uma moça arrependida, como aquela Cunizza que Dante encontra no nono Canto do *Paraíso*. Seu sexo queria amar demais, ou não bem o bastante, um dia tornou-se sua verdadeira chaga, como do lado de seu Deus...

---

[38] Ibidem.

O ato sexual completado

O desejo inconsciente da ressurreição esclarece a finalidade do ato sexual. A propagação mortal da espécie, como dissemos, não basta para motivar um ser lúcido a ter filhos. É preciso a imortalidade do indivíduo, em sua alma e em seu corpo. A ressurreição da carne, portanto, está sempre presente em nosso desejo. Porém, há outra coisa. São Francisco de Sales a chama de "completar o número dos eleitos".[39] Deus cria sem intermediário a substância inteira de cada anjo. Para o homem, pelo contrário, ele passa por seus atores sexuais, segura vela, espera pacientemente que os futuros pais se deitem. Ele confia a criação da nova alma à compenetração de dois corpos. Loucura, sem dúvida. Porém, ele ama tanto sua criatura que quer torná-la cooperadora de seus desígnios até em suas glândulas.

Assim aparece o polichinelo, que se tornará um traidor ou um traidor: quero dizer, um traidor que chora suas faltas, como São Pedro, ou um traidor que se enforca, como Judas. Porém, a esperança é poder fazer novos filhos para o Eterno. A paternidade ou a maternidade terrestres também não se interrompem à porta dos céus. Maria continua sendo mãe de Jesus no Reino. Ali, os pais continuarão sendo pais de seus filhos, mas também filhos e irmãos: sua mais alta alegria será ver a carne de sua carne mais iluminada do que a sua própria, e assim tornar-se como que seus pais na graça, uma tigela mais próxima da fonte e que despeja a água viva sobre eles. É este o motivo do engendramento que a invasão da morte não poderia extinguir: fazer bebês para Deus, entrar, pela união dos sexos, em sua vontade criadora, a fim de parir para ela esse outro mortal dedicado a sua glória, seja, ai!, fazendo com que recaia sua justiça, por meio do castigo, ou fazendo, hosana! com que brilhe sua misericórdia, por meio da graça acolhida. É o verdadeiro segredo da libido, inconsciente para o inconsciente freudiano. Não a pulsão de prazer ou de morte, não a perpetuação da espécie, mas o desejo de penetrar muito exatamente

---

[39] Francisco de Sales, *Introdução à Vida Devota*, 3ª parte, cap. XXXVIII.

as entranhas divinas a fim de realizar seu desejo de colocar no mundo uma nova criatura, capaz de seu absoluto.

O ato sexual só se completa na esperança dessa assunção. Porém, essa assunção vai nos dar o gosto dos atos como aqui embaixo? Uma questão de urgente atualidade, que pesa na geopolítica contemporânea. No inconsciente popular, a oposição entre o judaísmo-cristianismo e o islã se relaciona provavelmente com sua visão contrária dos gozos paradisíacos. O segundo parece prometer um banquete de vencedores em que o vinho e as mulheres correm à vontade. No primeiro não há nada disso. Segundo ele, os sexos continuarão, claro, assim como seu fruto – mas e as relações sexuais? Os saduceus levantam a hipótese dessas uniões para melhor ressaltar a dificuldade.

Cogitemos uma mulher casada com um homem que tem seis irmãos. Este morre sem lhe fazer um filho. Segundo a lei do levirato, um de seus irmãos deve casar-se com ela, e tentar, por sua vez, torná-la mãe. Mas ele também morre à soleira de seu ventre. E assim, na sequência, todos os sete passam por ali sem deixar-lhe descendência. Esses saduceus espertinhos então perguntam a Jesus: "Pois bem, na ressurreição, de qual dos sete será a mulher, pois que todos a tiveram?". Se somente as almas subsistem, tudo bem, o mundo futuro consiste em conversas piedosas. Porém, se é preciso que os corpos ressuscitem, a beatitude corre o risco de virar *gang bang*. Ou essa ressuscitada só tem um esposo, e isso é injusto com os outros, ou ela tem todos, e o Paraíso é escandaloso.

Jesus parece responder contrariamente ao realismo que se poderia esperar: "Na ressurreição, nem eles se casam e nem elas se dão em casamento, mas são todos como os anjos no céu" (Mateus 22,30). Será que ele não está se deixando arrastar para o terreno do espiritualismo saduceu? Sua réplica não está buscando ser tão persuasiva que se limita à solução gnóstica? Perto desse angelismo, o paraíso maometano parece, se não mais desejável, ao menos mais realista quanto à união da alma com seu corpo sexuado. "Ali haverá, também, aquelas de olhares recatados que, antes deles, jamais foram tocadas por homem ou gênio".⁴⁰ Promessa atraente para o macho. Festa de um paraíso bem carnal. Imortalidade devassa que se desenrola em atos sexuais que restauram a virgindade. E, no entanto, longe de conduzir a algum respeito pelo corpo, alguns a levam ao pé da letra e fazem de si bombas humanas. Lá, como aqui, o que eles esperam é um estouro.

Platão nos ensina que, no desejo pela beldade, existe diretamente no sexo algo que ultrapassa a sexualidade, como se o ato sexual não fosse mais que uma resposta ridícula em comparação com o apelo infinito lançado pelo corpo porta-voz. Meus beijos não chegavam a encerrar o mistério percebido. Porém, também não o deixavam eclodir. No final, eu naufragava numa efusão líquida. Mesmo que esse naufrágio seja um abandono mais belo do que todas as performances deliciosas, mesmo que ele permita nossa comunhão até em nossas misérias, ele mesmo assim permanecia um fracasso. Portanto, resta em meu desejo uma postulação inconclusa. "O encontro promete mais do que pode estar contido no ato sexual."⁴¹ Essa recordação faz pensar que a resposta de Jesus corresponde às aspirações últimas da carne, mais que o paraíso do islã. Por meio do sexo, queremos ser transtornados pela alma. As partes genitais eram apenas o meio defeituoso dessa penetração do outro até o impenetrável. Com a ressurreição, a partir de uma alma que a visão beatífica de Deus faz retransbordar sobre o corpo, é a carne inteira que possui a penetrabilidade física do outro sexo e a impenetrabilidade espiritual do olhar.

Aquilo que Georges Bataille procurou de maneira turva aqui se apresenta de maneira límpida. Aquilo que ele forçou até a obscenidade entrega-se na doçura de Deus. Ao fim das atrocidades da *Histoire de l'Oeil*, há a seguinte visão de horror: pelas pálpebras de uma "vagina cabeluda", a profundeza de um olhar azul-claro. O pornógrafo confessa o caráter místico de sua demanda: aquilo que o convoca não

---

⁴⁰ Corão, surata 55, v. 56.

⁴¹ Hugo von Hofmannsthal, "Les Chemins et les Rencontres". In: *Lord Chandos et Autres Textes*. Gallimard, 1992, p. 117. (Coleção Poésie)

é a bestialidade, mas a eretilidade de seus olhos diante da ocularidade da matéria feminina. Inverta-se sua horrível imagem e ela se torna religiosa. Afinal, ela tem um parentesco íntimo com o estado do corpo glorioso. Marsílio Ficino permite entrever este último como inteiramente semelhante a um olho, ao mesmo tempo *perspicus* e *perspicax*, penetrável e penetrante.[42] Santo Agostinho leva a ousadia até a sonhar com uma endoscopia mútua e perfeita: "Todos os membros, todas as vísceras do corpo incorruptível, hoje submetidos a diversas funções impostas pela necessidade, naquele momento em que a necessidade cederá à felicidade, concorrerão todos ao louvor de Deus".[43] O emaranhado das veias, as voltas dos intestinos, a simetria das trompas de Falópio sob a dos pulmões, o que posso dizer?, todas as partes ocultas estarão visíveis e manifestarão a harmoniosa pulsação do sopro e do sangue, não pela necessidade de respirar, mas com a limpidez de uma sinfonia de Mozart. Sonho ou intuição do doutor da graça? Basta guardar o princípio de sua visão. As estranhas estarão como que à flor da pele, ou a pele, sobre toda superfície, será como uma boca que fala o próprio Verbo. Inútil então unir-se pelos baixos-ventres. A intensidade do ato sexual e a elevação da palavra esposar-se-ão com esses corpos infinitamente profundos. As carnes poderão unir-se sem reserva num beijo de paz, que será também um hino comovente ao Salvador.

Quem será o esposo de minha mulher?

Mas o que será daqueles que foram marido e mulher aqui embaixo? Não serão lá ainda mais íntimos? Seus filhos ressuscitados ainda atestarão sua união com novo frescor. Sendo todos os instantes do tempo simultaneamente presentes à eternidade divina, a visão dessa eternidade será vertida sobre nossa visão dos seres, e tudo aquilo

---

[42] Marsile Ficin, *Théologie Platonicienne de l'Immortalité des Âmes*, XVIII, 9. Trad. R. Marcel. 1964, p. 221.

[43] Augustin, *La Cité de Dieu*, XXII, 30.

que foi bom, a noite de núpcias, a manhã do parto, as alegrias e as angústias pelo filho pródigo, aparecerão subitamente em sua origem, formando os imprevistos de uma história comum que supera a inventividade dos mais geniais dramaturgos: o sapato de cetim[44] escondido atrás da pantufa... Mas não serão eles mais que ex-marido e ex-mulher? Não formarão ainda uma única carne singular, de modo diferente do que formarão com os outros? Uma pequena comunhão no interior da grande?

As homilias dos funerais dispensam amplamente essa esperança aos viúvos. Cristo tem um discurso muito menos otimista (ou pessimista, dependendo de a viúva temer ou não essas descobertas): "Digo-vos, naquela noite dois estarão num leito; um será tomado e o outro deixado" (Lucas 17,34). O drama retorna. A esperança da ressurreição não é um consolo que aboliria o trágico. Antes, ela o cumpriria. Ela implica, como vimos, a separação do justo e do injusto – a divisão da colheita que separa o bom grão e o joio inseparáveis cá embaixo. Se os dois casados forem banidos juntos, poderão continuar a perturbar-se com maiores refinamentos nas sevícias, a menos que se amalgamem ainda mais viscosamente, no ódio de tudo aquilo que não é eles. Se apenas um – e não o outro – ficar contente no Reino, sua alegria estará na divina justiça, e essa justiça lhe dará a força de ver aquilo que foi seu disjunge, mais do que seu cônjuge, obter exatamente aquilo que terá desejado: refestelar-se para sempre nos contentamentos medíocres que obteve contra si. A esposa santa precisa esforçar-se para arrastar o marido no esteio de sua ascensão. Porém, se ele recusa, ela só pode ceder ao obstinado. O abismo está lá, sempre pronto para abrir-se bem no meio da cama. E os corpos que se soldam, se a verdade de uma alma não está presente, só fazem aumentá-lo. Jesus insiste nessa possibilidade assustadora. O horizonte do além não pode ser um ópio: é algo que revigora e, por assim dizer, um forte chute na bunda. Aqui, agora,

---

[44] Referência à peça *Le Soulier de Satin*, de Paul Claudel. (N. T.)

preciso velar para que a conjunção de nossos sexos não lance entre nós o abismo que separa o céu e o inferno.

E se os dois forem salvos? O casamento universal dos Céus não pode ser uma osmose indistinta. Ele respeita a ordem desses amores que se iniciaram no tempo: "A natureza não é destruída pela glória", escreve Tomás de Aquino, "mas elevada".[45] Nossos afetos verdadeiros e profundos, nossas amizades singulares de mortais, aquelas cujos momentos já se colorem de inesquecível (o que torna sua perda ainda mais dolorosa), lá só podem florescer ainda melhor: "Os santos participam muito especialmente da felicidade daqueles que amavam na terra. Sua felicidade é compartilhada por todos os habitantes do céu".[46] Todos formam apenas um só corpo em Cristo, de modo que cada membro se alegra com a felicidade dos outros. Ainda assim, do mesmo modo como um diamante reúne em si a luz do sol e a espalha em raios à sua volta, o casamento que atravessou a grande provação desta vida continuará a recolher-se e a transbordar sobre os demais eleitos.

Minha mulher será esposa mais de Deus do que de mim mesmo. Posso admitir isso sem ciúmes. Sob esse aspecto, não me sinto em concorrência. Essa união na fonte é a condição segundo a qual podemos ser um para o outro mais profundamente. Porém, há algo que me faz tremer. Lá, o grau de intimidade não será mais função do espaço, mas sim do amor. O homem que mais a amou será o mais próximo de minha mulher. Serei eu? Se cá embaixo eu a possuir como um proprietário, com satisfeita indiferença, outro pode rezar por ela e cuidar secretamente dela em sua solidão: é seu rosto que no novo dia lhe parecerá o mais conjugal, e ela estará mais com ele do que com minha cara. O dogma de um paraíso assim, confesso, não me traz conforto nenhum. Eu poderia perfeitamente dispensá-lo. Diante desse aguilhão, protesto. Sua perspectiva de glória é uma farpa na carne.

---

[45] Tomás de Aquino, *Suma Teológica*, II-II, qu. 26, art. 13, sed contra.
[46] Catarina de Sena, *Diálogo*, 1, 41.

O útero da Virgem e a goela do Dragão

No começo, antes de criar o mundo, Deus pensava no sexo de uma mulher. Será este o segredo de sua anatomia em corte facial: uma espécie de cruz com um triângulo sobre o vértice no centro? Provável, mas o que é certo é que o Pai, pensando primeiro naquele Adão cuja natureza seria assumida por seu Filho até a mais dolorosa morte, não podia não cogitar ao mesmo tempo no que seria sua primeira residência: o útero da Virgem.

O soleníssimo hino do *Te Deum* designa dessa maneira esse *hub* da graça. A partir do momento em que se dirige ao Filho para evocar o mistério da Redenção, salmodia com potente realismo: "*Tu ad liberandum suscepturus hominem, non horruisti Virginis uterum*". A tradução oficial torna insípido o original, com uma pudica perífrase: "Não tens medo de assumir a carne do corpo de uma virgem para libertar a humanidade cativa". Porém, o gregoriano canta "útero", palavra que à época designa as duas cavidades femininas. Foi ali que o Verbo se fez carne na Anunciação; ali que ele primeiro habitou entre nós. São Louis-Marie Grignon de Montfort escreve de maneira impressionante: "Deus Filho desceu nesse seio virginal, como o novo Adão em seu paraíso terrestre, para ali comprazer-se e para ali operar escondido maravilhas da graça".[47]

O sexo de uma judia, Miriam, foi o paraíso do novo Adão. Ele encerra em seu espaço restrito Aquele que universos não podem conter. Ele aquece em suas paredes carnais Aquele que reina sobre os anjos. E eis que no Natal seus lábios de distendem para que o Invisível mostre seu rosto e que a Palavra criadora se revele num grito. O devoto de Maria pode exclamar: "Ó, largura inefável! Ó, grandeza desmesurada! Ó, abismo impenetrável!". História de O, a mais louca e mais escandalosa de todas: nossa boca se abre exatamente como o ventre pressionado pela cabeça do inefável. Nas vésperas da semana que precede a

---

[47] L. M. Grignon de Montfort, *Traité de la Vraie Dévotion à la Sainte Vierge*. Médiaspaul, 1987, p. 33.

Natividade, as grandes antífonas não param de arredondar o buraco de nosso rosto: *O Sapientia... O Clavis David... O Oriens... O Emmanuel...* Toda noite elas começam por um Ô, para que o orifício da linguagem se deixe atravessar pelo inacreditável desse Verbo eterno que se expulsa de um ventre e cuja primeira palavra será para chorar. O maior dos oradores manda sacrificar ali todo discurso: "Diga: Ô, em silêncio, sem acrescentar nada. Ô louva, ô deseja, ô geme, ô admira, ô lamenta, ô entra em seu nada, ô renasce com o Salvador, ô o atrai do céu, ô se une a ele, ô se admira com sua felicidade nesse casto gozo... Toda a eloquência do mundo está nesse ô, e nem sei o que dizer, de tanto que me perco nele".[48]

Esse acontecimento que ordenou a criação da própria mulher, como ele não deixaria sua marca em todas as mulheres? Não é daí que vem a tenaz ilusão de poder reencontrar em seu seio o Paraíso Perdido? Esse misticismo só pode fracassar. Ele se volta para a técnica do orgasmo, em vez de levar à abertura de uma verdadeira comunhão. Porém, por trás de seu fracasso, esconde-se uma verdadeira mística. É exato que esse seio, na Virgem Maria, é o Éden do Homem. Vimos no entanto que o das outras mulheres não era indiferente. O sexo pode recapitular para o outro sexo toda a história santa: entrevejo o paraíso, sou bruscamente afastado, descobrindo minha miséria, e, a menos que me feche num orgulho mais duro, posso começar a me abrir à misericórdia. "Era bom que lhe ensinasses o desejo", diz o anjo da guarda a Doña Prouhèze.[49] O sexo vem sempre "trazer o outro", isto é, cavar em nós o desejo, libertar-nos de nossas estreitezas tornando-nos dependentes de uma esposa, fazendo-nos acolher o polichinelo imprevisível e nos rasgando, enfim, por meio dessa vulnerabilidade nova, num grito de aflição pelos seus.

A misericórdia aqui aparece como o coração dessa moral que zomba da moral sem cair num imoralismo fazedor de sermões. Ela

---

[48] Bossuet, *Correspondance*. Ed. Urbain-Lévesque, 1913, t. VII, p. 263.
[49] Paul Claudel, *Le Soulier de Satin*, Terceiro dia, cena 8.

designa o mais profundo dos atributos divinos, porque é aquele pelo qual o Infinito bem-aventurado comunica-se com nossa finitude miserável. Deus, sua Alegria mesma, sem enrugar-se um instante sequer, chega a descer ao mais baixo de nossos sofrimentos para retomar-nos e envolver-nos em seu seio. Assim é preciso surpreender-se outra vez – Ô! –, porque, para designar esse mistério, enquanto o latim remete ao coração compassivo, a sacra língua hebraica apoia-se nas entranhas maternas: *rakhanim*, a matriz que carrega o homem e treme por sua salvação. André Chouraqui, quando aparece o adjetivo "misericordioso", traduz por "matriciante". A última profundidade do sexo é poder assim dar carne às profundidades de Deus. Ora, essas profundidades são, em última instância, entregues por meio do sexo marial, que, na genealogia de Cristo, vem depois dos da incestuosa, da prostituta, da estrangeira e da adúltera. Ele permite que nele se opere a inversão. Ele acolhe o duplo abismo: a Alegria e a Cruz, e a Alegria trazida pela Cruz – o que o torna insuportável para nossa vontade de potência. Sua virgindade o oferece a essa penetração demasiado impossível, que vai atingi-lo até a alma: "E a ti, uma espada trespassará tua alma!" (Lucas 2,35).

A gnose só pode então odiá-lo naquilo que tem de extremamente judeu. Nada assusta mais seu dualismo do que vislumbrar a carne de uma filha de Davi "sobre a qual vem o Espírito Santo, e que o poder do Altíssimo cobre com a sua sombra" (Lucas 1,35). O capítulo 12 do Apocalipse dá testemunho de um combate final: "O Dragão postou-se diante da Mulher que estava para dar à luz, a fim de lhe devorar o filho, tão logo nascesse" (Apocalipse 12,4). Que combate é esse que se ordena em torno de um nascimento? São Jerônimo recorda-nos de que Satanás é o macaco de Deus. Ele o contrafaz para melhor seduzir, desviando para seu proveito nossa vocação para buscá-lo. Assim, ele desfila com um rosto de Misericórdia e uma paródia da Anunciação. É essa contrafação que motiva a Gnose tecnicista. Maria ficou grávida consentindo – *Fiat* – a uma Vontade que a ultrapassa; é por um *fiat* supostamente da própria vontade que toda mulher poderá fazer um filho. Maria concebe do Espírito Santo; a concepção de um engenheiro permite realizar a nova partenogênese. Maria carrega o Homem Novo que cumpre a história judaica na história das nações; a questão é produzir um super-homem, perfeitamente adaptado ao mundo, que faz tábula rasa da história. Maria, enfim, é Virgem e Mãe; pela intervenção do útero artificial, goela benfazeja do Dragão, será possível ser virgem, menopausada, proxeneta ou mais simplesmente homem de negócios, e carregar um filho numa bolsa que não incomoda e que não faz engordar. Não está aí uma grande misericórdia, ou ao menos um supremo alívio? Ah! (Ô nenhum é aqui possível), os sexos poderão ser iguais perante o trabalho. Ah!, os aleijados terão desaparecido da face da Terra. Ah!, a performance será programada no óvulo.

Fiat mihi secundum Verbum tuum. Que me seja feito segundo *tua* Palavra, e não segundo a minha. Maria acolhe o inesperado de cada nascimento, absoluto no caso daquele nascimento. E não por ter um super-homem sem provação, mas o Crucificado, aquele que geme num salmo de Davi: "Quanto a mim, sou verme, não homem" (Salmo 22[21],7). Em seu seio, a Filha de Sião está pronta para acolher o Verme com o Fruto. É em seu sexo que é preciso deter-se, pois não é possível ir mais longe. É diante dele que é preciso entender-se. Escolher entre o Ô e o Ah!

Do mesmo autor, leia também:

O PARAÍSO À PORTA
Ensaio Sobre uma Alegria que Desconcerta
FABRICE HADJADJ

Por meio de uma viagem através da filosofia, da teologia e das artes – abordando obras de Nietzsche, Kafka, Baudelaire, Bernini, Sade e Mozart, entre outros – o autor destrincha o que é o Paraíso: um convite à alegria do aqui e agora, de estar presente na própria vida e na vida de todos. Uma alegria que deve ser convocada para dentro de nós, por todos nós. Hadjadj, excelente professor, abre novos caminhos de pensamento para os leitores, além de indicar caminhos já conhecidos mas negligenciados.

facebook.com/erealizacoeseditora
twitter.com/erealizacoes
instagram.com/erealizacoes
youtube.com/editorae
issuu.com/editora_e
erealizacoes.com.br
atendimento@erealizacoes.com.br